日本史上の中国

金印・那須国造碑・飛鳥・新律綱領・令集解

奥村郁三

阿吽社

まえがき

　本書は著者が研究途上で日本史のことにふれた論考から抜粋したものである。著者の専攻とする中国法制史の直接的専著とはいえないかもしれないが、集めてみれば著者の研究生活の実践面の軌跡が赤裸々なかたちで表われたように思える。第一章、第四章および第五章は手許にあった未公表の原稿に今回新たに手を入れたものである。かかる次第で読者諸賢はどの章から読んでいただいてもよく、なにがしかのお役に立つことを念願している。

　まず第一章「金印は『倭奴國《わどこく》』か、倭の『奴國《なこく》』か」は、後漢の光武帝に由来する例の金印についての論考。「漢倭奴国王」の「倭奴国」は「わど」国と読まずに「わのな」の国と読まれるのが大勢である。たしかに「漢倭奴国王」の五文字だけを他と一切関係なしに取り上げれば、「わのな」とも「わど」とも読める。だが、二通りのどちらに読むかによって、卑弥呼以前の我が国の社会形態の認識に大差が出る。

　ここでは「わのな」説が成り立たず、「わど」としか読めない、と主張する。もともと「わのな」説は三宅米吉氏の意見に端を発し、大戦後も諸研究はおおむね三宅論文を引き継いでいるので、三宅論文の検討から出発する。

関係部分は章末に資料として一括してある。考証にわたることが多く煩わしいかもしれないが（考証の基本材料は括弧内に示した）、本文での主張の根拠であり、もし本文の主張に疑問があれば見ていただきたい。

第二章「那須国造碑の書風」は、書に時代相がうかがえるか、という問題である。そのためには一つの書を、ある時代に客観的に位置づけできるか、ということを基本に置かねばならない。それには一定の方法が必要であるが、直接的には、恩師内藤乾吉先生の「西域発見唐代官文書の研究」「正倉院文書の書道史的研究」の二論文の方法を借り、応用したものである。結果は古代日本の中国文明導入の真剣さとスピードの速さにあらためて瞠目した次第である。

第三章「飛鳥雑纂」は、断片的だが知識のその都度の確認。「飛鳥古京を守る会」での講演記録であるが、長年の間に著名な万葉・考古学・日本史の学者、また真摯な一般の参加者と接触することができ、著者の日本古代認識のためにたくさんの栄養をもらった次第であった。著者の研究生活上の文字どおり実践的軌跡の一つであったし、講演は楽しみでもあった。

第四章「新律綱領と明律」は、法の比較という難しい問題を著者なりの方法で考えた結果である。明律自体には興味をもたない人があるかもしれないが、この中には法の比較の観点から、唐律のもつ原理の抽出・唐律と日本律との違い・唐律と明律の違い・礼制と法などを一定の比較の方法で論じていて、「律」なる法典に関心がある人には、何か役に立つことがあろうと思う。

なお、著者の内心の思いを付記することを許されたい。滋賀秀三先生の名著『中国家族法の原理』（創文社、一九六七年初版、一九七六年第二版）の第二版の序に付された先生の文があり、その中に奥村の書評（『中国家族法の原理』に関する書評。『法学協会雑誌』八五巻一二号）につき「（奥村によって）提起された頗る根本的な問題に対しては、今回の改訂の枠内で対応することができなかった」とわざわざ述べられた。「根本的な問題」とは、具体的には財産の均分割の問題、「父を超える法」、公法と私法の問題、宗法の永続的性格、「法意識」の問題等であるが、これらの背後には共通して濃淡さまざまの姿で「礼」制がある。そのことを滋賀先生は指しておられたと思われる。そうでなければ、第二版序にあえて著者のことをあげられる必要がないものである。第二版序が書かれるまでの間に先生とのやりとりがあった経緯は省略するが、この根本問題については先生から著者への宿題であったと思っていたし、今もそう思っている。本書第四章では宿題のうち「律と礼制」につき、かなりの部分に応えられたと考えている。記して滋賀先生の学恩に謝したい。

第五章「『令集解』の頻用助字類覚書」は、『令集解』の輪読会の際の著者の予習ノートの抜粋である。『令集解』は歴史事実もあり、法理もあり、日本古代法研究の宝庫であるが、中の文章はかなり読みづらいものがある。読みづらさの一つの要因には漢語の助字の頻用があると思い、『令集解』を読むのに役立ちそうな助字を抜き出してあげた。詩文を読むためのものではない。これも著者の研究生活の実践面の赤裸々な軌跡である。これから『令集解』に親しもうとする人に何らかの参考になれば幸いである。

こうしてみると、第一章で古文献の扱い方と史書を読む勉強をあらためて強化したうえ、第二、第三章のように、かなり自然に知識の幅を広げながら第四章のようなかたちになったのではないかと自分で納得できる。

「まえがき」としてはざっとこんなことであるが、出版を強く薦めてくださり、終始心を寄せていただいた、日本法制史専攻の林紀昭関西学院大学名誉教授、西洋法制史専攻の松村勝二郎海技大学校前教授、第五章で粗雑なノートをまとめていただいた赤井靖子氏には感謝のほかない。また出版をめぐる状況が厳しい中、このような内容の書の刊行に踏み切っていただいた阿吽社社長・小笠原正仁氏、編集長・大槻武志氏などのお気持ちがなければ出版の決心がつかなかったであろう。また編集・小山光氏の念の入った真摯な校正に敬服したが、そのうえ、しばしば校正の域を超えた貴重なご意見を寄せていただいた。

すべて学問の同志の有り難さが身に沁みた秋から冬であった。

奥村郁三

二〇一五年一月　大寒

日本史上の中国——金印・那須国造碑・飛鳥・新律綱領・令集解◉目次

凡例

一　引用文中の（　）は、とくに註記がない場合は筆者註。
二　引用文および本文中の傍線・傍点（「、」「・」）は筆者による強調。
三　引用文中の「……」は省略を表わす。
四　書名・論文名・雑誌名には、章ごとの凡例に註記がある場合を除き新字を用いた
（ただし、『藝文』は例外）。

第一章

金印は「倭《わ》奴《ど》國《こく》」か、倭の「奴《な》國《こく》」か

我が国古代史上、後漢の光武帝から授与されたとする「漢委奴國王」なる五文字を刻した金印の存在はあまりに有名である。ただ、この金印刻文中の「委（倭）奴國」の文言を「ワド」国と読むか「ワのナ」国と読むかについては、『国史大辞典』（吉川弘文館）のような大規模な辞典の見出しにも「かんのわのなのこくおうのいん」とあることから見ても、「ワのナ」説が圧倒的に支持されていると思われる。「ワド」国と「ワのナ」国との読み方の違いは、単に「委奴國」（漢語）の三字の読み方、といったことではすまず、卑弥呼以前の古代日本の社会構造に関係する。

我が国に儺県《な》は存在したのは確かであるが、「ワのナ」説は儺県を中国文献上の「奴國《な》」に比定するにあたり、『後漢書』や「魏志倭人伝」を使用せざるを得ない。しかし、「ワのナ」説は「倭國《わ》」の中の「奴國《な》」という認識に立っているわけで、朝貢した主体は「倭奴國《わど》」でなく「奴國《な》」であるはずであるが、中国文献では漢代も漢代以降も、「奴國」は一切現われない。「魏志倭人伝」に現われる複数の「奴國」については後述する。

そこで、「ワのナ」説を最初に提唱した三宅米吉氏の論文（現在も踏襲されている）の検証と「倭面土」「倭面」なる呼称を検討することによって「ワのナ」説が成り立たないことを述べる。

前言（起稿の経緯について）

本章は講演「『漢委奴国』王について――テキストの点検」（関西大学飛鳥史学文学講座、平成十九年〈二〇〇七〉十二月九日）で倭国に関する中国古文献の紹介をしたのが発端である。講演後、平成二十年（二〇〇八）には資料を追加して二度別々の学会関係の研究会で報告したことがある。それらを要約して一般向けに書き直し、『あすか古京』誌（「飛鳥古京を守る会」会誌。本書第三章参照）七六～八〇号に掲載した。しかし、講演ではそれぞれ聴衆が異なるため話の力点の置きどころが違い、講演時間や会誌掲載字数の制約もあったことなどから、断片的で意をつくせなかった憾みがある。今回機会を得たので、あらためて一文を草し、発言の責任を果たそうとするものである。

本文について留意したことは、

（1）もとの講演では資料のみ配付し、本章の本文部分はほとんど口頭で説明するかたちであった。本章もそのスタイルを少しは残そうとした。（講演配付資料の大半は本章末尾掲載の「資料」と重なっている）

（2）もとの講演は一般公開であったため、さまざまの人の参加があった。ただ、聴衆のうちの多数は日本古代史に関心をもつ人々で、いわゆる専門家でないことや、当然中国文献にはやはりなじみが少ないであろうことなどを考えると、かなり工夫しなければならなかった。本章でもこれらのことには留意した。講演のスタイルを少しは残そうとしたゆえんである。多少くどいところがあるのはそのためである。いうまでもないが、そもそも「金印」の刻文は中国古文献の一つであり、当然中国古典籍と直接関係があり、またそれなりの扱い方が要求される。「挿入文2・3」や、章末に一括した資料の【　】内の註記・校語がそれである。
(3) 本文中に「註」を挟んでいる。いずれも論旨の進行に合わせた説明で、いわゆる註であるが、章末にまとめるのではなく本文中に適宜挟み込んだかたちになっている。
(4) 本文中に「挿入文1〜3」がある。本文論旨に関係する重要な基礎部分であって、本章成立のための土台というべきものである。専門家には要らざることかもしれないが、初学には役立つこともあろう。
(5) 末尾の「資料」①〜⑨は本章立論の典拠である。その内容上、細部で入り組んで関連しており、途中で前後の資料をあちこちと見なければならないことが多いので、便宜のため末尾に一括し、そのはじめに簡単な「凡例」を付した。
(6) 符号の類は本章末尾の資料につけた「凡例」に従う。ただし、訓読文は（ ）で示し、旧字体の使用は引用文と資料①〜⑨のみとする。

（一）問題の所在

以下に述べるところは、著名な志賀島出土の金印（資料①1。以下「金印」と略称）の刻文「漢委（倭）奴國王」の読み方と、中国古典籍に現われる「倭奴國」（資料②以下）とを「かんのわのなのこくおう」と読むのか「かんのわどこくのおう」と読むのかに関連する。

註1 「委」と「倭」

「委（倭）」としたが、委と倭は同字・同義。根拠は資料①4『経典釈文』に「倭、本又作委（倭の字、本《モト》又委に作る）」とあることによる（後述）。

この問題にいまさら日本史の素人たる私が参入することはいかがかと思わないではないが、あえて論じるのは、金印に関係する従来の論説の基本となる文献は、金印も含めて、すべて中国文献を利用しているからである。また現在「かんのわのなのこくおう」と読むのがほとんど定説となっており、その読み方の根拠（中国文献による）については、依然として中国文献の側からは問題があると考えるからである。「ワのナ」にせよ「ワド」にせよ、日本古代の状況にふれる際には『漢書』『後漢書』『三国志』（『三国志』魏書、東夷伝中に倭伝あり、それを日本で慣用的に「魏志倭人伝」という）といった中国古典籍を足がかりとする。だから、中国古典籍のうえで「倭奴」二字に対する古代中国人の読み方、すなわち倭の国に対する中国人の認識を整頓しておく必要がある。はたして「ワのナ」説は立証できるのかどうか。

「倭奴」の読み方を見ると、「倭奴」二字を「倭」と「奴」に分離して「ワのナ」と読んだ（認識した）場合、「の」を入れることによって「倭」は「奴（ナ）」の説明的な修飾語となり、「倭」の中に「奴（ナ）」国があるという認識になる。

文献上の「倭奴」国は『後漢書』の光武紀（資料②1）、および同書東夷伝（資料②2）に見えるが、「金印」刻文（資料①1）を「ワのナ」と読めば、『後漢書』（資料②1・2）に見える「倭奴」もまた「ワのナ」と読まねばならない。逆に『後漢書』を「ワのナ」と読めば、「金印」もまた「ワのナ」と読まねばならない。「ワのナ」説の創始者三宅米吉氏の論法については、後述の「（三）『倭奴國』をどう読むか」で、三宅説が成り立たないことを述べる。

いずれにせよ、「倭奴」二字が「ワのナ」ならば、「倭」を「奴」の修飾語と見るのだから、中国で記録された我が国の国名は「奴國」ということになる。そうすると『通典』辺防（資料②4校語〈北宋本他〉）、『北史』倭伝（資料②6）、『隋書』東夷伝（資料②7）、『旧唐書』東夷伝（資料②9）、『新唐書』東夷伝（資料①10）の各資料に見える「倭奴國」の諸例も、同様に「ワのナ」、すなわち「倭の中の『ナ』の国」と読まなくてはならない。この「ナ」国は「魏志倭人伝」のいう「奴」国に比定できる可能性が高い。そうすると、後漢に朝貢したのは倭の中の一つの部族である「ナ」国であって、日本は当時、依然小部族国家が乱立している状態と見なければならない。

ところが一方、「倭奴」を二字連接して「ワド」と読めば「ワド」なる一国の固有名詞となり、当時中国大陸に目を向けることが可能であったような、ある程度の力をもち、かつ統一されてきた「倭奴（ワド）」なる国があったことを意味することになる。だから、「ワのナ」国と「ワド」国との読みの相違（認識の相違）により、卑弥呼以前の日本の歴史状況の事実認識に大きな違いが出てくることになる。

註2　「倭奴國王」の前後

光武帝による「漢委奴國王」（資料①1）なる印章の授与は、建武中元二年、西暦五七年（資料②1後漢書光武紀および②2後漢書東夷伝）であり、また「魏志倭人伝」（資料⑧）の記録で卑弥呼が登場するのは魏の斉王・景初三年、西暦二三九年であって、この間、金印授与の前後を少し入れると、光武帝以来二〇〇年あまりの年月が経過している。光武帝以来卑弥呼登場までの時代はほぼ後漢の治世であるが、末期は漢という巨大な統治機構が崩壊し（二二〇年後漢滅亡）、その後は漢末三国時代から、西晋（二六五〜三一六年）を除き南北朝という中国史上の大分裂時代が始まり、隋朝の中国統一（開皇九年〈五八九〉）までの長い分裂期に入る。卑弥呼の朝貢記録は三国時代のごく初めである。

かように、読み方によっては当時の日本の状況の理解に大きな違いが出るため、「金印」についてじつに多くの研究が積み重ねられてきた（金印のみの研究史などもある。大谷光男『金印――漢委奴国印』吉川弘文館、一九七四年）のであるが、現在「倭奴」の読み方としては、邪馬台国畿内説や九州説にかかわりなく、「ワのナ」と読む説が支配的で、「ワド」説はあってもごく稀な少数意見といえる。たとえば「金印」につき、『国史大辞典』（全一五巻、一七冊、吉川弘文館、一九七九～九七年）のような国史研究の基準となる大規模な辞典の見出し語に「かんのわのなのこくおうのいん」として採用されていることからも、「ワのナ」説がいかに一般に浸透しているか、思い半ばを過ぎるものがある。

註3　三品彰英氏の意見

三品彰英氏は『邪馬台国研究総覧』（創元社、一九七〇年）中「魏志倭人伝の読み方」で「根本問題はその（魏志倭人伝）本文を正しく理解することであり」（一〇頁冒頭）とし、また「われわれはそうした幾つかの不確実なものを主観的に組み合わせて議論する前に、今一度『魏志』の本文そのものをすなおに読んでみることが、目下の最も必要な研究手続きであるまいか、たとえそれがわが史実や地理的実際とは一致しない内容であるにしても、一応そうした読解によって、『魏志』撰者自身の知識や解釈や構想を彼に即して理解することができるであろう」（一一頁）と述べられている。まことにそのとおりであり、あらかじめ自己の構想や主張の枠組みを作って、それに合わせて原典を改訂したり読んだり解釈したりしてはならない。

三品氏の右註3の文章は「魏志倭人伝」について述べられているのだが、本章の「倭奴」国に関する「金印」や『後漢書』などを研究する場合も同じことがいえる。

さて、註3の「魏志倭人伝」に関する三品氏の発言部分はきわめて妥当であるが、「金印」刻文の「漢委

（倭）奴國王」の「委（倭）奴」を、「委（倭）」と「奴」の二字を分離して「ワのナ」と読むか、分離せずに二字を連接して「ワド」と読むかについては、三品氏は一方で「結局論者の主観による他には、十分な客観的な拠り所を求めがたいのである」（二二頁）とも発言されており、この点には首肯できないものがある。主観といってしまえば、問題の究明を放棄することになるからである。

はじめに私の結論をいってしまえば、「かんのワのナのこくおう」と読むには無理があり、「倭奴」国は「ワド」国と読まねばならないということである。結局のところ『釈日本記』（二八巻、占部兼方撰。日本書紀の注釈書、鎌倉中期）以来の伝統的な読み方を是とすることになるので、ここで『釈日本紀』の説明を挿入しておく。

挿入文1　『釈日本紀』開題（資料⑨）の国号問答説明

『釈日本紀』（資料⑨ニ）の「問」に「問。大倭、倭奴、日本、三名之外、大唐別有稱此國之號哉（問ふ。大倭、倭奴、日本、三名の外に、大唐では別に此の国〈日本〉の号《ヨビナ》を称すること有りや）」という。「大倭、倭奴、日本」は、「三つの名」でその一つが「奴」ではなく「倭奴」だといっているから「倭奴」二字連接して一つの国の固有名詞だという認識である。この文章から、「倭奴」は国名が「奴」で「倭」は説明的修飾語だなどとは解することはできず、そして続けて「答」に「答。師說。史書中耶馬臺、耶摩堆、耶靡堆、倭人、倭國、倭面、等之號甚多。但史官所記、只通音而曰更無他義（答ふ。師説くに「史書中の耶馬台、耶摩堆、耶靡堆、倭人、倭国、倭面、等の号《ヨビナ》甚だ多し。但そ《オヨソ》史官記す所、只だ通音にして、更に他義無きを曰ふ」）」とある。邪馬台の名称については、資料①8後漢書東夷伝の校語およびその末尾に記した校語および「点校本後漢書東夷倭伝、校勘記」を見られたい。

ところで、蛇足だが『釈日本紀』の国号問答（資料⑨ロ）の「問」の部分に、以下のような伝聞をあげている。「問。唐國謂我國爲倭奴國、其義如何（問ふ。唐の国、我が国〈日本〉を謂ひて倭奴国《ワドコク》と為す。其の義は如何）」

という。この「問」の文は明らかに『旧唐書』（資料②9）に基づいていて、後述のように、この「問」の「倭奴國」は「ワのナ」と読めないのは当然のこととして、これに対する「答」として次のような伝聞が記されている（⑨ロ・ハ）。すなわち、唐に渡った倭の人が彼の国名を問われて「我が国は云々」といったのを、唐の人が「我が国」なる日本語を国名だと間違って聞き取り「和奴」といったのだという。当時の伝聞をそのまま記録したのであって、『釈日本記』が主張しているわけではなく、これ（資料⑨ロ）をうけて資料⑨ハの「問答」があり結局「未爲全得」、つまり伝聞の話は納得できぬとしている。

右に伝聞としてあげた資料⑨ロ・ハの二つの問答は、当時存在した諸説を問答形式で列挙した一つであって、撰者卜部兼方が主張しているわけではない。当時の諸説を漏れなくあげようとしている態度は研究書として、むしろ敬服に値するものがある。しかるに、この「和奴」なる伝聞の挙例のみを取り上げ、「卜部説」などといって、あたかも『釈日本紀』の説であるかのように叙述している学術書がある（佐原真『日本人の誕生』大系日本の歴史1、小学館、一九九二年、三七四頁以下、他）。実際には、『釈日本紀』はもっと本格的に問題を取り上げているのである。のみならず、耶馬台、耶摩堆、耶靡堆、倭人、倭国、倭面などの名をあげているのは、本章が掲げる漢籍諸資料でわかるように、これらがすべて古典籍に出典があることから、撰者が古典籍を丁寧に読み込んでいた証拠である（資料の各挙例とその校語を見られたい）。資料⑥の漢書如淳注も見逃していないのは注意が行き届いているといわねばなるまい。「占部説」などとして『釈日本紀』の伝聞だけを取り上げるのは客観性を欠いた紹介で、もし、初学がこの「卜部説」などの解説を読んだならば、『釈日本紀』自体を手に取ろうともしないであろう。

(二) 金　印

さて、資料①1は、志賀島出土の金印の刻文「漢委奴國王」の五字である。この刻文が『後漢書』（資料②

1光武紀）にある「東夷倭奴國王」なる文言および同じ『後漢書』（資料②2東夷伝）の「倭奴國奉貢朝賀」とある文言と一致すること、また「金印」の形態（金印、蛇鈕）や刻字の特徴からして漢代のものであること、などから「金印」は光武帝が授与した実物とされるわけである。

形態についていえば、「金印」と類似の印章として「滇《テン》王之印」（雲南省晋寧県石寨山、一九五五〜五七年調査中発見）があげられることがあるが（栗原朋信「漢帝国と印章」『古代国家の構造　上』古代史講座4、学生社、一九六二年）、刻文の読み方が「ワのナ」か「ワド」かという論点の参考とはならない（後述）。

註4　（参考）「滇王」のこと

「王」は漢制上の爵位で「滇王」は中国直接の支配地内の爵位である（王号については後述）。直轄地でない蕃夷の国（倭もそのうちに入る）に与える「王」とは同じ王号でも国家における位置も性質も違う。

「滇」は蜀の地で、すでに戦国には楚の勢力下にあったが、漢武帝元封二年（前一〇九）に漢に降り、益州郡の治下に入るとともに「滇王」の印を授与されている。『漢書』九五西南夷両粤朝鮮伝に「元封二年……滇擧國降、請置吏入朝、於是以爲益州郡、賜滇王王印（元封二年……滇は国を挙げて降り、吏を置き入朝せんことを請ふ。是に於て以て益州郡と為し、滇王に王印を賜ふ）」とある。郡を置いて直轄地としたことがわかる。「滇」については『史記』巻一一六西南夷列伝、『漢書』二八上地理志・益州郡の条下に滇池県がある。また『後漢書』八六西南夷列伝参照。

刻文の形式において「金印」と比較できるものをあげるならば、「**漢**匈奴惡適尸逐**王**」（資料①6）なる八字の印章がある。「金印」の刻文「**漢**委奴國**王**」と較べると一見して刻文の文書形式に「金印」との共通点がある。一つは漢から蕃夷の首長に与えた印章であること、二つは「**漢**……**王**」のスタイルが同じであること、である。「漢」と「王」に挟まれる「匈奴惡適尸逐」は匈奴の言語の漢字音による表記である。

註5　「**漢匈奴悪適尸逐王**」について

「漢」はむろん漢王朝。「匈奴」は中国北方遊牧民族で漢代を通じ常に漢族の中国と対峙していた諸部族の名で、中国文献では漢字音表記する。漢族中心の中国は、「匈奴」に対し、あるときは戦い（衛青の河西走廊上の遠征を見よ）、あるときは懐柔して（王昭君の物語を見よ）対応してきた。刻文中、次の「悪適」とあるのは匈奴の一部族名（オングートか？）であり、「尸逐」は匈奴の首長の称号にしばしば見られる語であるという（『書道全集』〈平凡社、一九五四年〉第二巻「中国・漢」に藤枝晃氏の解説がある）。「漢」字と「王」字の間の「匈奴悪適尸逐」六字は、当然漢字（表意文字）のもつ意味とは関係がない。

そうすると「金印」の「**漢……王**」の間にある「倭奴」も当時の日本の言葉の漢字音表記だと考えられる。したがって「倭奴」で一つの国名とし、「ワド」といったことは当然考えねばならないところである。「ワのナ」説では「奴」国を国名として「倭」はその説明的修飾語と考えるから、主体は「奴國」であり、「倭奴」で叙事的な一句と見るのである。王印は正式な職印であり、叙事的あるいは説明的修飾語が入る余地はない。後世の文人の自由な発想による自己表現たる印章の文言とは性質を異にする。

念のためにいっておくと、「漢匈奴悪適尸逐王」を「匈奴」と「悪適尸逐」とに切り離して「匈奴の悪適尸逐王」と読めそうだから、金印も「倭の奴」といえるのかというと、そう単純にはいかないことは以下に述べるいくつかの証拠の示すとおりである。ともかく、「滇王」の印と違って、少なくとも蕃夷の王に与える印章の文の「漢……王」の表現は一つの型であったことは考慮に値する。

さて、前記の「金印」の外観を念頭に「漢委（倭）奴國王」五文字の一応の説明をしておくこととする。

まず「漢」の字は中国漢王朝の「漢」であって問題はない。「漢」とわざわざ付けるのは「漢」の直接支配地（直轄地）でなくて、漢に朝貢する関係にある国の支配者、つまり蕃夷の首長に与える印の一定のスタイルと見るほかない。

次に「委（倭）奴」の二文字に移る。「ワのナ」と読むか、「ワド」と読むかについては、主として次項「(三)『倭奴國』をどう読むか」で述べることにして、ここでは「倭奴」が固有名詞として、倭の人が自国のことを称した倭語の漢字音表記であることにふれておく。

中国で漢族外の国名・人名を表記するには、その地の呼称をそのまま漢字表記するのが通例である（もっとも、征服し、直轄領とした地域に漢名をつける、あるいは漢名を与える場合は別）。だから、同じ国でも記録の漢字表記が異なることがあり得る。例を邪馬台国にとっていえば、資料①8『後漢書』の李賢注に「邪馬臺國（後漢書注云「案、今名邪摩（惟）［堆］、音之訛也）」とあり、『釈日本紀』（資料⑨二）には「史書中耶馬臺、耶摩堆、耶靡堆、倭人、倭國、倭面、等之號甚多。但史官所記、只通音而曰更無他義」という。今、それぞれの文字の考証（①8後漢書の校語、②6北史本文、②7隋書本文）はさておき、こうした注解を見ると「倭奴」は、倭語の漢字二字による音表記であることはまず間違いない。『通典』辺防の安帝永初元年（一〇七）の記録（資料②4）で、板本に見える「倭面土」なども倭名の漢字音表記である。これも同種の問題で、後述する（資料②2・4の校語参看）。「漢……王」の中に挟まれた固有名詞に意味のある用言、修飾語を含んだ叙事的一句があると考えるほうが無理である。無理ということについては、さらに後述する。

金印が「倭」の字ではなく「委」の字を用いていることについては、『経典釈文』（資料①4）に「倭、本又作委（倭、もとは又「委」に作る）」とあるから「倭」も「委」も同字同義に使用したことがわかる。したがって『漢書』如淳（魏・馮翊の人、官は陳郡丞、『漢書』に注した）の注（資料⑥）に見える「委面」の「委」も同じで「委面」は「倭面」である。「大委國」（資料⑦）も「大倭國」と同じである（資料①4校語にも追記）。これらを見ると、「委奴國」の場合、現行正史の板本の類は「委」の字を「倭」字として「倭奴」なる表記が安定している（資料②1・2）が、もともと漢代で「委」字を使用していた（現物たる金印が「委」と表記されている）ことは、如淳の『漢書』注（資料⑥）のごとき魏の時代の人の文にも残存したと思われる。漢代で書体もまだ不安定であった時期に「倭」字をもとの字の「委」と記していても何ら異とすることではない。そして以後の正史その他に「倭」もしくは「倭奴」（少なくとも後述の安帝永初元年以降は「倭」で表記は安定する。後述）などで示されていて、「倭」を「委」と表記されることはない。

次は「國」と「王」だが、まず「王」から説明する。「王」とは、前漢・後漢王朝の制度として「侯」とともに設けられた爵位の一つである。『通典』（巻一九歴代官制総序、封爵）によると、漢制では爵位に「國王」「國侯」「亭侯」の三等があるという。うち「亭侯」は後漢末、魏の曹操に与えられた爵位であり、これを含めて前・後の両漢時代を通じて三等だといっている。また『通典』（職官巻三二王侯総叙）では「後漢爵亦二等」と記述するが、二等とは王と侯である。

漢王朝の直接支配内ではない、いわゆる蕃夷の国の支配者に対しては、支配地の名を冠した「王」号を与えるが、「漢倭奴國王」はその一つである。これは中国内の爵位と封地の制度を、朝貢関係にある蕃夷の国の支配者に擬制したもの。印章は王や侯の地位（爵位）、職務の象徴としてあり、爵位に伴う公的職印というべく、「金印」もそうである。

「國」というのは、漢の王爵に伴う封地（皇帝から与えられた土地）である。王、侯の爵位を受けたものは特別に封地を与えられるが、土地は当時の地方制度では「郡」と「縣」しかなく、皇子は王の爵を与えられ

（諸侯王という）、それに伴う土地、すなわち「郡」を「國」と称した。他に侯（列侯）に与えられる「縣」があり、これを「侯國」と称した。もっとも、これらは直轄地の制度の基本であって、時期的にも変遷がある。上古から唐代までの爵位の変遷の大枠は『通典』（巻一九歴代官制総序、封爵、および巻三一王侯総叙）にほぼまとまって記載されている。

（二）「倭奴國」をどう読むか（三宅説批判）

「倭奴」を「ワのナ」と読むのは三宅米吉氏「漢委奴國王印考」（『史学雑誌』三五、一八九二年）が最初という。この読み方が現在ほとんど定説になっていることははじめに述べたとおりである。井上光貞氏の論説（『神話から歴史へ』日本の歴史1、中公文庫、一九七三年）を見ると、

> ところが、この問題（「ワド」か「ワのナ」か）も一八九九年（一八九二年〈明治二十五〉『史学雑誌』三七所収「漢委奴國王印考」のことか）考古学と日本古代史を結びつけることに大きな仕事を残した三宅米吉氏が、「倭奴国」とは「倭の奴《な》国」と読むべきであり、『魏志倭人伝』に「奴国」と記されている国と同じであること、その地は日本書紀などに儺県《なのあがた》・那津《なつ》など記された地、すなわち、いまの博多のあたりであろう、という説をだしてから落着した。（一九九〜二〇〇頁）

とされている。「落着した」とはっきり論じられたのだから、現在は三宅説が定説なのであろう。さらに読

み方だけではなく、内容にも影響を与えている。井上氏は続けて、

それればかりか、後漢書に、この国を「倭国の極南界」と書いてある（資料②2）謎も、奴国説をとれば容易に理解される。というのは『魏志倭人伝』には二つの奴国があって、一つは博多の奴国、もう一つは邪馬台国の支配圏の最南端とおぼしい奴国である。後漢書を書いた范曄は、光武帝が金印をさずけた奴国を後者とかんがえて「倭国の極南界」という誤った解釈をそえたのであろう。（二〇〇頁）

と范曄《はんよう》が「誤った解釈」をしたという考えを含めて三宅氏の主張の内容をそのまま採用されている。

註6　倭国の「極南界」

「倭国の極南界」というのは『後漢書』東夷伝（資料②2）の「建武中元二年、倭奴國奉貢朝賀、使人自稱大夫、倭國之極南界也。光武賜以印綬」という部分のこと（「極南界」については後述）。

「（二）問題の所在」で記したように、この「倭奴」の二通りの読み方は、単に読み方の問題ではすまされず、どちらに読むかによって後漢当時の我が国の歴史的状況の理解に大差が出るし、ひいては「邪馬臺國」の理解に及ぶことにもなる。むろん、中国文献の読解にも役立つのはいうまでもない。右の井上氏の論説は三宅論文に依拠されているから、以下に三宅論文を点検しなければならないが、その前に、あらためて中国での一般的な「倭奴」の認識を述べておく。日本の太古の状況を考えるのに、我々は中国文献の『後漢書』や「魏志倭人伝」を使用するのだから、中国文献における中国での認識（読み方）を無視するわけにはいか

ない。もし「金印」刻文と『後漢書』の「倭奴」を「倭の奴（ナ）国」と読むなら、『新唐書』（資料②10）も『旧唐書』（資料②9）も『北史』（資料②6）も『隋書』（資料②7）も「倭の奴（ナ）国」としなければならない。

諸橋轍次氏『大漢和辞典』は語彙として「倭奴」をあげ、「ワド」と読む。根拠として『後漢書』光武紀（資料②1）および『元史』日本伝「日本國在東海東、古稱倭奴國（日本国は東海の東に在り、古は倭奴国と称す）」をあげているが、「倭奴（ワド）」と読む旧い史料と、元朝という比較的新しい時代の史料とをあげて語例としている。中国の『漢語大詞典』も典拠はだいたい同じで、『後漢書』光武紀（資料②1）と『新唐書』（資料②10）の「日本、古倭奴也（日本、古の倭奴也）」をあげている（『元史』の「古稱倭奴國」は『新唐書』の文からきていると思われる）。

註7　国号「日本」について

我が国の古代では、天皇が外国に宣する詔勅に限り「日本」を使用した。大宝令（大宝二年〈七〇二〉施行。唐の則天武后・長安二年）以来の公式の制度である。大宝令は逸書だが養老公式令詔書式の『令集解』の「古記」引く大宝令の逸文にも見えるから、大宝令以来「日本」を使用したといえる。

「日本」という国号が正式な国名として中国で明確になるのは『新唐書』（資料②10）からである。『旧唐書』（資料②9）にも登場するが、「日本國」と「倭國」の区別がついておらず、なお不安定である。『旧唐書』は「倭國」として記述し、その記述の文中に挟み込むようなかたちで（資料②9）「日本國」にふれており、「倭國」の別種だとしている。曖昧な文章に見えるのは、日本からの情報がまだ的確に伝わっていなかったことからくる乱れであろう。

なお、参考までに『漢語大詞典』について紹介しておく。

『漢語大詞典』（一二冊、付索引一冊、漢語大詞典編輯委員会・漢語大詞典編纂処編纂、漢語大詞典出版社、一九八六

〜九三年）。「付索引一冊」は『漢語大詞典付録　索引』（一冊、一九九四年第一版）。大規模な漢語（いわゆる中国語ではなく、古典の漢語系）辞書。関連として王宣武『漢語大詞典拾補』（一冊、貴州人民出版社、一九九九年）がある。また別に『多功能漢語大詞典索引』（一冊、〈中国〉漢語大詞典編纂処・〈日本〉禅文化研究所共同編纂、一九九七年）がある。

「倭奴國」の認識については諸橋氏『大漢和辞典』や『漢語大詞典』の辞書類の挙例でほぼ十分だが、さらに説明するなら『新唐書』東夷伝（資料②10）の「日本、古倭奴也」および『旧唐書』東夷伝（資料②9）の「倭國者、古倭奴國也」をあげる。「倭」あるいは「日本」という一個の固有名詞を「倭奴」の二字に置き換えて示しているので「倭奴」の二字を連接して「ワド」と読み、一国の固有名詞と認識していたことははっきりしている。漢語以外の言語を話す民族が、彼らの言語で自国の呼称をいうとき、中国は漢語の音でそれを表記するのは普通のことである。また、「倭奴」の二字を分離して「倭」は修飾語、「奴」は固有名詞といった語法を考えたりするのも無意味である。「倭奴」国は倭語による自らの呼称を、当時の中国人が漢字音で表記したのであると理解できこそすれ、「倭の中の奴（ナ）国」と読む根拠は何も出てこない。

繰り返すが、「ワのナ」説は、「倭」は修飾語、「奴」は固有名詞と見るわけで、「倭奴國」という国があったのではなく「奴國」が存在した、という主張である。この主張が成り立たないことを三宅論文について見てみよう。論文の細部の逐条的分析にわたるとかえって煩雑であるから、例として四ヵ所のみ引用する。

（Ⅰ）「漢委奴國王ノ五字ハ宜シク漢ノ奴ノ國ノ王ト讀ムベシ。委ハ倭ナリ、奴ノ國ハ古ヘノ儺縣今ノ那珂郡ナリ。後漢書ナル倭奴國モ倭ノ奴國ナリ。奴國ハ魏志ニ擧ゲタル帯方郡ヨリ耶馬臺ニ至ル道中ニアリテ古ヘ九州北部ノ大國ナリシト見ユ。魏志（資料⑧魏志倭人伝を指す）ニ擧ゲタル諸國ノ戸數ヲ比較スルニ……（奴国は北九州の最有力の国であると述べ）、……此ノ國（奴国）モ早クヨリ漢ニ通ジ彼ノ（『後漢書』の）『倭云々、凡百餘國。自武帝滅朝鮮、使驛通於漢者三十許國、國皆稱王』（資料①8）トアル三十許國ノ中ナリシナラン」（三宅前掲三五〜三六頁）

頭初から「宜シク漢ノ奴ノ國ノ王ト讀ムベシ」といわれても困るが、「奴ノ國ハ古ヘノ儺縣今ノ那珂郡ナリ。後漢書ナル倭奴國（資料②1・2）モ倭ノ奴國ナリ」との大前提がある。「儺縣」だというのは、とくに考証とか説明が示されていないから、三宅氏の確信であろう。さればとやかくいうことはない。しかし、問題はその確信を大前提として、中国古典籍にその証拠を求め、かつ中国正史のテキスト批判、読み方にまで及んだという点である。

「倭の奴（ナ）国」というからには、「倭」は「奴國」の修飾語で、国名は「奴」でなければならない。だから「奴國」が確かに漢代に存在したことを証明しておかなければ後漢光武帝の金印（資料①1）につながらず、また「倭のナ国」とは読めない。そこで、「魏志倭人伝」中の「奴國」（資料⑧）が我が国の古代に存在した「儺縣」だと考えられた。たぶん「奴國」の二字が「魏志倭人伝」に見えるからであろう。それで次に「奴國」が漢代にも存在したことを立証しようとして（後述）、『後漢書』に「三十許國」云々とあるのをあげ、「魏志倭人伝」のいう「奴國」がその中に含まれているだろう、とされている。漢代に「奴國」が存在したとする根拠は「三十許國ノ國ノ中ナリシナラン」ということのみである。想像だといってしまえばそれまでであるが、この想像すら成り立たない根拠がある。

三宅論文が引用された『後漢書』部分（資料①8）は、もともと問題があるところで、内藤湖南「卑彌呼考」（『藝文』一の四、一九一〇年。『内藤湖南全集』第七巻、筑摩書房、一九七〇年所収、二七一頁以下。全集には「昭和七年」の付記がある）の考証中の一部にふれられている。

もっとも内藤考証は、きわめて異同の多い『後漢書』を『三国志』（裴松之注に引く『魏略』）と比較し、『後漢書』が『魏略』（魏・魚豢《ぎょかん》撰）を使用して改刪したことを考証している（このようにテキストを整頓しなければ議論の基礎にもならず、事実の正確な分析ができない）。その過程で右掲『後漢書』を取り上げているのであって、本章の「奴國」の問題とは別のことであるが、その考証の経過中で『後漢書』『三国志』の本章の該当箇所にふれているわけである。今、内藤考証を掲げ、一応説明する。次の文章が簡潔であるのは、すでに「魏志倭人伝」が『魏略』の文を取っていることや、『後漢書』東夷伝も『魏略』の文からきていることなどの考証のうえであるからである。

内藤考証はまず、三宅論文が引用した『後漢書』東夷伝の文「倭在韓東南大海中、依山島爲居、凡百餘國。自武帝滅朝鮮、使驛（当作訳）通於漢者三十許國、國皆稱王、……（倭は韓の東南大海中に在り、山島に依って居と為す、凡そ百余国。武帝朝鮮を滅して自り、使訳漢に通ずるもの三十許国、国皆王を称し、……）」（資料①8）をあげ、以下の考察に入る。

三國志（東夷伝、倭。「魏志倭人伝」のこと）が取れる魏略の文（資料⑧魏志倭人伝）は、『前漢書』地理志（資料①7）の「樂浪海中有倭人、分爲百餘國、以歳時來獻見云」とあるに本づきたるにて、其の（魏略

> の文が、つまり「魏志倭人伝」が）「舊百餘國」（資料⑧）と舊字を下せるは、此が爲（前漢書に記してあるから）にして、即ち漢時を指し「今使譯所通三十國」といへる今は魏の時をいへるなり（資料②6北史、資料②7隋書にも「魏時」とある）。然るに范曄が漢に通ずる者三十餘國とせるは、魏略の文を改刪して遺漏せるなり。但し帶方の郡名は漢時になきを以て、之を改めて韓とせるは、其の注意の至れる處なれども、左の條の如きは、猶全く其の馬脚を覆ひ得ざるなり（としてさらに改刪の五例をあげている）。（『内藤湖南全集』七巻、二五一頁以下）

というものである。右の（　）内説明に「資料②6北史、資料②7隋書には『魏時』とある」と『北史』『隋書』を傍証の一つにしたが、こうしたことはテキストの流伝の問題と関係がある（挿入文2および3参照）。

三宅論文の主張は「此ノ國（「魏志倭人伝」のいう「奴國」）モ早クヨリ漢ニ通ジ彼ノ（『後漢書』）『倭云々、凡百餘國。自武帝滅朝鮮、使驛通於漢者三十許國、國皆稱王』（前掲、資料①8）トアル三十許國ノ中ナリシナラン」というもので、『後漢書』の文の「三十許國」の中に「魏志倭人伝」のいう「奴（ナ）國」があり、その「奴國」が漢代にも存在したであろうと想像し、『後漢書』と結びつけたのである。ところが前掲の『後漢書』の一文は、魏代の事実を「使譯（使者と通訳。吏駅ともいうが誤りとされる）漢に通ずるもの」と記し、あたかも漢代のことであるように原本（『魏略』）が改刪されていることが、内藤考証によってはっきりしたといえる。されば漢代に「奴國」は記録もなく存在もしないことになる。

内藤湖南「卑彌呼考」が『後漢書』の改刪を指摘するに至る経過にはいろいろの考証の積み上げがある。『三国志』（とくに「魏書東夷伝」）はそもそも『魏略』（魚豢の『魏略五十巻』は逸書である。清・張鵬に逸文を編輯した『魏略輯本二十五巻』がある）を材料（史書を編纂するには、根拠たる材料が必要）としていて、倭人伝もその例に漏れないことをまず考証（内容省略。『魏略』が逸書であるから考証が必要である。ここでは「魏志倭人伝」の材料が『魏略』であることを証明する）し、次に『三国志』はもちろん『後漢書』東夷伝も『魏略』を材料としていることを考証し、そのうえで『後漢書』（資料①8）の「倭在韓東南大海中、依山島為居、凡百餘國。自武帝滅朝、使驛通於漢者三十許國」について、『三国志』魏書東夷伝の「舊百餘國、漢時有朝見者、今使譯所通三十國」を比較し「今」以下は魏代の状況の記録だと確認することになる。

これを見ると内藤考証は一定の手順を踏んだ校勘の方法をとっているのだが、その背景にある知識は学生など初学の人にはすぐに理解できないこともあると思われる。そのために、本題からは外れるが、基本的なことだから少し述べておきたい。考証の背後の基本知識とは、さしずめ一つは『史記』『漢書』『三国志』『後漢書』という正史の特徴であり、二つ目は史書のテキストの流伝の姿である。概略をここで簡単に「挿入文2および3」を入れて理解に資すことにする。

挿入文2　『三国志』は断代史であること

史書には通史と断代史がある。正史についていえば『史記』は通史であるが『漢書』からは断代史であり、以後の正史はすべて断代史になる。『三国志』『後漢書』は断代史である。このことを理解しているだけでも、右に問題となった「三十許國」の記載部分につき、魏代の「奴國」の存在を簡単に漢代に結びつけること、すなわち『後漢書』に「奴國」の存在の根拠を求めることに史を読む人はためらいをもつであろう。まして「魏志倭人伝」は「舊」と「今」と分けて記録している。

挿入文3　史書の材料と校勘、テキストの流伝次に正史の材料についてである。唐と唐以前に著述された正史の性格の変化やその特徴を見ると、『史記』『漢書』『三国志』はおおむね当時の根本史料（原史料）を材料として使用している。漢以前はまとまった材料たる記録・著述は多くなく、したがって材料の多くを官府に残された記録類・公文書類に求めたとされている。それも、『史記』『漢書』『三国志』は原史料の言葉を替えずにそのまま載せることが多い（『史記』にある泰山刻石の記録の文と、発掘された石碑の文の一致は、どちらも原材料が同じであることを示している。わかりやすい例であろう）。こうした性質を知っていれば『後漢書』（資料②1・2）に現われる「東夷倭奴國王」や「倭奴國」は、一国の固有名詞であって事実の記録を記すべき「史書」であるからには、架空の名を書くことはできず、したがって変更あるいは潤色（原史料の文の表現を改めて書く）の余地がない性質をもつ。『後漢書』に范曄による潤色が加えられたとしても、固有名詞や地名の変更はできない。したがって国名などは原材料に基づいていると考えられるうえに、さらに現物の「金印」刻文の「漢委奴國王」があるからには確実な史料である。史料は現物の存在を予見し、現物は史料を確実にする。こうした史料の確実性は、そのもとが官府の記録によったからであろう。官府の記録なるものは、「史」と「史官」の長い発展の経過があり、中国の史書を理解するのに重要なことである。

『三国志』（撰者陳寿、晋の人）や『後漢書』（撰者范曄、南宋の人）の成立順は周知のように『三国志』が先で『後漢書』は後出であり、『後漢書』は先行の史書、『史記』『漢書』『三国志』を材料にした。そのうえに范曄の前には七、八種の『後漢書』があり（すべて逸書）、范曄の『後漢書』はこれらを集めて編纂したとされ、范曄の『後漢書』だけが今に残ったのである。『史記』『漢書』なる正史のほか、范曄が採集した多くの材料に前記魚豢（魏の人）の『魏略』がある。魚豢は『魏略』撰定当時、直接魏の時代の資料を見たに違いなく、『三国志』の撰者である陳寿は当然著述の材料として『魏略』を使用したに違いない。

内藤考証では、『三国志』、とくに東夷伝が『魏略』を材料としたことを証明するために、高句麗伝に見える筆法、すなわち当時のことをいうのに「今……」を用いた箇所（「魏志倭人伝」も「舊」「今」とする）が複数あること、『三国志』の裴松之（南朝宋の人）の注に引く『魏略』の文、また、資料⑥『漢書』地理志の顔師古（唐の人）注に引く『魏略』の文（資料⑰漢書、⑧魏志倭人伝）などから、『三国志』東夷伝が『魏略』に依拠していることを考証し、そのうえで、『後漢書』の文「倭……、凡百餘國。自武帝滅朝鮮、使驛通於漢者三十許國、國皆稱王」（三宅氏が漢代に「奴」国があった根拠とした文）が「漢に通ずる三十ばかりの国」とあたかも後漢の事実かのように記すのは、『三国志』中の「魏志倭人伝」の文、すなわち『魏略』の文を「改刪して遺漏せるなり」との結論に達した。「使驛通於漢者三十許國」はじつは魏代のことだということになる。

こうした改刪の部分を正確に見つけるのはむろん容易でなく、高度の考証が必要であるが、考証の方法の第一歩は校勘にある。内藤考証は、『三国志』『後漢書』の同じことを書いた部分を見てさらに考究を加え、是非の判断に至った例である。

原材料をそのまま使用するといった『史記』『漢書』『三国志』以来の手法が崩れ始めるのは、范曄による『後漢書』からだとされている。范曄は、先に書かれた七、八種の『後漢書』を集めて編纂したこと、范曄の時代は原材料たる記録が増加してきたこと、大文章家であったこと、などの理由から原材料の文をそのまま使用せず、潤色を加えたとされている。このことは、事実でないことを書いたり、事実を曲げたりすることを意味しない。ただし、潤色を加えたことで生じた失敗もあって、前述内藤論文ではとくに『後漢書』中の東夷伝につき「遺漏」とか「馬脚」とか手厳しくいっているのがそれである。こうした「馬脚」があったとしても、『史記』以来の手法はなお残っている時代で、後漢の研究は『後漢書』なくしては語れない。また、范曄は史書の著述家としては一家の言を立てようとしており、やはりその点は『史記』『漢書』の主意を継ごうとしていると評価されている。ただ、一家の言などは史料に向き合う考え方の問題で、史実を無視することではない。史書は過去にふれる場合、当然過去の材料から史実を継承する。事実に関する継承がなければ史書は成り立たないからである。東夷伝で潤色を加え「馬脚」を露わしたが、だからといって『後漢書』がいい加減な著述で、価値なしと考えてはならない。清末の大儒張之洞は『輶軒語』で、初学に「正史中、宜しく先に四史を讀むべし」として『史記』『漢書』『三国志』『後漢書』をあげているくらいである。

なお、唐初の『通典』（資料②4）などの史書には『後漢書』『三国志』にない記録があるが、それは唐代にはまだ後漢から伝来したいくつかの古鈔本による記録があったのである。だから、唐の著作物、たとえば『晋書』『南史』『北史』『通典』にはそれら残された記録が利用されたであろう。章末の「資料」に即していえば、資料②6北史や②7隋書では『後漢書』の「使驛通於漢者三十許國」の「漢」が「魏時」なる二字になっているのも、②4通典の「倭奴」「倭面土」も、同じくテキストの流伝の問題（後述）と関係する。

史実は継承されるから、『後漢書』などを考える際には漢・魏より後代のことを書いた資料②7隋書、②5梁書、②6北史、②9旧唐書、②10新唐書などの正史類も確かめてみなければならない。『通典』や『冊府元亀』その他の「類書」類も同様である。

次に個別の書物の流伝の状況である。本章で資料に掲げた各種の書物に諸本の校合をかなり丹念に付したのは個別のテキストの流伝の状況を知り、オリジナルなテキストに近づこうとするためである。現在目にする中国古典籍の類の多くはいわゆる洋装活字体のスタイルであるが、そのもとになったのは、旧中国の木板本で、その復刻本であったり、影印本であったり、なかには諸本校合を付したものもある。

木板で「書籍」を印刷するのは五代に始まるが、大量に印刷し普及するのは宋代からである。唐代までは多くの著述はすべて鈔本（手書きの本、写本）で流布し、また後世に伝わった。流布のかたちは、当初、需要に応じて一つの原本（鈔本）から複数の鈔本を作る。法律などは中央や地方の各官府各部署に配付するから、大量部数が筆写され配られる。そのために官が熟達した筆者人を用意する。その本がさらに転々筆写を繰り返せばなかには誤写のある鈔本が生まれることもあるが、宋板本などはそうした唐または唐以前の複数の鈔本の一つを選んで板にして流布させたため、その後テキストは固定する。宋板本は唐以前の古典籍の鈔本の姿を伝えて間がないために、より古典籍の原本に近く、世に「宋本」（宋板、宋版、宋刻本）と称し、珍重されるのである。現在テキストとして「宋本」があればまずそれに準拠すべきである。ただし絶対に正確だとは言い切れない。「宋本」のもとになった唐鈔本自体が次々に転写される間に誤写などがあって祖本と違うこともあり得るし、「宋本」自体が刻字を誤っていることもないわけではないからである。

たとえば「魏志倭人伝」で有名な「景初二年」は、宋板本以下、諸本同じく「二年」だが、これは「三年」の誤りである。『梁書』や南監本『北史』には「三年」とある。三年が正解であることは歴史事実から決定されるが、それも三年とするテキストがなお存していたのである（資料②6北史。日本書紀神功紀三十九年細注引く魏志。また資料⑧の当該箇所の校語参照）。

かくて、板本主流の時代に入っても、板本の他に古鈔本があれば珍重されるのは、板本以前の古体が残存し、あるいは板本が依拠した鈔本とは別系統のテキストである可能性があるからである。もし現在、板本とこの残された鈔本とに異同があれば、貴重な問題提起が含まれることがあり得る。このように鈔本は珍重されるがゆえに、「宋本」があっても、鈔本はさらに転写され続け後世に伝わることもあるので、明・清の鈔本でも貴重な本であると考えられるのである。資料②4『通典』の文中「光武帝中元二年倭國」云々の「倭國」に付した校語にあげた明鈔本はそうした例である。また、この部分について、宋刻本、明鈔本、明刻本、日本に残された古鈔本逸文（とくに重視する理由は後述）からは書物の流伝の姿が見える。

では唐、あるいはそれ以前の鈔本の残存状況はどうか、というと中国でもほとんど絶滅状況である。ただ、新しい発見があれば別であるが（たとえば、点校本『三国志』の巻頭口絵に東晋写本呉志の残巻影印が八頁にわたって掲載されている。筆者には新発見と思われ、詳しく調べなければならないが、一見して筆跡は隷書の筆法を色濃く残した西晋の筆法をそのまま存したものである）、従来は敦煌石窟発見の残巻（スタインやペリオの収集が中心）には残巻を含め多くの唐鈔本の姿が見られる。古典籍の研究にとって、たとえ残巻であってもすこぶる貴重なもので、多数の研究が積み上げられており、敦煌文書の研究は「敦煌学」の本筋となっている（敦煌残巻の概要〈書名〉を知るには王重民『敦煌古籍叙録』〈商務印書館、一九五八年〉が便利であるが、専門に研究するには海外の所蔵品を見るなり、そのマイクロフィルムを見るなりしなければならない)。

一方で、我が国の奈良・平安時代までに伝来した中国古典籍は、中国で宋本が生まれる前の本で、唐あるいはそれ以前の鈔本であったはずである。藤原佐世『日本国見在書目録』〈寛平三年〈八九一〉ごろ成書〉に採録された書物は、これら古鈔本である。古鈔本は中国でもほとんど存在しないから、もし我が国に残っていれば宋板などより原本に近いテキストが見られるはずで、物自体が大変な価値をもつ。残念ながらそれらもことごとく亡逸したが、その価値の片鱗を見せてくれるものがある。たとえば、資料にあげた「『釈日本紀』引く『後漢書』東夷伝」〈資料①9、①8とその校語、②2とその校語、③とその校語。『後漢書』による改竄に関係〉や「『翰苑』引く『後漢書』東夷列伝」〈資料①10、②4校語、④。倭面奴国の存在関係〉などは板本以前、つまり『後漢書』の宋板以前の古鈔本の姿が見えるものである。また日本書紀神功紀三十九年細注引く魏志は「魏志倭人伝」で、板本が誤った例の景帝「景初二年」は「景初三年」と正しく示されている〈資料⑧校語、②5校語〉。日本書紀編纂当時には、板本の出現以前の鈔本が輸入されていて、それを見ていたのである。このように我が国の古書に引用された中国古典籍逸文が片々たる一句でも重要な意味をもつのである。『翰苑』残巻〈資料①10〉などは転写を重ねたもので、内藤湖南は「本書は轉寫を經たれば訛奪滿紙にして往々句讀すべからざる處あり」としている〈「舊鈔本翰苑に就きて」『内藤湖南全集』第七巻所収〉。よいテキストとはいえないが、中に引用された中国古典籍の逸文は十数種に及び、校勘に貴重な材料を提供している古今の貴重書である。

古典籍には種々のテキストがあり、文字や文言に異同があるが、その是非の判断は容易ではない。是非の判断の第一歩は「校勘」にあり、陳垣氏は『校勘学釈例』〈一九三一年序、中華書局、一九五九年第一刷〉でその方法をまとめて「校勘学」四則を説いた。対校法・本校法・他校法・理校法である。詳細はここでは述べられないが、なかでも理校などはもっとも難しく、校勘の結果たる是非の判断で、校訂者の学殖の深浅が問われるところである。「卑彌呼考」

での内藤考証は対校・本校・他校・理校などの手法を駆使した例である。本章の関係では『後漢書』の「三十國」の件や「景初二年」「倭面土」などは目立った例である、校勘は単なる字比べではない。

以上で三宅論文（Ⅰ）の部分の批評は終わり、次に移る。

（Ⅱ）「サレバ光武中元二年ニモ此ノ**奴國**ノ朝貢シタリシヲ史には『東夷倭奴國王遣使奉獻』（資料②1後漢書光武紀の文）トハ書キ傳ヘタルナルベシ。而シテ其ノ史官ハ只ニ之ヲ奴國トノミ書カズシテ之に倭ノ字ヲ加ヘタルハ倭ノ中の奴國ナルコトヲ示セルナリ」云々（三宅前掲三六頁）

この文は（Ⅰ）に連接する。「サレバ」とは前述したように「魏志倭人伝」の「奴國」を『後漢書』に結びつけた問題で、「奴國」が漢代に存在したとの推定をいう。この推定が成り立たないことは前述したとおりであるが、（Ⅱ）ではこの推定をさらに拡大して先に進んでいる。そもそも三宅論文には、「金印」の「倭奴」は「奴」が我が国の「儺」県だから「ワのナ」と読まねばならぬ、との前提がある。何度もいうが、つまり「倭」は「奴」の修飾語として読まなければならないことになる。また、三宅論文の論理では「魏志倭人伝」に「奴國」があるので、これを漢代に結びつけなければ「金印」の「漢の倭の『奴（ナ）國』」を証明できない（前述のように『後漢書』には「倭奴國」は見えるが「奴國」はない）。三宅論文によると「金印」の「倭奴國」は「倭ノ奴ノ国」と読まねばならないから『後漢書』の「倭奴國」も「倭のナ国」と読まねば筋が通らない、となる。かくて魏代の「奴國」（魏志倭人伝）を『後漢書』に結びつけることによって（結びつけられないことは前述した）、漢代に「奴國」が存在したと主張し、光武帝に朝貢した「倭奴國」（資料②2後漢書）は、「魏志倭人伝」のいう「奴國」であろう、という論法である。結局「金印」や『後漢書』の「倭奴國」なる一句は「奴國」が主体であるから「倭の『奴國』」であり、したがって「倭のナ」と読むべきである、とする主張である。推定が多重に重ねられた結果である。

加えて危険な発想がある。「而シテ其ノ史官ハ只ニ之ヲ奴國トノミ書カズシテ之に倭ノ字ヲ加ヘタルハ倭ノ中の奴國ナルコトヲ示セルナリ」とあるところで、「史官」というのは『後漢書』の撰者・范曄のことであろうが（范曄が「史官」に就いた形跡はないが）、「奴國」をはっきりさせるため、范曄がわざわざ「倭」字を入れたという。これは、漢にすでに朝貢した「奴國」があったという根拠薄弱な自説に、『後漢書』を引き寄せて無理に読んで解釈している証拠ではないか。これでは、文献の記述を基礎として真実を語るのではなく、自己の主張に合わせて文献を曲げていることにならないか。

註9　「奴」の付く諸国をどう読むのか

要らざることだが一言する。三宅説は推定をもとに原典の読み方にまで及んでいる。もしそれが正しいとすれば、「魏志倭人伝」において二ヵ国ある「奴國」と並んで列挙されている弥奴国、姐奴国、蘇奴国、華奴蘇奴国、鬼奴国、烏奴国、あるいは「狗奴國」（資料⑧）はどう読むのだろう。文章として「倭奴國」を「倭の奴国」と読んだのと同じように「奴」を切り離し、「弥のナ国」とか「鬼のナ国」などと読むのだろうか。実際、「倭面土」国を「倭のメンド」国と読んでいる人がある。

三宅論文の（Ⅱ）の想像がさらにまた前提になって、次の（Ⅲ）に進む。

（Ⅲ）「蓋シコレハ後漢書ノ編者ガ魏志ニ擧ゲタル倭ノ諸國ノ最後ニ『次有奴國、此女王境界所盡。其南有狗奴國云云、不屬女王』（資料⑧魏志倭人伝）トアル奴國ヲ思ヒ合ハセテ倭國の極南界トハ云ヘルナルベシ。コレ伊都ノ次ナル奴國ト最後ノ奴國トヲ取リ違ヘタルナレド尙之ヲ以テ此ノ編者ガ倭奴國ヲ倭ノ奴國ナル意ニテ書キタル一證トナスベシ……范曄ハ實ニ倭奴國ヲ倭國ノ極南界ト思ヒシナラン」（三宅前掲三六～三七頁）

「蓋シコレハ」の「コレ」は『後漢書』東夷伝の文「倭奴國奉貢朝賀、使人自稱大夫、倭國之極南界也」（資料②2）を指す。これによると朝貢した「倭奴國」は倭の「極南界」に位置する。そうすると、北方の「奴（儺県という）國」が朝貢したという三宅説と合わない。だから、『後漢書』が「取リ違ヘ」て「極南界ト思ヒシナラン」という。ついに自説に合わないところは『後漢書』の撰者・范曄の思い違いによる誤りだとした。前掲井上光貞氏も同様である。自己の主張の合わないところは原典撰者の思い違いだということで決着をつけるのなら、文献などあってなきものと同然である。『後漢書』が間違っていると唱えるなら、前述の内藤考証のように周到な点検・検証が必要で、それもないまま原典の誤りだと原典を否定することはきわめて危険な研究態度というほかない。

『後漢書』は断代史であり、後漢の状況を書いているのだから「極南界」は漢代のことで、「魏志倭人伝」は漢の次の王朝たる魏の状況の記録である。漢の時代に「倭奴國」が倭の極南界（資料②2）であっても、光武帝より二〇〇年ばかり経過した後の魏の時代に「女王國」の南に「奴國」ほかの国が出現していることも当然あり得るではないか。漢・魏の間に倭国状況に変化があったと文献どおりに読んでどこにも不都合はない。しかも「極南界」とか二つ目の「奴國」は、なお模糊としている。断代史だという原則に照らしてこの部分を見れば、文章のうえからは別に不都合は生じない。

（Ⅲ）の問題も、三宅論文が魏の「奴國」が漢代に存在したとの前提からくる。そして自説と原典とが矛盾すると、原典が間違っているとしているのである。

こうした危険な発想は次の疑問点（Ⅳ）にも現われる。

（Ⅳ）「唐書ノ撰者ガ倭奴ト倭トヲ同一ニ視タルハ古書ヲ能ク見ザルナリ。蓋奴ノ字ニ奴隷ノ意アルヨリ古ヘ倭人ヲ卑シミテ倭奴トモ云ヘルナラント思ヒヨリテ此ノ誤解ヲバナシタルナルベシ」（三宅前掲三八頁）

この件は一部前述したが、あらためて述べておく必要がある。

普通、単に「唐書」といえば『新唐書』を指すが、三宅論文で「唐書」といわれるのは『旧唐書』のことで、「唐書ノ撰者ガ倭奴ト倭トヲ同一ニ視タルハ」とあるから、『旧唐書』東夷伝（資料②9）に見える「倭國者、古倭奴國也（倭国なるものは、古の「倭奴国」なり）」とあるところである。「倭國」という一国の固有名詞を「倭奴國」なる固有名詞に置き換えて示しているのであって、「倭奴」の二字を連接して一国の固有名詞と認識していることは明らかである。『新唐書』（資料②10）の認識も同じである（「日本」を「倭國」と置き換えている）。

もし「倭奴」の「倭」を「奴」の説明的修飾語だとして「倭のナ」と「読ムベシ」とするなら、主体は「奴國」であるから「倭國者、古『奴國』也（倭国なるものは、古の「奴国」なり）」といった記述になっていれば別である。三宅論文はこの矛盾を解消するために、「唐書ノ撰者ガ倭奴ト倭トヲ同一ニ視タルハ古書ヲ能ク見ザルナリ」と論断する。これは『旧唐書』（勅撰、後晋・劉昫撰）あるいは『新唐書』（勅撰、宋・欧陽脩・宋祁撰）が、『後漢書』や「魏志倭人伝」などの古書を勉強していない、といっているのである。「古書ヲ能ク見ザルナリ」などとの「両唐書」に対する評価は、常識的に考えれば驚くべき発言である。三宅論文では、前述した『後漢書』が「コレ伊都ノ次ナル奴國ト最後ノ奴國トヲ取リ違ヘタルナレド」と、『後漢書』が間違えているといったのと同じ論法・発想である。すなわち自説に合わなければ原典たる文献の記述が誤っているとして処理するのである。

三宅論文の主張のとおり「倭のナ」なら『隋書』（資料②7）「安帝時又遣使朝貢、謂之倭奴國（これを倭奴国と謂ふ）」も「古書をよく見ていない」ことになり、『北史』（資料②6）の「安帝時、亦遣朝貢、謂之倭奴國」も「古書をよく読まなかった」として処理しなければなるまい。

以上、三宅論文の（Ⅳ）の一段は、結論として「金印」の刻文を「漢ノ倭ノ奴（ナ）ノ國王ト讀ムベシ」と前提されたところから生まれた矛盾であり、文献の示すところは『金印』『後漢書』『隋書』『北史』『梁書』（まだ古鈔本が残っていた時代）から『通典』「新・旧唐書」に至るまで、後漢時代に中国に現われた倭に対する認識は一貫して「倭奴國」であって、「奴國」ではない。

（四）安帝永初元年の記録――「倭面土」「倭面」「倭奴」

後漢・光武帝建武中元二年（五七）の「金印」授与の次の朝貢記録は、そのほぼ五〇年後の安帝永初元年

（一〇七）である。このときの倭の国号については特異な現象が現われる。多少論旨が細かくなるが大事な部分なので以下に述べておく。

『後漢書』（資料②2東夷伝）の安帝永初元年に「倭國王帥升」とあるのは、「倭面土國王帥升」であろうとする考証が内藤湖南論文「倭面奴國」（『藝文』二の四、一九一一年。『内藤湖南全集』第七巻「讀史叢錄」所収）にある。今、その根拠となった『通典』（資料②4）および『後漢書』（資料②2・3）の校語を資料から抽出し、説明する。

（後漢書）「**安帝永初元年、倭國王帥升**」（資料②2）の条下に付した校語

【「倭國王帥升」五字、②3後漢書安帝紀作「倭國」二字、無「王帥升」三字、②4・③通典同（通典王吳本唯「帥」一字作「師」）。通典點校本校勘記云通典北宋本・明鈔本・明刻本竝作「**倭面土國王師升**」、⑤釋日本紀引後漢書安帝紀作「**倭面國**」三字、又無「王師升」三字、④翰苑引後漢書作「**倭面上國王師升**」、日本書紀纂疏引後漢書作「**倭面上國王師升**」】

内藤考証の概略をいえば、『後漢書』（資料②2・3）の「安帝永初元年、倭國王帥升」云々の記事と同じ出来事を書いた『通典』（資料②4）を見ると、『通典』のもっとも古い北宋本（②4校語）では「倭國」は「倭面土」となっている。『通典』は『後漢書』によって文を作ったのだが、『通典』宋板に「倭面土」とあるからには、『後漢書』の「倭國」も本来「倭面土」とあったのではないか、というわけである。それが単なる想像でない証拠として、『通典』北宋本以外に『後漢書』の古鈔本を直接引用したと見られる『日本書紀纂疏』（資料②2校語）所引の東夷伝逸文に「倭面上國」とあり（資料④翰苑と一致）、『釈日本紀』開題所引（資料

⑨ホ）の安帝紀逸文に「倭面國」とあることを指摘する。また『漢書』如淳注（資料⑥）の「委面」も別にあげて証としており、「要するに古く我邦に伝はりたる本には、今の後漢書と異なりて、通典に近き者（すなわち倭面土）ありしことは、疑いを容れざるなり」（『内藤湖南全集』第七巻、二八五頁）とした。

註10　内藤考証について――『翰苑』と『通典』明鈔本のこと

内藤考証について弁じておくと、右掲の資料②4校語にあげた『翰苑』残巻引く『後漢書』（資料①10）は『日本書記纂疏』（倭面上国）と合致するが、内藤論文では『翰苑』にふれていない。というのは、湖南が初めて『翰苑』を見たのは大正十一年（一九二二）で、論文「倭面奴國」執筆当時の明治四十四年（一九一一）には見ていなかったからである。内藤論文「舊鈔本翰苑に就きて」（『支那学』二の八。『内藤湖南全集』七巻所収）でわかる。また『通典』明鈔本にも「倭面土」とあるが、これは当時日本では知られていなかった本である。筆者も迂闊にも知らなかったが、右掲の校語に記しておいた点校本『通典』の校勘記によって明鈔本の存在を知ることができた。ここで「挿入文3」でふれたテキストの流伝のことを思い出すと、最初は唐鈔本『通典』の一本から宋板へ、さらに各種板本『通典』へとつながる系統の本と、宋板が依拠したのとは別の唐鈔本『通典』がさらに転々筆写され明代に及んだか、何らかのかたちで明鈔本につながった系譜の本があったのであろう。

さて、安帝永初元年より以前の後漢への朝貢記録は周知のことに属するが、まず光武帝の建武中元二年（五七）に現われ、国号として『後漢書』光武紀（資料②1）に「（中元二年）東夷倭奴國王、遣使奉獻」とあり、「倭奴國」といっている。東夷伝（資料②2）もまた「建武中元二年、倭奴國奉貢朝賀」とあって「倭奴國」となっている。金印の「漢委（倭）奴國王」と一致する国名である。『通典』通行本は「光武中元二年倭國奉貢朝賀」とあるが、その北宋本、明鈔本には「倭奴國」とあり、これらのことから、光武帝のころは「倭奴國」といったことは動かせない。

　次の後漢への朝貢記録は安帝永初元年（一〇七）である。そのときの国名は、前述のように「倭國」ではなく、『通典』北宋本・明鈔本などでは「倭面土」（資料②4通典校語、④通典校語参看）となっている。それと同類とみなされる呼び方で、『後漢書』古鈔本逸文（資料④翰苑、②2校語日本書紀纂疏）には「倭面土國」は「倭面上國」とある。『翰苑』残巻の写真（湯浅幸孫『翰苑校釈』〈国書刊行会、一九八三年〉、竹内理三『翰苑』〈吉川弘文館、一九七七年〉附載）を見れば「土」が「上」になっているが、これは筆写体のゆえに生じた結果であろうと考えてほぼ納得でき、「上」は「土」の訛と見られる。また同じ「倭面土」のところは『後漢書』に「倭面國」（資料⑤釈日本紀、⑨ホ）とも現われる。

　また『漢書』地理志の如淳（魏の人、官は陳郡丞。『漢書』に注した）の注（資料⑥）には国名を「倭面」と呼んでいる。古くから「倭面」なる呼称があったらしく、『釈日本紀』開題が引く『後漢書』安帝紀永初元年の記録（資料⑨ホ、資料②2校語）にも「倭面國」とある。「倭面國」と「倭面」は国の字がないだけであろう。かくて安帝永初元年の記録は「倭面土」と「倭面」であるが、事実のうえでも、この年に「倭面土國」と「倭面國」という二つの倭の国が同時に朝貢したとは想像できず、この両者は実体が同じだと見られる。史書の成立のあり方や、テキスト流伝の状況（挿入文3）を考えれば、内藤考証のように『通典』北宋本の「倭面土」に従うほかないであろう。つまり、安帝永初元年には記録上「倭面土國」が朝貢したということができる。

　ところで、「倭面土國」はこの年に限る特別な漢字音表示である。そのことを以下に述べる。

　前述のように、漢代の朝貢記録は、光武帝・建武中元二年（五七）と五〇年後の安帝永初元年（一〇七）の二度であるが、その後は魏の時代に入る。そこで「魏志倭人伝」（資料⑧）で魏への朝貢関係の記録を見ると、安帝永初元年から一三〇年の記録上の空白の後、魏の斉王・景初三年（二三九）に卑弥呼に対し「親魏倭王」の爵位と金印紫綬を与え、はっきり「倭王」という。次は正始元年（二四〇）で、「（帯方太守弓遵等が）奉詔書印綬詣倭國、拜假倭王、幷齎詔賜金・帛・錦罽・刀・鏡・采物、倭王因使上表答謝恩詔」と、これも「倭國」「倭王」とする。さらに正始四年（二四三）では「倭王復遣使大夫伊聲耆・掖邪狗等八人、……」と「倭王」といい、正始六年（二四五）は「詔賜倭難升米黄幢、付郡假授。……」と「倭」、正始八年（二四七）は「太守王頎《おうき》到官、倭女王卑彌呼與狗奴國男王卑彌弓素不和、……」などと女王に「倭」字を冠する。続いて「壹（臺の訛）與遣倭大夫……掖邪狗……」とある部分は、『冊府元亀』（巻九六八外臣部朝貢）では「正始八年（二四七）、倭國女王一（臺）與、遣大夫掖邪狗等詣臺、獻一（一当作上）男女生口三十人、貢白珠五千枚、青（或作孔青二字）大句珠二枚、異文雜錦二十匹」となっており、「倭國」と記している。魏と倭との関係はここまでで、次は晋代に移ることになる。

以上でわかったことは、「魏志倭人伝」自体の記述は、卑弥呼の「親魏倭王」の受爵を期として、以後「倭（国）」として表記は定着し、統一されていることである。そのことから、「倭面土」「倭面」が国名として現われるのは、安帝の永初元年に限られている（実際は永初元年の前後にもこの呼称があったであろうことはいうまでもない）。

光武帝のときには「倭奴國」と呼んだことは動かせないから、「倭奴」といっていたのを五〇年後の安帝永初元年に「倭奴」を漢字表記するにあたって「倭面土」といった音表記があったと思われる。おそらく、永初元年朝貢の際の官府の記録にはそうした音表記があって記録に残り、それを材料とした『後漢書』（資料②2校語。倭面土、倭面上、倭面）が文章中に残した、ということであろう。「挿入文2」で述べたように『史記』『漢書』の伝統が『後漢書』にまだ残っている状況にあることや、我が国の内部状況も詳細にわかっていたとはいえない時代ゆえに、五〇年の記録上のブランクの後、国名の音表記もはっきり定まっていなかったのかもしれない。その後、景初三年（二三九）卑弥呼の授爵以後は「魏志倭人伝」自体の文も表記は「倭」になり、以後の各時代の正史もみなそう書き継いでいる。

かくて、「倭奴國」から永初元年の「倭面土」を挟んで最後に「倭國」と文献上の表記が統一される。「倭奴國」「倭奴」の実体が変化して「倭面土」なる別の国になったということは考えにくい。記録上、「倭面土」は一時期の呼称にとどまるからである。倭の国が後漢（資料②2・3後漢書）にも魏代（資料⑧魏志倭人伝）にも存在していることを見れば、一国の実体が極端に変化したと想定する根拠は見出せない。また「邪馬臺」国の存在は後漢にも記録され（資料①8後漢書東夷伝他）、魏代にも存在したのが（資料⑧魏志倭人伝）はっきりしているのであれば、安帝永初元年の前後に倭の国の実体に激変があったとは想像できない。「倭面土」国は突如彗星のように現われ、かつ消えた国とはいえない。

つまり国名表記上、永初元年の呼称は特異なのである。なお、「倭面土國」を「倭の面土国」などと読む学者を散見するが、まったく意味不明で、中国文献には「倭面土」もしくは「倭面」は現われるが「面土國」などは決して現われない。念のためにいうと、内藤考証では『通典』に近い『後漢書』が存在したことを論証しているのであって、「倭奴」とは別に「倭面土」なる国があったなどといっているのではない。そして本章は、内藤考証の成果に立てば「倭面土」や「倭面」国の記述は安帝永初元年に限るという事実が見られる、と述べているのである。

『北史』（資料②6。唐・李延寿撰）が「漢光武時、遣使入朝、自稱大夫。安帝時、亦朝貢。謂之倭奴國」とわざわざいっているのは、安帝のときの「倭面土國」の朝貢は、じつは「『倭奴國』だ」といっているのにほかならない。『隋書』（資料②7。唐・魏徴、長孫無忌奉勅撰）も同じことであって、安帝永初元年の呼称につき、表記が違うが実体は同じだとする唐代の認識を示している。

『旧唐書』（資料②9。後晋・劉向等奉勅撰）はよりはっきりしており、「倭國者、古倭奴國也」と「安帝時」を省略して、今「倭國」といっているのは、もとは「倭奴國」（記録上もっとも古い国名）だと伝えた。

以上、「倭面土」の件を含めて中国文献の全体を見ると、「倭の奴（ナ）国」説がいう「奴國」なるものは、魏代の倭の内部諸国の一つとして現われるだけで、両漢はもちろん、中国王朝との関係では一切現われていない。したがってこのことからも「倭奴國」を「倭の奴（ナ）国」とは読めない。

「奴國」が光武帝のときに朝貢したほどの実力をもった国なら、どこかに痕跡でも現われてよいと思うが、それがない。日本の記録にもない。『釈日本紀』「帝皇系図」を見たぐらいだが、支配者たる天皇の諡号、天皇家一族と見られる人々の諡号の中には「倭」は見えるが、「奴」もしくは「奴」類似の名は見えない。

註11　「奴國」の痕跡はあるか

たとえば古事記では神武天皇は「神倭伊波禮毗古命」で、日本書紀では「神日本磐餘彦天皇」となっている。この「倭」や「日本」の字の古訓はいずれも「やまと」である。「命」は「天皇」となっている。古事記の「倭」の漢字表記を日本書紀は「日本」とし、「命」を「天皇」としたのは令制と関係がある。書紀の編纂（七二〇年）は大宝令施行（七〇二年）後、養老令施行（七五七年）前であって大宝令施行期にあたり、大宝令の詔書式中の「日本」の名を冠し、尊称を「天皇」と規定した影響が関係していると考えられる。古事記成立（七一二年）も大宝令施行の後であるが、口誦を漢字音で表わした古い呼称が残っているのであろう。帝号で「倭」（書紀では「日本」）を冠した和風諡号は、神武天皇から開化天皇までを見ると、古事記は六帝である。参考のために記すと次のとおりである。

古事記→（神武）神倭伊波禮毗古命　日本書紀→神日本盤餘彦劉天皇
→（懿德）大倭日子鉏友命　→大日本彦耜友天皇
→（孝安）大倭帶日子國押人命　→日本足彦國押人天皇
→（孝靈）大倭根子日子賦斗邇命　→大日本根子彦太瓊天皇
→（孝元）大倭根子日子國玖琉命　→大日本根子彦國牽天皇
→（開化）若倭根子日子大毗々命　→稚日本根子彦大日日天皇

帝号以外では、「倭」を冠する日本書紀の神名、人名は幾柱か存在する。たとえば日本書紀「倭迹迹日百襲姫命（やまとととひももそひめのみこと）」は古事記では「夜麻登登母母曾毗売命（やまとともそびえひめのもこと）」であるが、「夜麻登」は「倭」のより古い音表記かもしれない。このように「倭」の痕跡は見られるが、「奴」の痕跡は一切見られない。

（五）結　語

以上、「奴（ナ）國」は漢代には存在せず、したがって「金印」の「漢委（倭）奴國王」を「漢の倭の奴（ナ）の国王」と読む（認識する）ことはできず、「倭奴（ワド）國」と読むべきであると主張した。この読みの違いにより一世紀前後の我が国の太古の状況の理解に大差が生まれることは「前言」と「（一）問題の所在」で述べたとおりである。

資料①金印刻文を「倭の奴（ナ）の国」と読むべきだ、と主張する見解では、「倭」は「奴」に冠せられた説明的修飾語ととらえているに違いない。そうすると、当時後漢光武帝に朝貢した国は「倭（ワ）」なる国ではなく、「奴（ナ）」なる国であり、漢代に「奴國」が存在したということになる。

ところが、漢代に「奴國」があったという根拠は見当たらないのである。すなわち「魏志倭人伝」で魏の時代の倭の国の内部諸国にふれた部分にだけ複数の「奴」国がある。中国文献（金印も中国文献である）では中国と朝貢関係があった国として「奴國」なる国は一切現われない。当時の倭人が住む領域に「儺（ナ）の県」があったことは確かであろうが、それをただちに金印の「倭奴（ワド）國」とイコールとすることはできない。ここでは三宅説を取り上げたが、史料を認識するのに推定や憶測は避けられない場合があるとしても、それには推定する合理的根拠が必要であろうし、おのずと限界もある。「倭の奴（ナ）国」の場合も、「倭の面土（メンド）国」の場合もその限界を超えているのではないか。

資料

凡例

一　掲出した資料中、中国「正史」および『通典』は中華書局点校本を使用した。

二　諸種の符号について。

・書名その他の資料名には傍線を付した。

・「　」は掲出原典の引用部分。

・掲出原典中の【　】内は筆者の校語、および掲出資料中の校語関連資料番号などを含む。校語は簡単な漢文で記述してあるが、国語にすると文字数が多くなり、原典引用文のつながりがかえって見にくくなる恐れがあるからである。

・（　）は適宜挿入した筆者の註。《　》は訓読文または音（カタカナ）。

・ゴシック体文字（傍点を付す場合もある）はとくに注意喚起を願うもの。その他、強調部分には傍点を付した。

・字体は、掲出原典のほか、【　】内の校語を含め、すべて旧字体とする。ただし（　）《　》および資料末尾の説明文（凡例四）を除く。

三　『三国志』巻三〇、魏書・烏丸鮮卑東夷伝中の倭伝の部分は、節文すれば「三国志倭伝」で通じるが、我が国の慣用では「魏志倭人伝」である。支障のないかぎり慣用に従った。

四　掲出資料に必要と思われる説明は、その資料ごとの末尾に付した。

五　資料の排列は年代順ではなく、本文の進行、見出し語などに合わせた便宜的排列である。そのため部分的な重出がある。校語も重複するものがある。

①金印と「倭」

1 金印刻文（志賀島出土）「漢委奴國王【「委」字、同「倭」字。①4經典釋文参看】」

2 説文一二下（大徐本。宋・徐鉉等校定本）「委、委隨也【徐鉉注云「臣鉉等曰、委曲也。取其禾穀垂穂委曲之皃。故从禾。於詭切」又段注説文云「委、委曲也」「隨、從也」】。从女从禾【「从女从禾」四字、段注説文作「从女禾聲」】」

・段注説文とは清・段玉裁注説文解字のことで、普通説文を見る場合、段注を使用するのはその精緻な考証と内容に信を置くからである。ただ説文本文につき段注説文と大徐本説文と違うところがある。①2では、書法からすれば、段注の「从女禾聲」がよいようにも思える。それにもかかわらず、この①2で大徐本をあえてあげたのは、説文のテキストの是非はともかく、大除本が依拠したであろう唐鈔本では、あるいは古体を存しているかもしれないからである。

3 説文八上（大徐本）「倭、順皃、从人、委聲。詩曰『周道倭遲』【徐鉉注云「於爲切」】」

・詩とは、毛詩、小雅鹿鳴之什の四牡に「四牡騑騑、周道倭遲《四馬をもって使いする。帰るべき周への道は遠い》」とあるのが「倭」字の使用例だと示したもの。ここは「委」の聲で読むという意である。

4 經典釋文毛詩音義、中「倭、（本文注）本又作委、於危反」。又「遲、（本文注）倭遲、歴遠之皃、韓詩作倭夷」

・「本又作委《もと、「委」に作る》」。「遲」の解も示されているのは、詩經に「倭遲」との表現があるからである。⑥「委面」、⑦「大委國」の「委」はともに古い用字の残存である。

5 説文一二下（大徐本）「奴、奴婢皆古之辠《ザイ。罪》人也。周禮曰、其奴男子入辠隷、女子入于舂藁、从女从又【徐鉉注云「臣鉉等曰、又手也。持事者也。乃都切」】」（参考、康熙字典云「廣韻、乃都切。集韻、農都切、竝音砮」）

6 匈奴王漢印刻文「漢匈奴惡適尸逐王」

7 漢書二八下地理志八下「樂浪海中有倭人、分爲百餘國、以歳時來獻見云」

8
後漢書八五東夷、倭傳「**倭**【「倭」字、⑧魏志倭人傳作「倭人」、①11釋日本紀引魏志倭人傳作「倭國」、②6北史・②7隋書竝作「倭國」】在韓【「韓」字、⑥漢書如淳注引魏略・②4通典竝作「帶方」、①10翰苑引後漢書作「朝」。（案、「韓」字之誤也）】東南大海中【①7漢書云「樂浪海中有倭人」】、依山島爲居【「居」字、⑧魏志倭人傳作「國邑」、⑥漢書如淳注引魏略作「國」、②4通典・①9釋日本紀引後漢書東夷傳竝作「居」】、凡百餘國。自武帝滅朝鮮、使驛【「驛」字、⑧魏志倭人傳・①10翰苑引後漢書竝作「譯」】通於漢者三十許國、國皆稱王、世世傳統。其**大倭王**居**邪馬臺國**【唐・李賢注云「案、今名邪摩（惟）［堆］、**音之訛也**」（この①8後尾に付した點校本校勘記参看。「（ ）［ ］」は點校本の符号。板本による違いを示す。「邪摩惟」「邪摩堆」の意。李賢注自体に異同があることがわかる）。「**邪馬臺國**」四字、②7隋書云「都於**邪靡堆**、則魏志所謂邪馬臺者也」、②4通典云「其王理邪馬臺國」（本文注云「或云**邪摩堆**」）、②5梁書作「**邪馬臺國**」、②6北史云「**邪摩臺**則魏志所謂邪馬臺者也」、⑧魏志倭人傳誤作「**邪馬壹**」】」

・點校本後漢書東夷倭傳校勘記云「其**大倭王**居邪馬臺國、按、集解引惠棟說、謂魏志『臺』作『堆』。又云「邪摩（惟）［堆］」。案、汲本、殿本作『邪摩推』、此作『惟』、形近而譌。又集解引惠棟說、謂案北史『推』當作『堆』。今據改」（集解は王先謙『後漢書集解』、汲本は汲古閣本、殿本は武英殿本、此は點校本底本たる南宋紹興本）。

9
釋日本紀引後漢書八五東夷、倭傳「倭【①8後漢書校語参看】在韓【①8後漢書校語参看】東南大海中、依山島爲居【「居」字、①8後漢書校語参看】」

10
翰苑殘卷引後漢書八五東夷、倭傳「**倭**【①8後漢書校語参看】在朝【①8後漢書校語参看】東南大海中、依山島爲居【①8後漢書校語参看】、凡百餘國、自武帝滅朝鮮、使譯【「譯」字、①8後漢書校語参看】通於漢者州餘國、稱王【「州」字、誤写「卅」。又「稱王」之上、後漢書有「國皆」二字。①8後漢書校語参看】」

11
釋日本紀引魏志倭人傳「**倭國**【②8後漢書校語参看】在帶方東南大海中、依山島居【①8後漢書校語参看】」

②倭奴國

1 後漢書一下光武紀「中元元年、……。二年春正月辛未、……。東夷倭奴國王【②4通典校語参看】、遣使奉獻【李賢注云「倭在帶方東南大海中、依山島爲國」。①8後漢書校語、⑥漢書如淳注引魏略之文竝校語参看】」

2 後漢書八五東夷、倭傳「建武中元二年、倭奴國【②4通典校語参看】奉貢朝賀、使人自稱大夫、倭國之極南界也。光武賜以印綬。安帝永初元年、倭國王帥升【「倭國王帥升」五字、②3後漢書安帝紀作「倭國」二字、無「王帥升」三字、②4・③通典同（通典王吳本唯「帥」一字作「師」）、通典點校本校勘記云通典北宋本・明鈔本・明刻本竝作「倭面土國王師升」、⑤釋日本紀引後漢書安帝紀作「倭面國」三字、又無「王師升」三字、④翰苑引後漢書作「倭面上國王師升」、日本書紀纂疏引後漢書作「倭面上国王師升」】等、獻生口百六十人、願請見。恆、靈間、倭國大亂……有一女子曰卑彌呼、……、自女王國東度海千餘里、至拘奴國、雖皆倭種、而不屬女王」

・元号「中元」について。②1後漢書光武紀には中元元年と書きだしているくだりである。したがって続く「二年春正月辛未……」は「中元二年」のこととなるが、②2後漢書東夷、倭傳では「建武中元二年」とある。この件につき、「建武中元」が正しいことは『資治通鑑』四四漢紀三六の胡三省注に考証している。②4通典は「光武中元二年」という。「光武」は「光武帝の中元二年」の意である。年表によっては単に「中元」とするものがあるので、念のため。

3 後漢書五安帝紀「永初元年……。冬十月、倭國【「倭國」二字、②2後漢書校語参看】遣使奉獻【唐・李賢注云「倭國去樂浪萬二千里、男子黥面文身、以其文左右大小別尊卑之差。見本傳」】」

4 通典一八五邊防一東夷上「倭自後漢通焉。在帶方東南大海中、依山島爲居、凡百餘國。光武中元二年、倭國【「倭國」二字、北宋本・明鈔本・明刻本・王吳本竝作「倭奴國」、②1後漢書光武紀・②2後漢書東夷、倭傳作「倭奴國」】奉貢朝賀、使人自稱大夫、倭國之極南界也。安帝永初元年、倭國王帥升【「倭國」二字、北宋本・明鈔本・明刻本竝作「**倭面土**國王師升」、④翰苑引後漢書作「**倭面上**國王**師升**」、日本書紀纂疏引後漢書作「**倭面上**國王**師**升」。②2後漢書校語参看】等獻生口百六十人、……。其王理**邪馬臺**國【①8後漢書東夷、倭傳校語李賢注参看。安帝以下文、③重出】」

5 梁書五四諸夷東夷、倭傳「倭者、自云太伯之後、俗皆文身、去帶方萬二千餘里、……、至投馬國。又南水行十日、陸行一月日、南至**邪馬臺**國【點校本校勘記云「『邪』各本譌『祁』、據册府元龜九五七改」。⑧「臺」、魏志倭人傳誤作「壹」。①8後漢書校語参看】。卽**倭**王所居。………、至**魏景初三年**【⑧魏志倭人傳誤作「二年」。⑧校語・②6北史参看】、公孫淵誅後、卑彌呼始遣使朝貢、魏以爲親魏王。假金印紫綬」

6 北史九四列傳、倭傳「**倭國**在百濟新羅東南、水陸三千里、於大海中依山島而居【①8後漢書校語参看】。**魏時**【⑧魏志倭人傳、無「魏時」二字、②7隋書同】譯通中國三十餘國、皆稱子【「皆稱子」三字、②7隋書作「皆自稱王」四字。（案、當從隋書）】。……。居於**邪摩堆**、則魏志所謂**邪馬臺**者也。又云。……。計從帶方至**倭國**……。又南千餘里、度一海、……、至一支國【「一支國」三字、⑧魏志倭人傳作「一大國」。⑧校語参看】。又……又……又……**奴國**、又……又……至**邪馬臺國**、卽**倭王**所都。漢光武時、7遣使入朝、自稱大夫。安帝時、亦遣朝貢、謂之**倭奴國**【②2後漢書校語参看】、靈帝光和中、其國亂、遞相攻伐、歷年無主。有女子名**卑彌呼**、……。其王有宮室樓觀城柵【參考。⑧魏志倭人傳云「有邸閣國國有市（案、「國」一字恐衍歟）」】。皆持兵守衛、爲法甚嚴。**魏景初三年**【⑧魏志倭人傳校語、内藤湖南卑彌呼考及點校本北史校勘記云「南本（南監本）及梁書作三」。②5梁書校語参看】、公孫文懿誅後、卑彌呼始遣使朝貢、魏主假金印紫綬。……」

7 隋書八一東夷傳、倭國「**倭國**在百濟新羅東南、水陸三千里、於大海之中依山島而居。**魏時**【⑧魏志倭人傳、無「魏時」二字、②6北史同】譯通中國三十餘國、皆自稱王……。都於**邪馬堆**【①8後漢書校語参看】、則魏志所謂**邪馬臺**者也。……。安帝時又遣使朝貢、謂之**倭奴國**【②4通典校語参看】、……」

8 魏志倭人傳「**倭人**【①8後漢書、①11釋日本紀引魏志倭人傳、⑧魏志倭人傳校語参看】在帶方東南大海之中、依山島爲國邑。**舊百餘國**、漢時有朝見者、**今使譯所通三十國**【⑧重出】。……」

9 舊唐書一九九上東夷傳、倭「**倭國**者、**古倭奴國**也。……。日本國者、倭國之別種也。……。長安三年其大臣朝臣眞人……。開元初……。其偏使朝臣仲滿……改姓名爲朝衡、……。天寶十二年……。上元中貞元二十年……、留学生橘逸勢、学問僧空海。元和元年……高階眞人……。開成四年……」

10 新唐書二二〇東夷、倭「**日本、古倭奴**也。……」

③**倭面土國**

通典一八五邊防一「安帝永初元年**倭國**王師升【「倭國王師升」、北宋本・明鈔本・明刻本作「**倭面土國**王師升」。②2後漢書、②4通典校語参看】等、獻生口百六十人【安帝以下文、②4通典重出】」

④**倭面上國**

翰苑引後漢書東夷傳「後漢書曰安帝永初元年**倭面上**國王師升至【②2後漢書、②4通典校語参看。日本書紀纂疏引後漢書東夷傳同】」

⑤**倭面國**

釋日本紀引後漢書安帝紀「後漢書云（孝安皇帝永初元年）冬十月、**倭面國**【②4通典校語】遣使奉獻。（後漢書」注云、**倭國**去樂浪萬二千里、……」

⑥**委面**（國）

漢書二八下地理志下「樂浪海中有**倭人**、分爲百餘國、以歳時來獻見云【①7重出】」條下、如淳注。

「如淳曰『如墨**委面**、在帶方東南萬里』。臣瓚曰『**倭**是國名、不謂用墨、故謂之委也』。師古曰『如淳云如墨**委面**、蓋音**委字**【①4經典釋文参看】耳、此音非也【内藤湖南云、師古誤てりと】。倭音一戈反、今猶有**倭**國。魏略云、**倭**【「倭」一字、⑧魏志倭人傳作「倭人」二字、①9釋日本紀引後漢書作「倭」一字。①4經典釋文校語参看】在帶方【「帶方」二字、①8後漢書・①10翰苑引後漢書竝作「韓」。①8校語参看】東南大海中、依山島爲國【「國」字、⑧魏志倭人傳作「國邑」、①8後漢書・②4通典・①10翰苑引後漢書・①9釋日本紀引後漢書竝作「居」】、度海千里、復有國、皆**倭種**』」

⑦**大委國**

聖德太子撰法華義疏（六一五年。御物。法隆寺旧蔵）卷一外題下注記云「此是**大委國**上宮王私集、非海彼本」

（書道全集九卷、日本1大和・奈良、平凡社、一九五四年、影印図版4～6所収）

⑧**魏志倭人傳**（三國志卷三〇。魏書卷三〇、東夷、倭傳。魏志倭人傳の呼称は我が国の慣用）

「**倭人**【①8後漢書、⑥漢書注引魏略、無「人」字。①11釋日本紀引魏志倭人傳作「倭國」】在帶方【「帶方」、⑥漢書作「樂浪」、①8後漢書東夷傳・①11釋日本紀引魏志倭人傳竝作「韓」】東南大海之中、依山島爲**國邑**【「國邑」二字、

⑥漢書如淳注引魏略作「國」、②4通典・①9釋日本紀引後漢書東夷傳竝作「居」。⑥如淳注参看】、**舊**百餘國、漢時有朝見者、**今使譯**【「**譯**」字、①8後漢書作「驛」、非也。①8校語参看】所通**三十國**。從郡至倭、循海岸水行、歴**韓**國、乍南乍東、到其北岸**狗**邪韓國、七千餘里、始度一海、……。又南渡一海千餘里、名曰瀚海、至**一大國**【「一大國」、梁書五四列傳四・北史九四列傳八二・隋書八一列傳四六竝作「一支国」】。……。又渡一海千餘里至末盧國、……、東南陸行五百里、至伊都國……、世有王、皆統屬**女王國**、郡使往來常所駐。東南至**奴國**百里、官曰兕馬觚、副曰卑奴母離、有二萬餘戸。東行至不彌國、百里。官曰多模、副曰卑奴母離、有千餘家。南至投馬國、水行二十日、官曰彌彌、副曰彌彌那利、可五萬餘戸。南至**邪馬壹國**【①8後漢書校語、②4通典校語参看】**女王之所都**、水行十日、陸行一月。……、可七萬餘戸。自**女王國**以北、其戸數道里可得略載、其餘旁國遠絶、不可得詳。次有斯馬國【以下存十九國名、從略。其中含「奴」字諸國、有六國、即彌**奴**國、姐**奴**國、蘇**奴**國、華奴蘇**奴**國、鬼**奴**國、烏**奴**國】、……。次有**奴國**【上文亦有「奴國」】……。此**女王境界所盡**。其南有狗奴國、男子爲王、其官有狗古智卑狗、**不屬女王**。自郡至**女王國**萬二千餘里。男子無大小皆鯨面文身、自古以來、其使詣中國、皆自稱大夫。……、倭地溫暖冬夏食生采、皆徒跣。……。其死有棺無槨、封土作冢。始死停喪十餘日、當時不食肉、喪主哭泣、他人就歌舞飲酒。已葬、擧家詣水中澡浴、以如練沐。……。出真珠、青玉。其山有丹、……。其俗擧事行來、有所云爲、輒灼骨而卜、以占吉凶、……。其會同坐起、父子男女無別。人性嗜酒【注云「魏略曰、其俗不知正歳四節、但計春耕秋收爲年紀」】。……其俗、國大人皆四五婦、下戸或二三婦。婦人不淫、不妬忌。不盜竊、少諍訟。其犯法輕者沒其妻子、重者滅其門戸。……。有邸閣國【案、「國」字恐衍歟】、國有市、交易有無、使**大倭**監之。自女王國以北、特置一大率、檢察諸國、諸國畏憚之。常治伊都國、於國中有如刺史。……。**景初二**

年【二年當作三年、②5梁書・②6北史竝作三年、日本書紀細注引魏志作三年、内藤湖南卑彌呼考及點校本北史校勘記云「南本（南監本）及梁書作三」】六月、倭女王遣大夫難升米詣郡、……、**其**（景初三）**年**十二月詔書報女王曰『制詔**親魏倭王**卑彌呼、……、今以汝爲親魏**倭王**、假金印紫綬、……、故鄭重賜汝好物物也』**正始元年**、太守弓遵……、詣**倭國**、拜假**倭王**、……、**倭王**因使上表答謝恩詔。其（正始）**四年**、**倭王**復遣使大夫伊聲耆……。其（正始）**六年**、詔賜**倭**難升米黃幢、付郡假授。其（正始）**八年**太守王頎到官。**倭女王**卑彌呼與狗奴國男王卑彌弓呼素不和、……。卑彌呼以死【「以」字、《スデニ》。通已也。劉淇助字辯略云「此以字、亦通已、猶云既已也」】、……。復立卑彌呼宗女壹與、年十三**爲王**。國中遂定政等以檄告喩壹與、壹與遣**倭**大夫率善中郎將掖邪狗等二十人送政等還、……」

⑨**釋日本紀**開題倭國（国号問答あり。やまと・倭・倭奴・倭面・耶摩台・日本。関係部分の抄出）

イ「問。虛盈**倭**《ソラミツヤマト》【原典傍訓、以下同】虛見**倭**《ソラミツヤマト》秋津嶋**倭**、此**三倭**、惣是稱此國爲**倭**之義也。如此稱號、濫觴如何。

答。神武天皇紀曰。三十一年夏四月乙酉朔。……。雖内木綿之眞迮國《ウツユフノマサキクニ》、猶如蜻蛉《アキツ》之臀呫《トナメ》焉。由是始有秋津洲之號云云。又曰、及至饒速日命、乘天磐船而翔行太虛也。睨是鄕而降之。故因目之曰虛空見日本國《ソラミツヤマトノクニ》矣云云。虛盈者與虛空見《ソラミツ》訓讀通之。無別義歟。曰、此紀有此國之號等。曰、昔伊弉諾尊目此國曰。日本《ヤマト》者、浦安國《ウラヤスクニ》、細戈千足國《ホソホコノチタルクニ》、磯輪上秀眞國《シワカミノホツマノクニ》。復大己貴《オホナムチ》大神目之曰、玉牆内國《タマカキノウチツクニ》」

ロ
「問。唐國謂我國爲**倭奴國**、其義如何。
答。師說。此國之人昔到彼國、唐人問云、汝國之名稱如何。自指東方答云、**和奴國**《ワヌクニ》耶云云**和奴**猶言我國、自其後謂之**和奴國**。或書曰、筑紫之人、隋代到彼國、稱此事」

ハ
「又問。若然者、**和奴**之號起自隋代歟。或書曰。筑紫之人、隋代到彼國稱此事。
答。此號非隋時、然則或書之說、未爲全得」

ニ
「問。**大倭**、**倭奴**、**日本**、三名之外、大唐別有稱此國之號哉。
答。師說。史書中**耶馬臺**、**耶摩堆**、**耶靡堆**、**倭人**、**倭國**、**倭面**、等之號甚多。但史官所記、只通音而已更無他義」

ホ
「又問。**倭面之號**、若有所見哉。
答。後漢書云、孝安皇帝永初元年「冬十月、**倭面國**【②2後漢書東夷、倭傳、②3後漢書安帝紀、③通典、④翰苑引後漢書、⑥漢書如淳注等之校語参看】遣使奉獻」注云「**倭國**去樂浪萬二千里、男子皆點【國史大系本頭注云點恐當作黥】面文身、以其文左右大小別尊卑之差【②3後漢書安帝紀参看】」

ヘ
「又問。**耶馬臺**、**耶摩堆**、**耶靡堆**之號、若各有心哉。
答。師說。雖有三號其義不異、皆取稱倭之音也」

ト
「問。本國之號、何獨取大和國爲國號。
說云。磐餘彥天皇定天下至大和國、王業始成。仍以成王業之地爲國號、譬猶周成王於成周定王業、譬猶周成王於定王業。仍國號周」

付註　倭国関係漢籍基本文献（検索の便宜のために付した。古代中国における日本認識の変遷がわずかにうかがえる）

※「正史」および『通典』は中華書局点校本による。また以下諸本は該当のページを示した。

	書名	撰者ほか	巻号	点校本分冊・頁
①	漢書一百巻	漢・班固撰／唐・顔師古注	巻二八下地理志八下	六分冊・一六五八頁
②	後漢書九十巻 （附続漢志三十巻）	劉宋・范曄撰／唐・章懐太子李賢注 （晋・司馬彪撰／梁・劉昭注）	巻一光武紀一 巻三安帝紀三 巻八五列伝七五	一分冊・八四頁 一分冊・二〇八頁 一〇分冊・二八二〇頁
③	三国志六十五巻	晋・陳寿撰／劉宋・裴松之注	巻三「三少帝紀」三 巻三〇烏丸鮮卑東夷伝三〇 （参考）巻三「三少帝紀」三	一分冊・一二〇頁 三分冊・八五四頁 一分冊・一一三頁
④	晋書一百三十巻	唐太宗文皇帝御撰	巻一宣帝紀一 巻三武帝紀三 巻一〇安帝紀一〇	一分冊・一三頁 一分冊・五五頁 一分冊・二六四頁
⑤	宋書一百巻	梁・沈約撰	巻九七四夷伝倭人六七 巻五文帝紀五 巻五　同右 巻五　同右 巻五　同右 巻六孝武帝紀六 巻六　同右 巻一〇順帝紀一〇 巻一〇　同右 巻九七夷蕃伝（二ヵ所）	八分冊・二五三五頁 一分冊・八五頁 一分冊・八五頁 一分冊・九一頁 一分冊・一〇〇頁 一分冊・一二六頁 一分冊・一二九頁 一分冊・一九五頁 一分冊・一九七頁 八分冊・二三九四頁

⑥	南斉書五十九巻	梁・蕭子顕撰	巻五八東南夷伝	三分冊・一〇一二頁
⑦	梁書五十六巻	唐・姚思廉奉勅撰	巻二武帝紀二 巻五四諸夷伝四八	一分冊・三六頁 三分冊・八〇六頁
⑧	隋書八十五巻	唐・魏徴、長孫無忌等奉勅撰	巻三煬帝紀三	一分冊・七一頁
⑨	南史八十巻	唐・李延寿撰	巻七九夷貊伝六九	六分冊・一九七四頁
⑩	北史一百巻	唐・李延寿撰	巻九四倭伝八二	一〇分冊・三一三五頁
⑪	旧唐書二二五巻	後晋・劉向等奉勅撰	巻一九九東夷伝	一六分冊・五三三九頁
⑫	唐書二二五巻	宋・欧陽脩、宋祁等奉勅撰	巻二二〇東夷伝	二〇分冊・六二〇七頁
⑬	通典二百巻	唐・杜佑撰	巻一八五辺防一東夷上	五分冊・四九九三〜四九九四頁
⑭	冊府元亀一千巻	宋・王欽若等奉勅撰　明・崇禎十五年李嗣京、黄国琦等序刊本影印（一九五九年陳垣序影印明本、また中華書局、一九六〇年）本	巻九六八外臣部一三朝貢第一	一二分冊・一一三七八頁
⑮	翰苑残一巻　存巻第三十	唐・張楚金撰（国宝）竹内理三『翰苑』（吉川弘文館、一九七七年）付、原本影印　湯浅幸孫『翰苑校釈』（国書刊行会、一九八三年）付、原本影印		影印部・六〇頁 影印部・三二五頁
⑯	日本書紀三十巻 漢籍逸文	舎人親王等撰（三國志逸文三箇条、晋起居注逸文一箇条）日本古典文学大系本（岩波書店、一九六七年）	巻九神功紀	上巻・三五一、三五三、三六一頁

	書名	撰者ほか	巻号	点校本分冊・頁
⑰	釈日本紀二十八巻引く漢籍逸文	卜部兼方撰（後漢書東夷伝、後漢書安帝紀、三国志魏志倭人伝、隋書東夷伝、南史、唐書、玉篇、説文切韻、各逸文あり）。国史大系本（経済雑誌社、一八九八年）七巻所収	巻一開題	五一七～五三一頁

第二章

那須国造碑の書風

平成七年（一九九五）、機会があって「那須国造碑」（七〇〇年立碑）を見学したことがあった。「多胡碑」（七一一年立碑）、「多賀城碑」（七六二年立碑）とともに日本三古碑と称される一つである。

記憶では、多少予備的知識を入れていったが、実物を見てあらためて考えたことは立碑の年代である。七〇〇年は文武天皇四年で、翌年は大宝元年と年号を定め、初めて律令を選定、翌大宝二年に「大宝律令」が諸国に頒布された。つまり時代の転換期にあたるということがあり、そのうえでこの書風が当時の日本の時代相を表わしている一つの材料にならないか、ということであった。

後日、恩師内藤乾吉（伯健）先生の「西域発見唐代官文書の研究」（本文註5）、「正倉院文書の書道史的研究」（本文註13）を読み直し、この二論文には対象を捕捉する学問上の方法論があり、それは内藤湖南先生の中国史学のみならず、『日本文化史研究』や『支那絵画史』で示されたと同じ一貫した学術的方法であるとあらためて受け止めた。そこで「那須国造碑」を対象とすれば、湖南先生なら「那須国造碑」の研究はこういうことから始められるのではないか、と考えて作成したのが、結局このようなかたちになった。

前言

以下に述べるところは『湖南』誌（秋田県鹿角市十和田毛馬内古町、鹿角市立先人顕彰館内「内藤湖南先生顕彰会」編）一七号（一九九七年）に概略掲載したものである。ただこれはもと講演の原稿をほぼそのまま載せたものであって、註などはもちろん記されていない。また『湖南』誌そのものが入手しにくい雑誌であることから、同誌編集部の了解を得たうえで『関西大学東西学術研究所紀要』の誌上を借りて公表することとした。[1]

私の関心は註（1）で述べたように、日本の近代化に関連した内藤湖南の学問とその方法ということであるが、かかるテーマは当然のことながら私の能力をはるかに超えている。本格的には『研幾小録』などを基本に湖南先生の学問と方法を研究しなければならないと考えるが、さしずめ、湖南先生が我が国学術の近代化に果たされた偉業に鑑み、「那須国造碑」の書風の問題を取り上げ、湖南先生ならこのように対象を攻められるのではないか、と考えてみた。いわば私の試みの論である。

湖南先生は歴史上の対象を歴史の全体の流れの中に客観的に位置づけられ、いつも歴史の「客観認識」を提示された。この客観認識はとりもなおさず「科学」である。宮崎市定博士の簡明な文章に、

内藤史学はすぐれて立体的である。中国から日本を見る、とまた日本から中国を見直し、政治から文学を見、文学から絵画を見、再び芸術から政治を見る。近世から古代を見、また古代から近世を見る。

いろいろ違った立場から、くまなく観察した上で映像を組み立てるから、それは自然に立体的に構築されるのである。近頃、理論や概念で歴史事象を分析する、と称するものが流行するが、どんなに細かいところまで調べてみても、大ていは厚みのない平面図で終っていることが多い。それは言わば紙雛みたいなもので、立ててみようとしてもすぐ倒れる。無理に立てようとすれば、歴史でない何か外のものを持ってきて支《つか》え棒にするより外ない。ところが内藤史学は、エッフェル塔のように、それ自身のがっちりした骨組みで大空を凌いで聳え立っている。(2)

というのがある。ここで述べられた、縦横の組み立ては、比較の問題でもあるが、対象の客観認識に到達する一つの方法である。また私はかつて未熟ながら、関西大学蔵内藤文庫に関連して、次のように考えた。

湖南の学問というようなことを軽軽に論ずることはむろんできないけれども、一つは「歴史の発展」の姿を捕捉する方法(例えば『志那史学史』や『志那上古史』で示されたもの)上の特色、これは湖南の歴史観と深い所で結ばれているものであるが、一般に内藤史学と称せられる根幹を形づくるものであり、二つはそのための歴史現象の「客観的認識」に到達するための方法(例えば『研幾小録』や『読史叢録』に示されたもの)上の特色は誰しもみとめる湖南の創造的な学問の特色である。このことによって、湖南はわが国近代の東洋史学(東洋学といってもよい)の確立と構築に貢献し、それこそ「学術の発展の段階」を一歩進めたわけである。(3)

以下に述べるところに関連して客観認識の一例をあげると、「絵画の賞鑑」の中で、

然れども余は尚ほ今日の賞鑑法に慊焉たらざるを得ざる者あるは何ぞや……余が私見を以てすれば書画の賞鑑法は結局科学的組織によれる批評の上に成立せざる可からざる者にして……余は今日に於て濫雑なる鑑定を杜絶するの道として、科学的組織によれる批評の基礎に建てる賞鑑法の創立を必要とす……(4)

と述べられている。ここでいう「科学的組織」とは、複数の人による機関の意味ではない。方法の組み立てをいう。同じ文章中に「賞鑑の方法を組織すること」云々との表現もある。そして「此の如き標準を立てずして漫に武断家の好悪に一任」することの危険を説いておられる。当時、まだ一般的にはそんなに使用されていなかったであろう「科学」という言葉でもって書画の客観評価の必要性を説き、「武断家の好悪」にまかせてはならぬと主張されたのである。湖南先生は書画の鑑定に優れた業績を残されたが、それは鑑識眼が優れていたからでもあろうが、「科学的方法」による客観評価を下されたからにほかならない。

歴史的諸現象に対する認識にも一定の方法があったわけで、これまさに学問の近代化の問題である。以下に那須国造碑の書風につき、湖南先生ならこのように手続を経られるであろう、という観点より考察を試みる。とはいえ、私がそう思うだけであって、実際は湖南先生はそのような手続を経ていないかもしれない。しかし手掛かりはある。それは、内藤乾吉（伯健）先生の書の解説の手法である。今、詳しくは説明

できないが、たしかに湖南先生の方法を祖述されたと考えられるからである。伯健先生は自らも書をよくされたが、書の批評にも断固とした自信が見受けられる。その根拠である研究法が具体的に展開されているものに「正倉院文書の書道史的研究」(『正倉院の書蹟』宮内庁蔵版、日本経済新聞社、一九六四年)がある。また平凡社『書道全集』の随所に示された論考と解説がある。以下の試論では伯健先生の手法を那須国造碑に応用したつもりである。応用といっても、広い知識に裏打ちされていなければならないのはいうまでもなく、応用が十分にできなければそれは私の知識不足としなければならない。

一　序言（問題の所在）

以下、具体的には那須国造碑の書法の話から我が国古代の中国文化継受の姿を見ることになる。方法は、前言で述べたように、私が理解した内藤先生流によって考えることになる。

那須国造碑の書の書体や書法、つまりは書風といってよいが、それを研究するにあたって、まず何から始めるかについてだが、順序としては、碑の年代がわかっている場合は、その時代の書の一般的傾向を考えてみるということである。書には時代による傾向や特徴があるからである。もっとも年代がわかっていても、書の傾向や特徴は微妙な変化を伴いながら数十年から数百年続くことがあるから単純ではない。

また逆に、書の一般につき、時代による傾向や特徴を的確に押さえることができれば、年代のわからない碑や文書といった研究の対象物がいつごろのものか、年代の見当をつけることが可能という理屈になる。もちろんある対象物の年代を詳細に年単位で決定する、というような場面では、書風などからだけで判断することに限界があるのは当然であって、何年というように決定しようとすれば、その対象物のもつあらゆる要素を点検しなければならない。書風はこうした要素の一つとして軽視してはならない部分であり、知っていると知っていないとでは、研究対象の認識の深さに大きな違いが生ずることがある。内藤乾吉「西域発見唐代官文書の研究」(5)を見ればこのことが理解できる。

那須国造碑の年代は文武四年（七〇〇）を下ることとそう遠くない時期と一応はっきりしている。七〇〇年というのは、大宝律令が作られる一年前のことである。今、大宝律令の制定前後という、政治の面でも文化の面でも微妙で難しい時代ということを念頭に置きながら、当時の書の一般的傾向を考えてみることから議論を進めることとする。

まず碑の全体を示す（七三頁）。

訓読・大意については、田熊信之氏の『那須国造韋堤碑文釈解』（中国・日本史学研究会発行、一九七四年）が詳しい。ただ、私にはこの文章の訓読に目下定案はない。この小論は碑文の訓読が目的ではないこともあって、訓読については他日を期すこととして、碑の全体を示して参考に供することにした。

比較の材料として、日本の例を先に列挙する。図〔2〕から〔14〕までである。

〔2〕から〔9〕までと、〔10〕から〔14〕までとを見比べてみると、その書から受ける「感じ」が違う。あるいは「雰囲気」が違う。その違いから、一般的に前者を「六朝風」、後者を「唐風」などという。こうして並べてみると、那須国造碑が前者に入るであろうことは一見して見当がつく。以下にこの「六朝風」とか「唐風」の「雰囲気」を醸し出すものの正体を具体的に考えることとする。

しかし、那須国造碑につき、たとえばこういう解説はじつに困る。

一方では纖細温和へとまた一方では重厚精妙へとさらに一方では理知的な嬋娟美へと次第に遷移して行く書と人との流れに沿って自由ながら緻密厳正に那須国造碑の文字は書刻されたようである。(6)

また、〔8〕多胡碑の書について、

古朴　剛直な楷書。しかも悠々たる布置の中に豪放な書風を示す。六朝の余風とはいえ、自由にまた毅然と字画を駆使して、はちきれんばかりの力である。(7)

とある。これらは解説なのであるが、主観的評価以外の何ものでもない。執筆者の個人的主観的「感想」といってよい。そもそも、これらの文章はあまりに抽象的でよくわからないではないか。個人の感想として受け取っておけばよいのかもしれないが、解説ならば、この書がどういう位置にあるのかをまず客観的に示さなければならない。客観的な解説の後に参考として、個人のすき好みや印象を一般に提示されれば、読み手のほうはよくわかる。客観的な解説と個人の好みとを混同してはならない。

そこで、以下では那須国造碑の書を書道史の中で客観的に位置づけようと試みる。その過程で、いわゆる「六朝風」などという雰囲気を作り出している具体的要素はいったい何かについてふれてみようと思う。

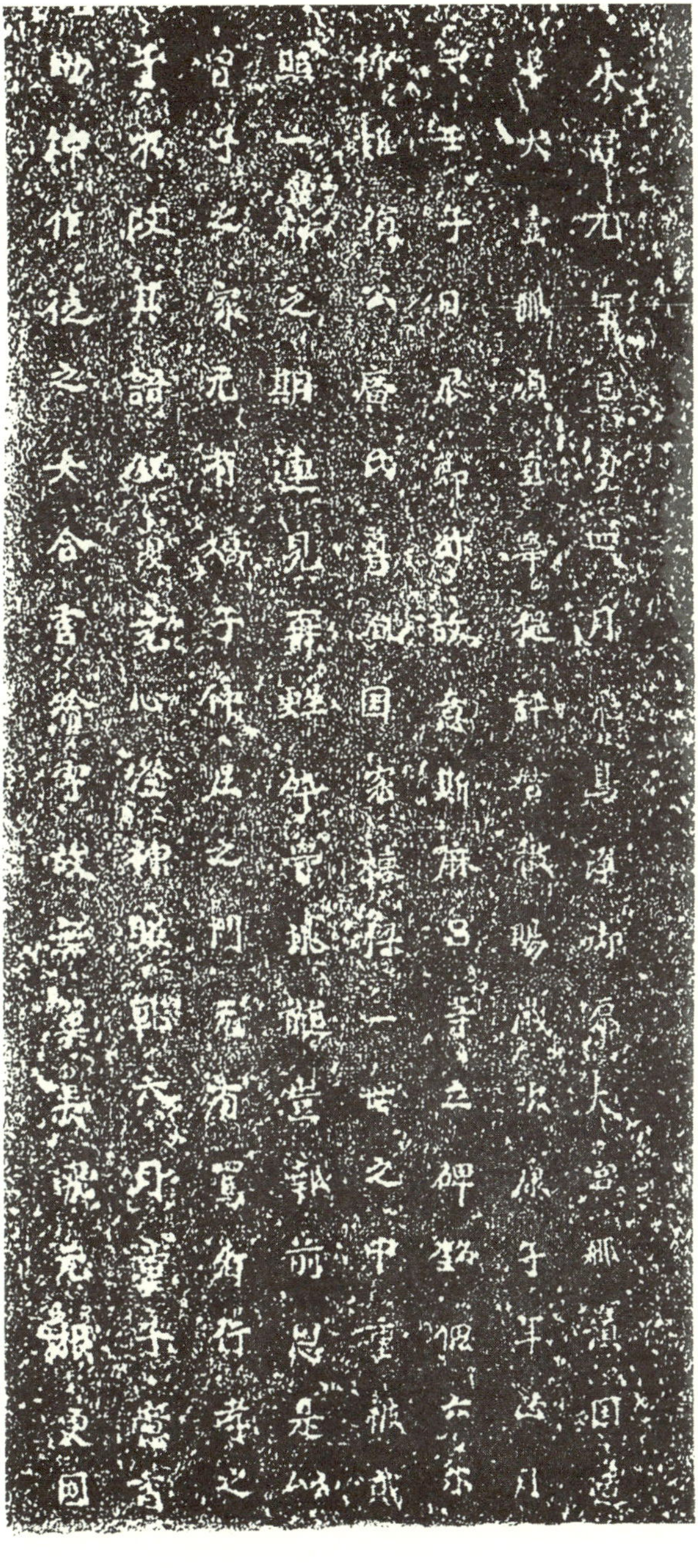

〔1〕那須国造碑[8]（文武四年〈七〇〇〉）

〔2〕江田船山古墳大刀[9]（五世紀）

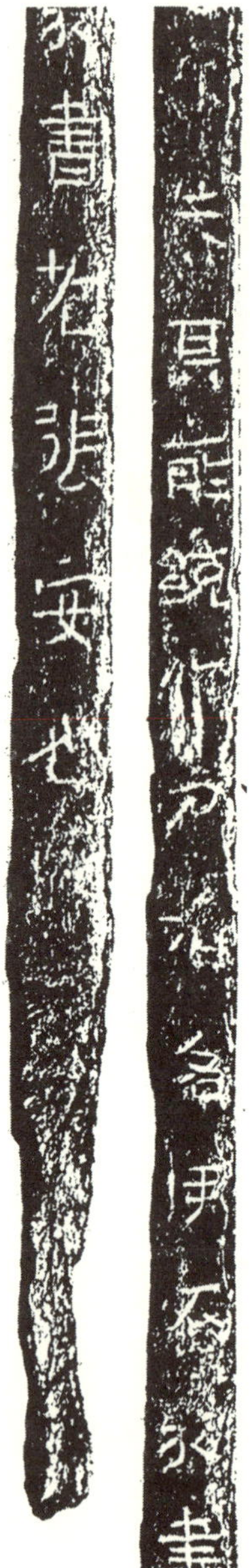

〔3〕稲荷山古墳大刀[10]（五世紀）

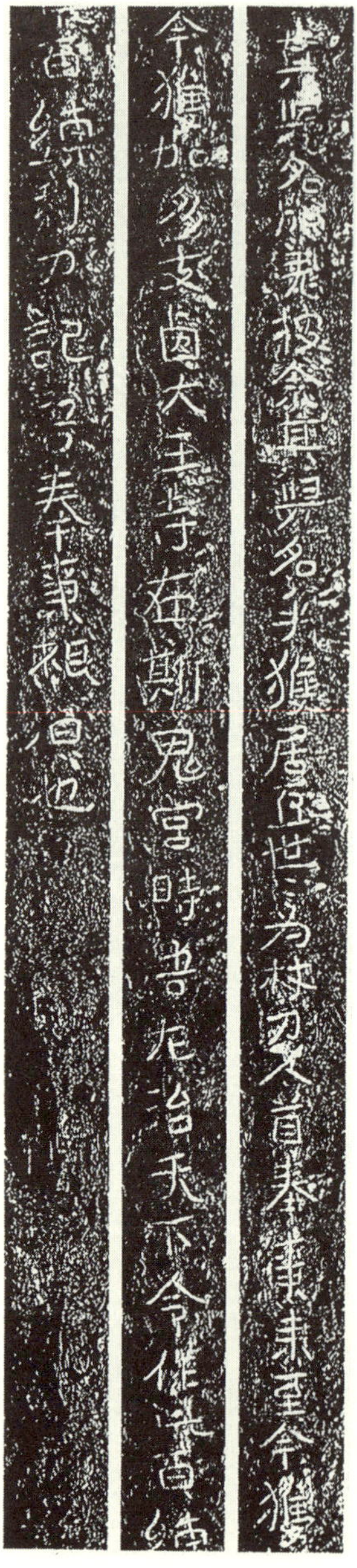

〔4〕法隆寺薬師造像銘[11]（推古十五年〈六〇七〉）

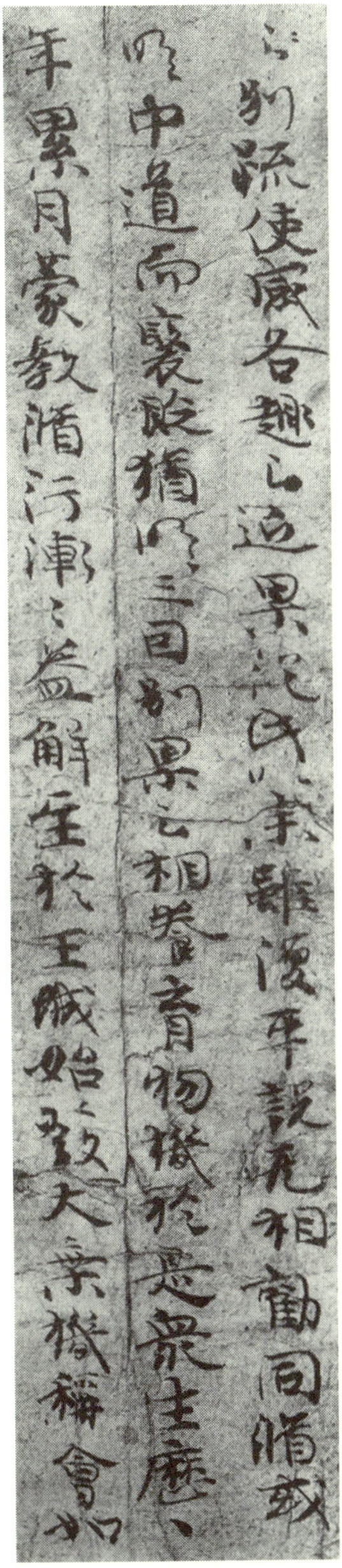

〔5〕聖徳太子法華義疏[12]（推古二十二年〈六二四〉）

〔6〕御野国味蜂間郡春部里戸籍[13]（大宝二年〈七〇二〉）

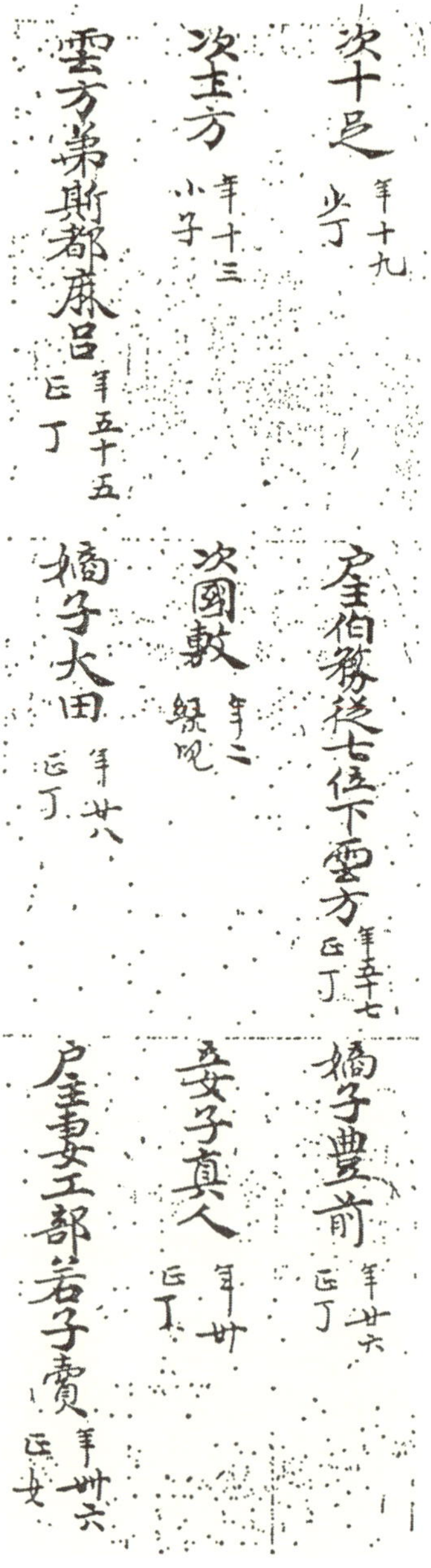
次十足 年十九 少丁
次主方 年十三 小子
雲方弟斯都麻呂 年五十五 正丁
戸主伯務従七位下雲方 年五十七 正丁
次國敷 年二 緑児
嫡子大田 年廿八 正丁
嫡子豊前 年廿六 正丁
妾子真人 年卅 正丁
戸主妻工部若子賣 年卅六 正女

〔7〕文弥麻呂墓誌[14]（慶雲四年〈七〇七〉）

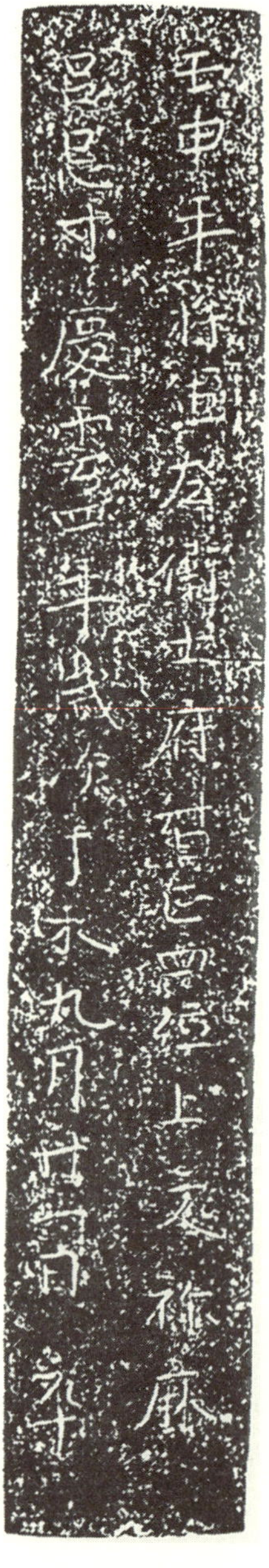
壬申年将軍左衛士府督正四位上文祢麻
呂忌寸慶雲四年歳次丁未九月廿一日卒

〔8〕多胡碑[15]（和銅四年〈七一一〉）

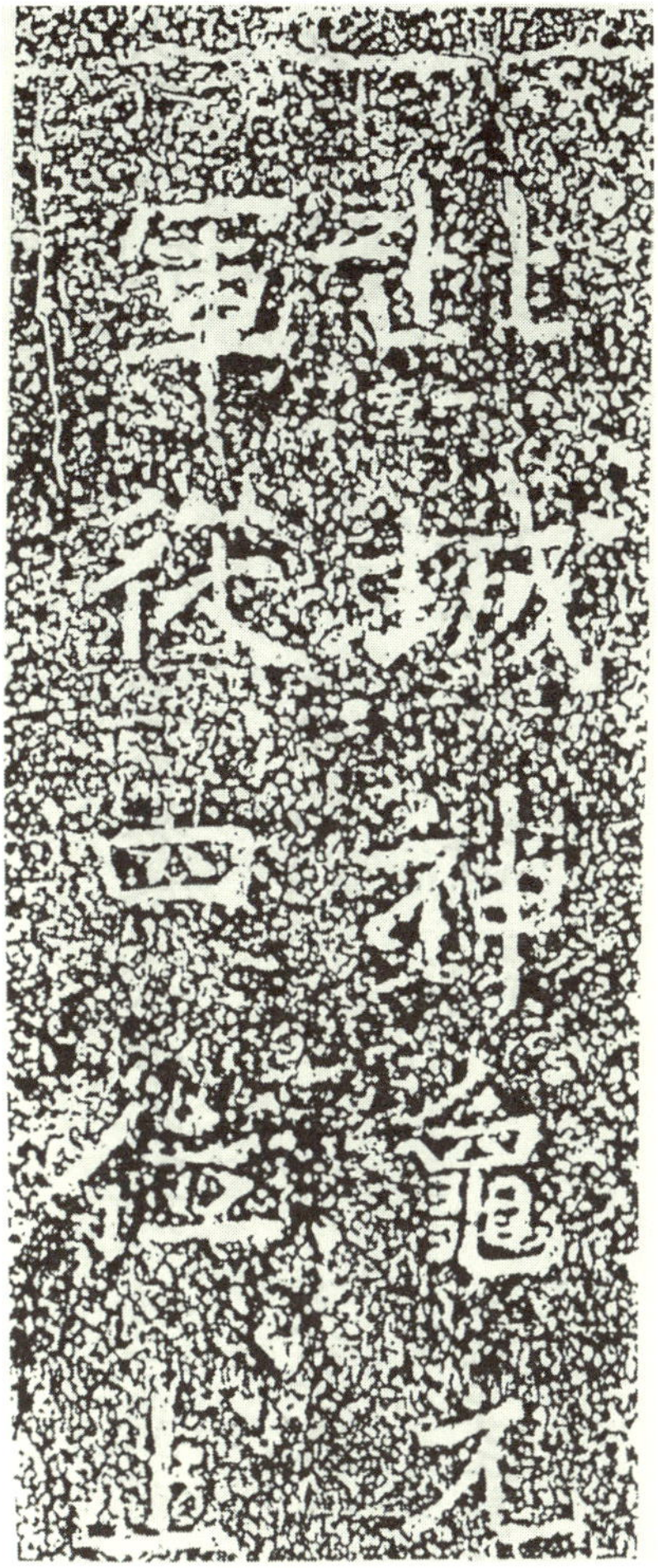

〔9〕多賀城碑[16]（天平宝字六年〈七六二〉）

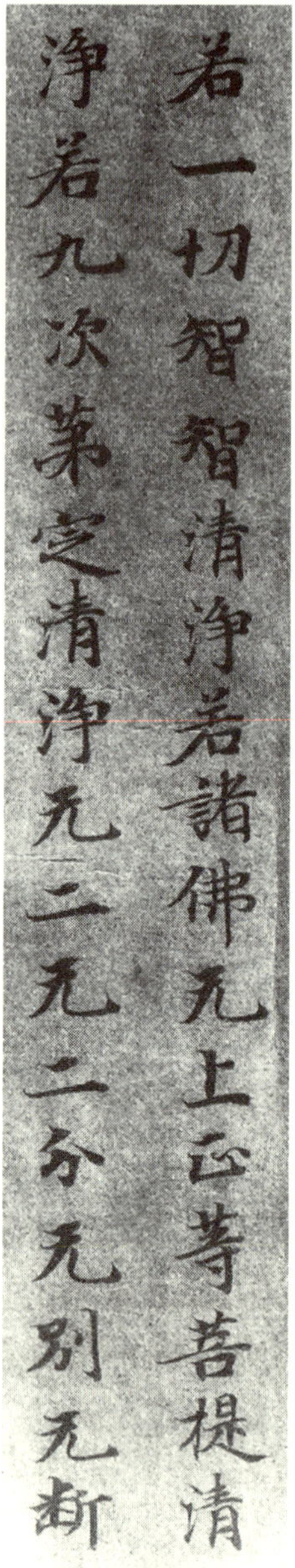
若一切智智清淨若諸佛无上正等菩提清
淨若九次第定清淨无二无二分无別无斷

〔10〕大般若波羅蜜多経、神亀五年長屋王願経⑰（七二八年）

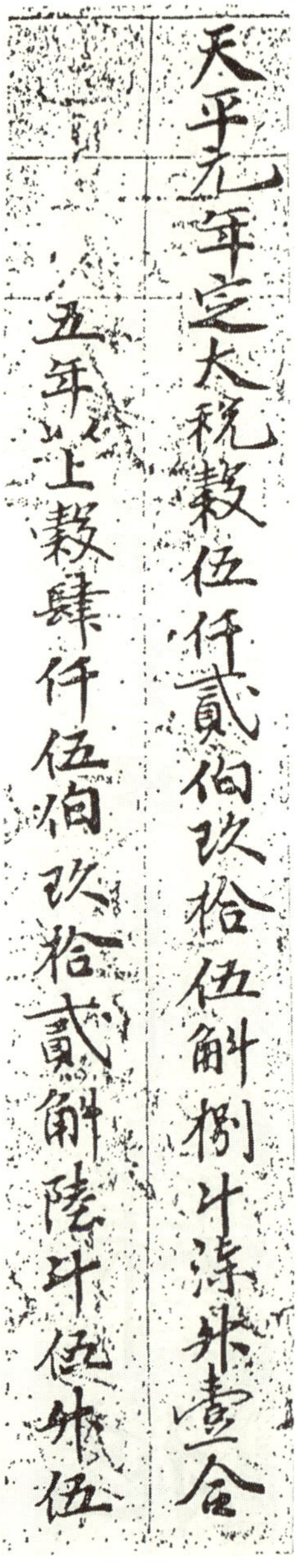
天平元年定大税穀伍仟貳伯玖拾伍斛捌升柒夕壹合
五年以上穀肆仟伍伯玖拾貳斛陸升伍夕伍

〔11〕大倭国大税并神税帳⑱（天平二年〈七三〇〉）

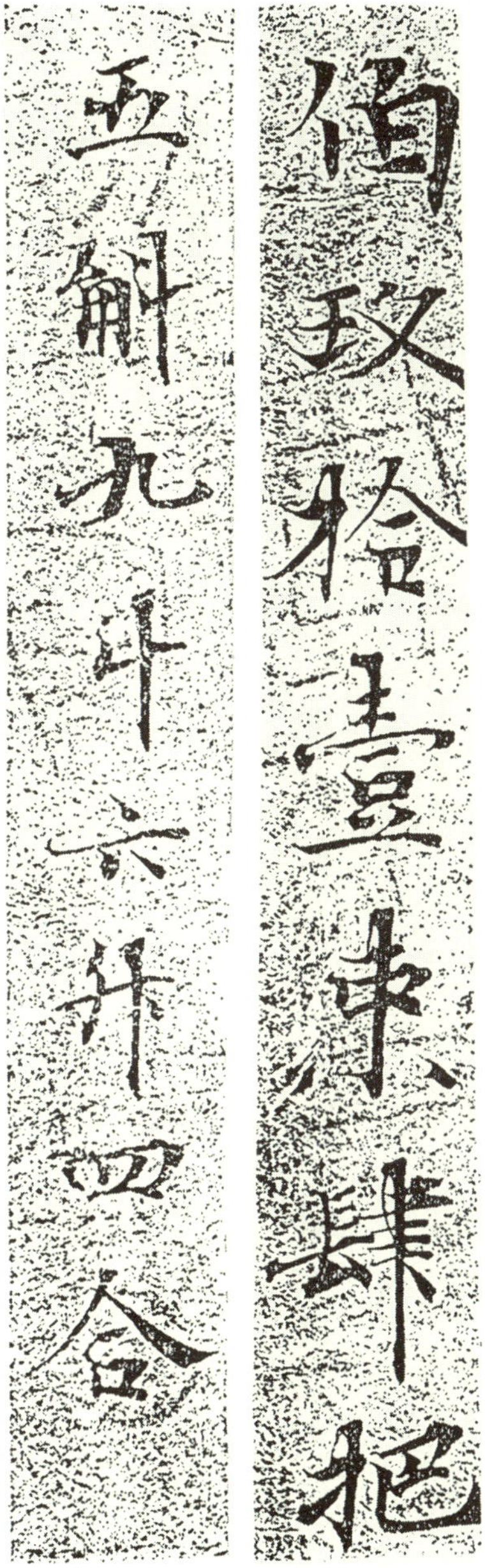

〔12〕隠岐国大税帳[19]（天平二年〈七三〇〉）

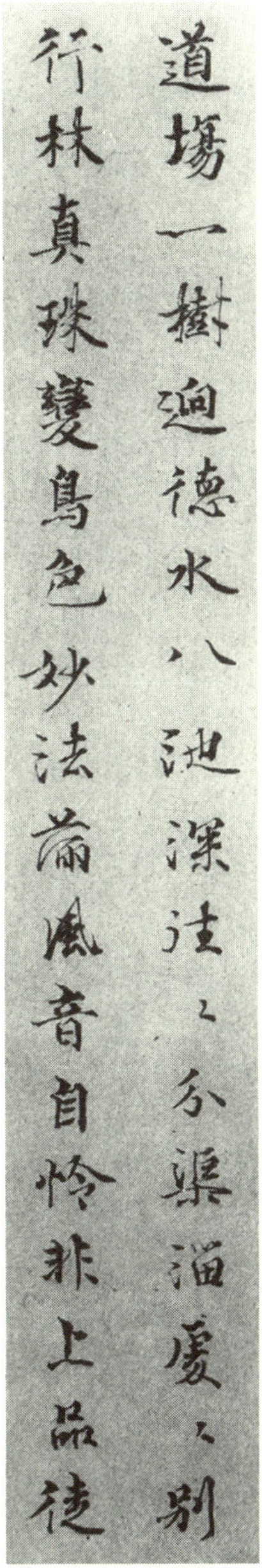

〔13〕聖武天皇雑集[20]（天平三年〈七三一〉）

〔14〕東大寺献物帳[21]（天平宝字二年〈七五八〉）

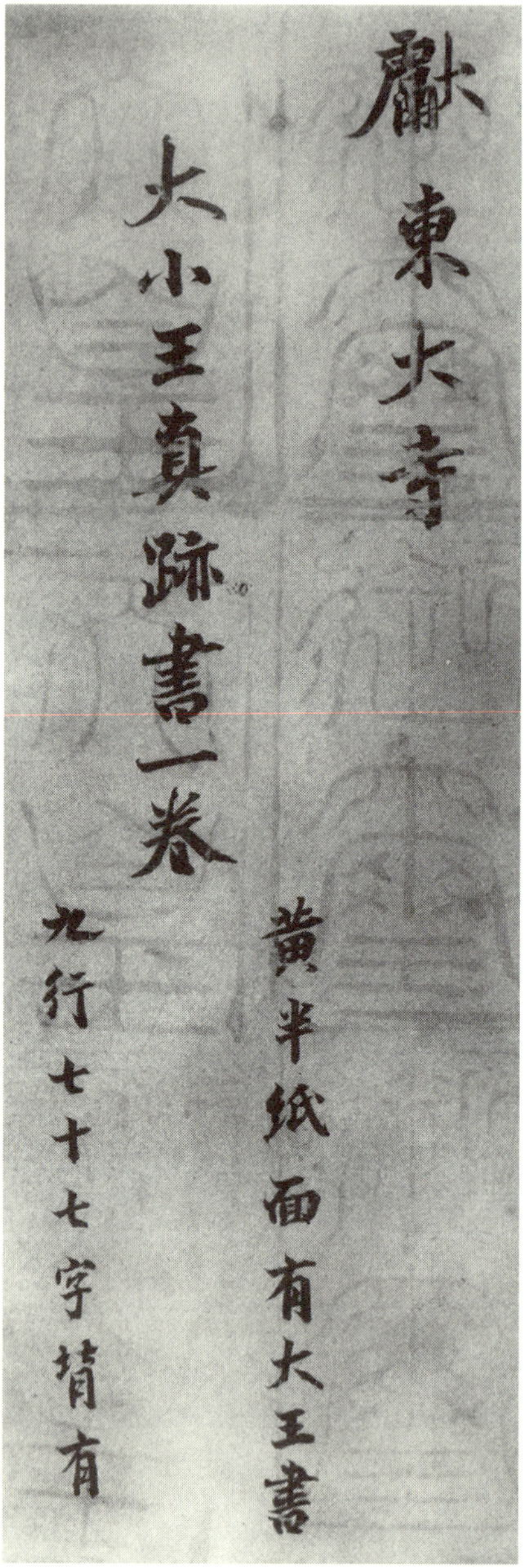

二　書道史上の背景（南北朝の書）

それでは「六朝風」とは具体的にはいったい何かということをもう少し考えることにするが、そうはいっても、これとて複雑で、簡単に説明するのは難しい。というのは、どうしても中国での書の発達の跡づけを説明しなければならないからである。そこで、一般的に漢代以降の概略をいうと次のようになる。

漢の時代には「隷書」といわれる書体があり、この書体にふさわしい筆法が生まれ、隷書は十分に洗練され、隷書の草書「章草」なども同時に発達した。役所の書類など早書きの必要があったからである。後世の草書の淵源はここにある。「八分」などの書体も生み出され、意識的に美的な書を追究する姿勢もはっきりしている。

図〔15〕は、かの曹全碑とともに漢隷の典型である。

漢の後、三国を経て魏・晋に入ると隷書は主流から外れてくる。(22)

そして南北朝（一般に、とくに書道関係の記述の中で「唐風」の書風に対して「六朝風」の書風ということがあるが、この場合には、図〔17〕から〔22〕のような南朝・北朝両方を含むことがあるようである。歴史的には六朝とは南朝のことをいう）に入ると、南朝の東晋（三一七〜四二〇年）では早くも王羲之（三〇七〜三六五年）が現われて、図〔16〕のよう

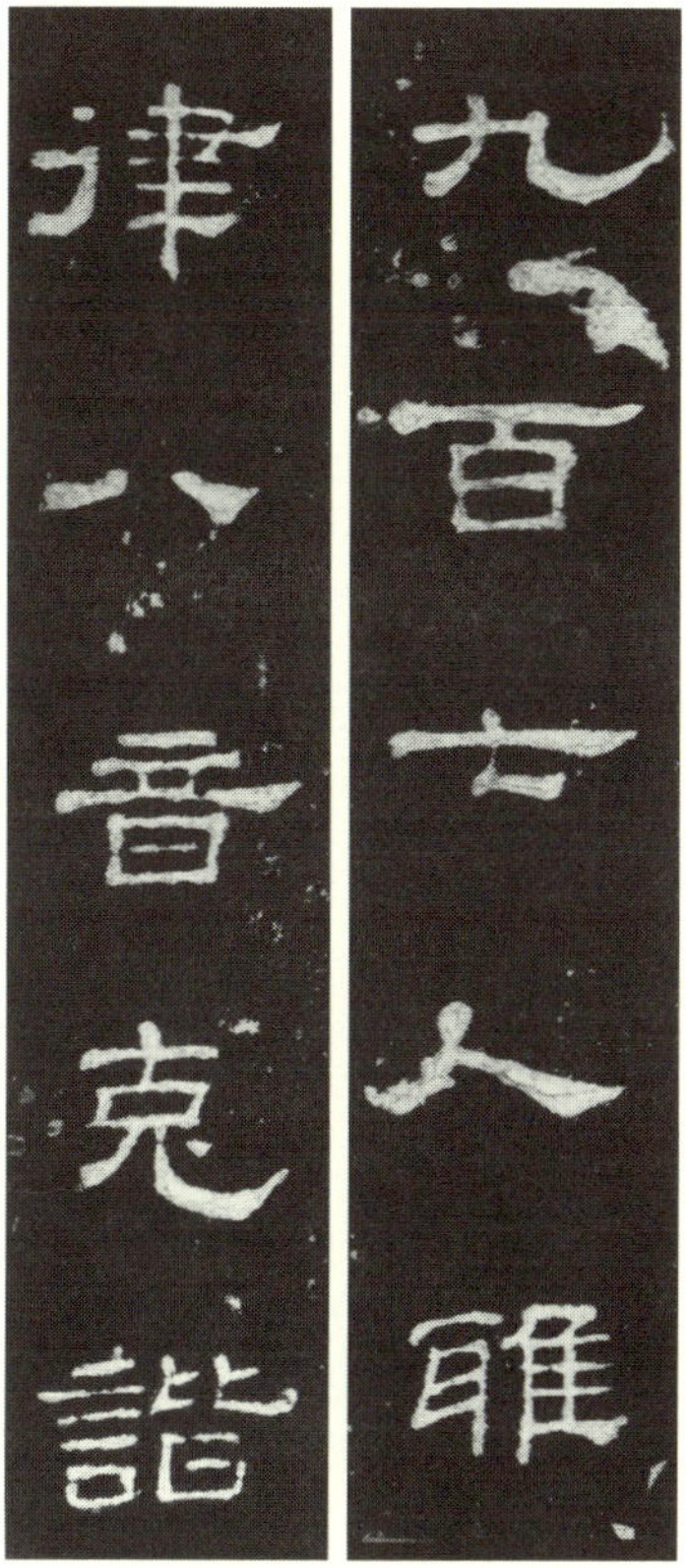

〔15〕史晨孔子廟後碑(23)（後漢・建寧二年〈一六九〉）

に書の大革命を果たし、以後の中国の書に決定的な影響を与えることとなった。王羲之から後出の〔21〕智永に至る展開がその系譜である。次に隋〔22〕〔23〕をはさんで唐代の〔24〕から〔27〕の書風となる。

一方、北朝では北魏（三八六～五三四年）が政権を長期間維持し、その間多くの書の材料を残している。「北碑」といわれるものの典型の多くが北魏に見られる。

〔16〕に示したように、南方で王羲之の柔らかく流れるような書が主流を占めていたとき、北方ではなお〔17〕のような書が行なわれていたのであって、次の〔18〕の写経でも同じ北方の筆法が見える。

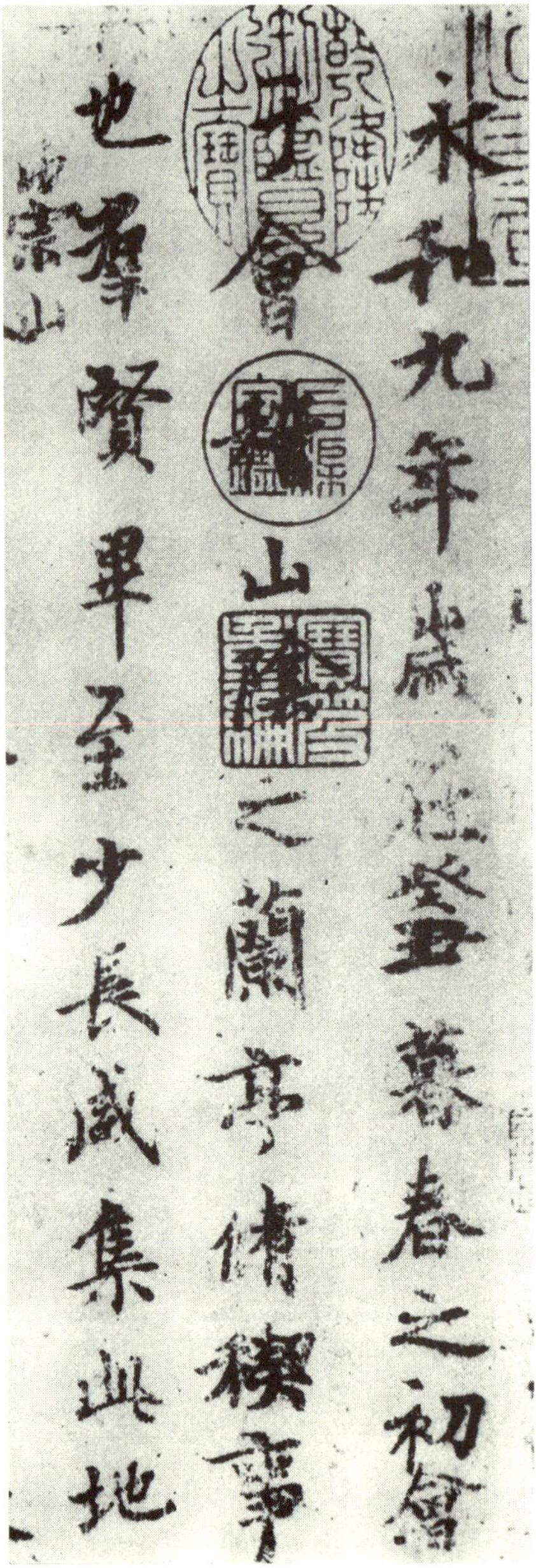

〔16〕王羲之、蘭亭序[24]（東晋・永和九年〈三五三〉、「八柱第一」）

〔17〕竜門古陽洞・魏霊蔵造像記[25]（北魏・景明年間〈五〇〇～五〇四〉）

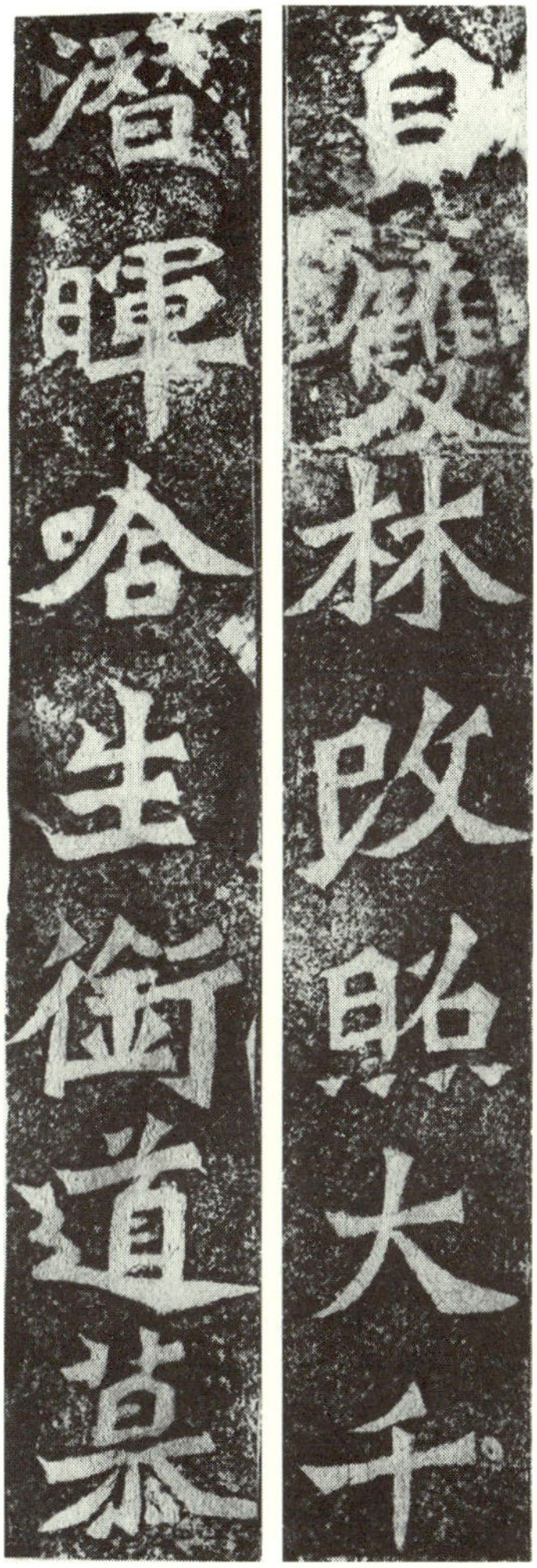

〔18〕大般涅槃経巻第四〇[26]（北魏・正始二年〈五〇五〉）

今、漢代の隷書の特徴を簡単に見ると、たとえば〔15〕の「津」字のつくりの各横画の終筆、「八」字の第二画の捺法の終筆、「音」字の第五画の横画の終筆、「克」字の第六画の撤法の終筆などをあげることができる。それを念頭に置いて〔17〕〔18〕を見るとよくわかる。すなわち〔17〕では一行目の「林」「大」「千」などの横画の終筆、〔18〕では四個の「三」字の第三画の横画の起筆と終筆、「五」字の横画も同じ。同じく三個の「名」字の第二画の撤法の終筆などは隷書の筆法が表われている部分である。

北朝の書がこのような特徴をもち、南朝と趣を異にする（右のような北朝の特徴はない）ため、かつては北方の書と南方の書とはそもそも書の性質が違う、として常に対比して論ぜられた（阮元「南北書派論」）のであるが、現在では否定されている。[27]

しかしやがて現われる、次の〔19〕〔20〕のような書を見ると、北方の書でありながら、北の書がもっている諸特徴が消えてきて、南方の書と区別がつかなくなってきている。短期間にひたすら南朝化を目指した結果なのである。

この二つは、まず全体に見られる横画や縦画、〔19〕の「大」字などに見られる捺法や撤法が〔17〕〔18〕から大きく離れて、次にあげる〔21〕〔22〕〔23〕に近づくからである。〔19〕の「高」字の下部の包鈎部分（力・勾などの字に見える右肩の曲折の部分）は〔23〕や〔24〕の同種の部分とほとんど区別がつかない。また、南朝で発達した文字の円味（あとで述べる右肩の巻くような丸みと意味が違うと考えられたい）、たとえば縦画・横画の線にしても、北の書のように直線的でなく、抑揚をつけることからもわかるように、円味がよりはっきりしている。北碑に見られるような切り刻むような姿は、もはやない。もっとも、すべてがこうなったわけではない。南朝化されない書も同時に存在したが、大勢からすると、ひたすらなる南朝化の方向が見られるわ

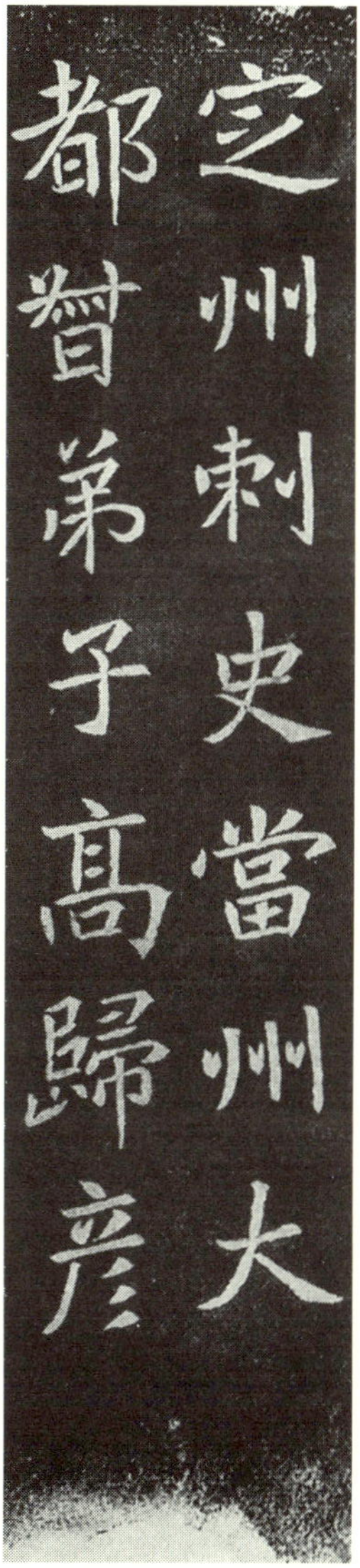

〔19〕高帰彦造像記㉘（東魏・武定元年〈五四三〉）

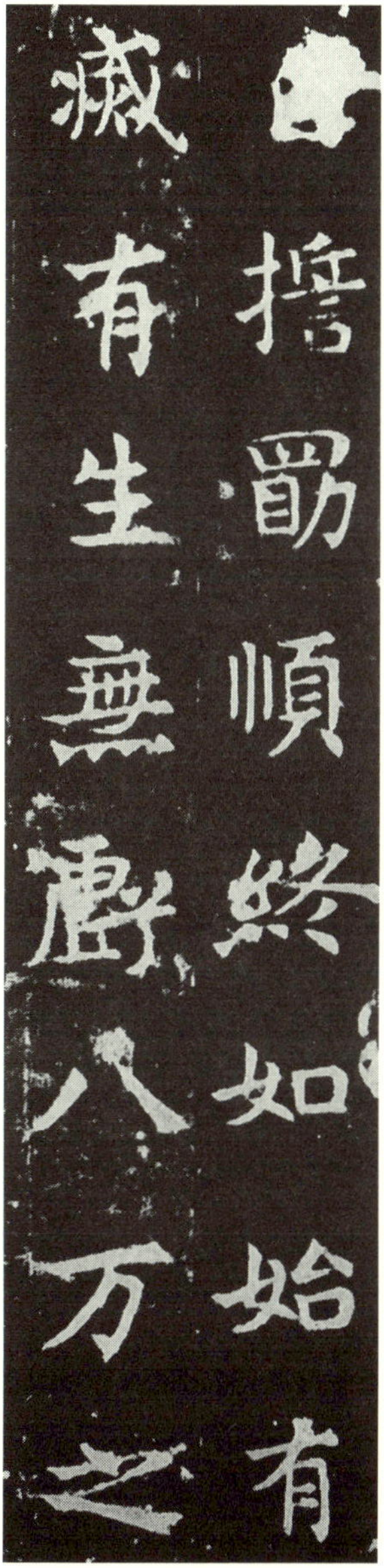

〔20〕敬史君顕儁碑㉙（東魏・興和四年〈五四二〉）

けである。(30)

那須国造碑などは、この南朝化を目指した書風の洗礼を受けた北朝の書体の影響を受けているのだが、その特徴は後でまとめて述べることにして、先に掲出した〔2〕から〔10〕までの我が国の古い書体についていえば、だいたいこれらの筆法を受け継いでいる。〔8〕については、二行目の「中」字の口部右肩の丸み、すなわち包鈎部は後述のように一つの特徴で、〔11〕の一行目の「壹」字の包鈎部と同じである（後述）。この〔11〕は唐風へのまさに変わり目であろう。〔12〕から〔14〕は完全に「唐風」になっている。

かような次第で、北と南の差というものは書の発達の流れから見ると、先端の書法と漢隷の風をまだまだ残している書法との違い、つまり地域差だとされるのである。

以上をとりまとめておくと、次のようになる。漢代の隷書の伝統は、魏・西晋の時代に、とくに早書きを旨とする草書などの影響を受けて崩れ、南北分裂時代に入ったのである。その後、南方では東晋の王羲之により、漢から西晋への書法は大革命を受け、以後の中国の書の大方向を示すという展開を果たした。

一方、北での変化は漢隷の伝統がかなり長く残存したのだが、その変化の大勢は南朝化の方向をたどり、結局隋から初唐に至ると考えることができる。

次に比較のために隋から初唐へかけての展開の例をあげておく。

王羲之の流れの行き着くところは〔21〕〔22〕〔23〕のごとくであり、〔24〕から〔27〕までは智永などの後を受けてさらに一段と工夫を加えた、初唐の書（隷書の筆法が入る）を作り上げたのである。我が国の大宝から天平にかけての書の変化は〔6〕から〔11〕に現われ、その後、〔12〕から〔14〕まではこの初唐の書が主流となる。〔10〕〔11〕はちょうどその境目にあたると見られる。時期はずれるが、書風の変化の状態は中

〔21〕智永真草千字文[31]（陳・隋間）

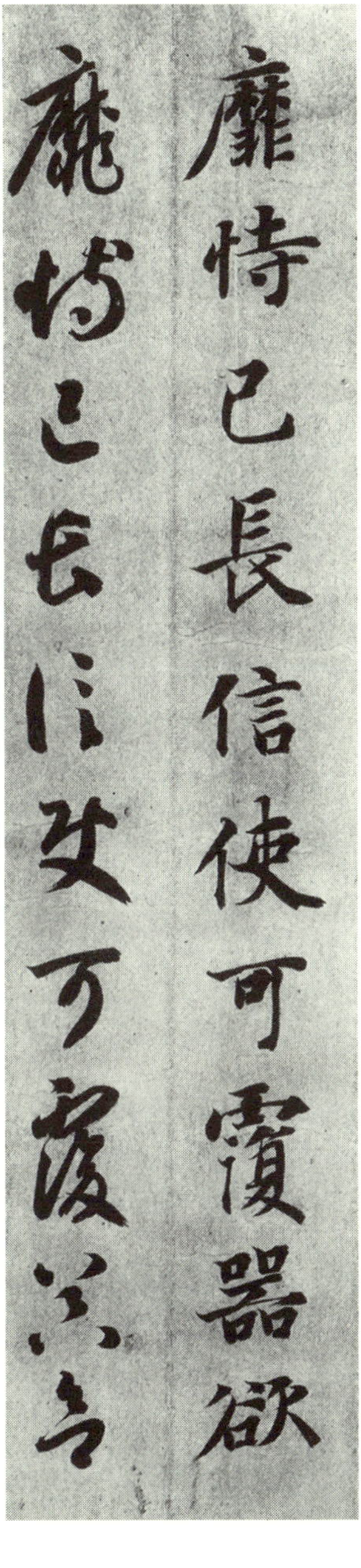

〔22〕美人董氏墓誌[32]（隋・開皇十七年〈五九七〉）

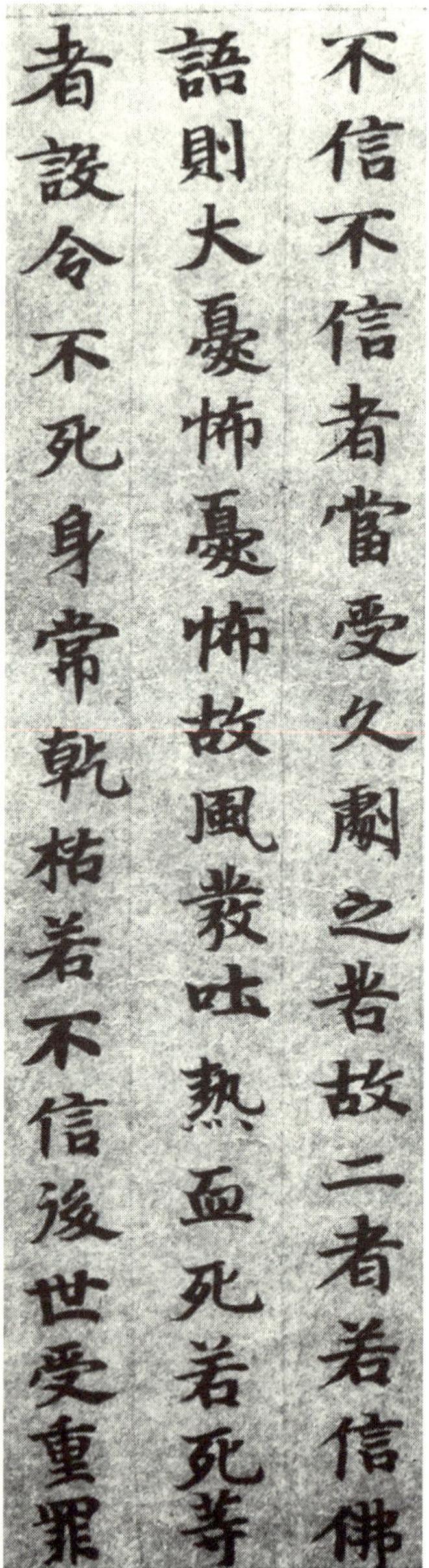
不信不信者當受久劇之苦故二者若信佛
語則大憂怖憂怖故風欬吐熱血死若死等
者設令不死身常乾枯若不信後世受重罪

〔23〕大智度論巻第一〇[33]（隋・開皇十三年〈五九三〉）

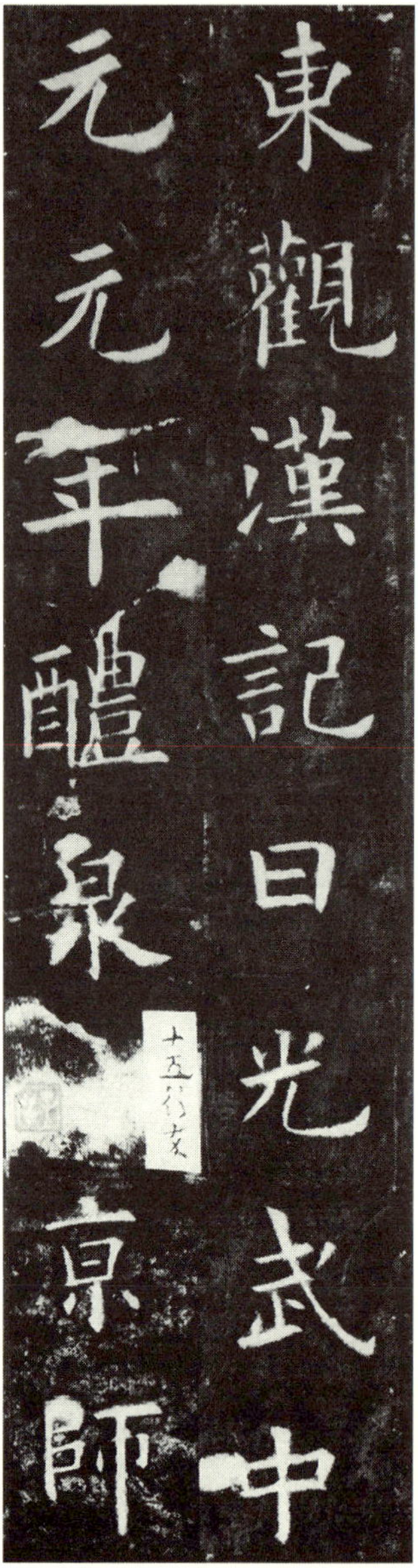
東觀漢記曰光武中
元元年醴泉
京師

〔24〕欧陽詢・九成宮醴泉銘[34]（唐・貞観六年〈六三二〉）

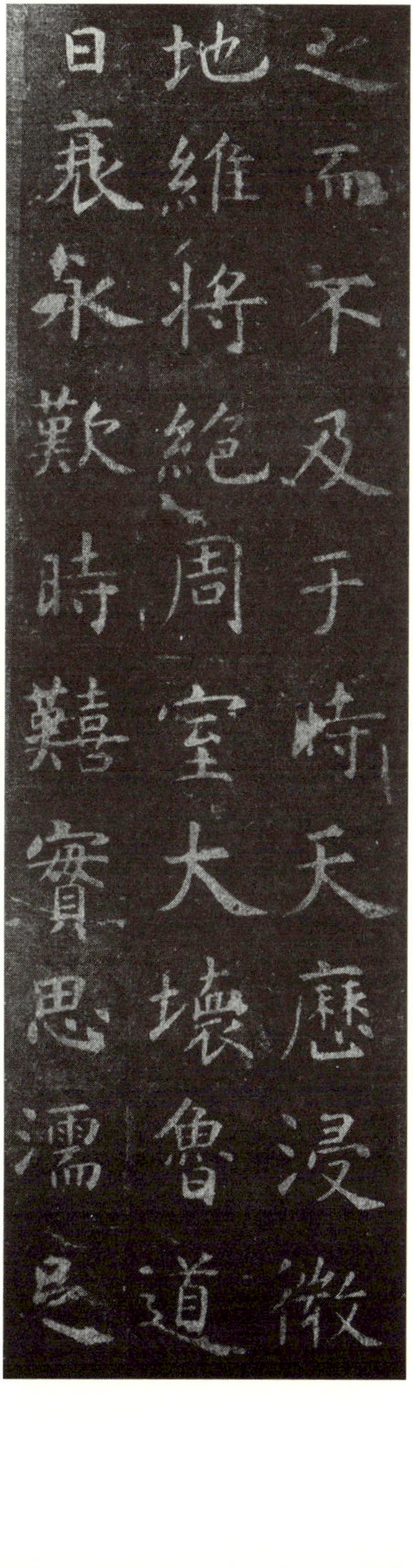

(25) 虞世南・孔子廟堂碑㉟（唐・貞観初〈六二九年前後〉）

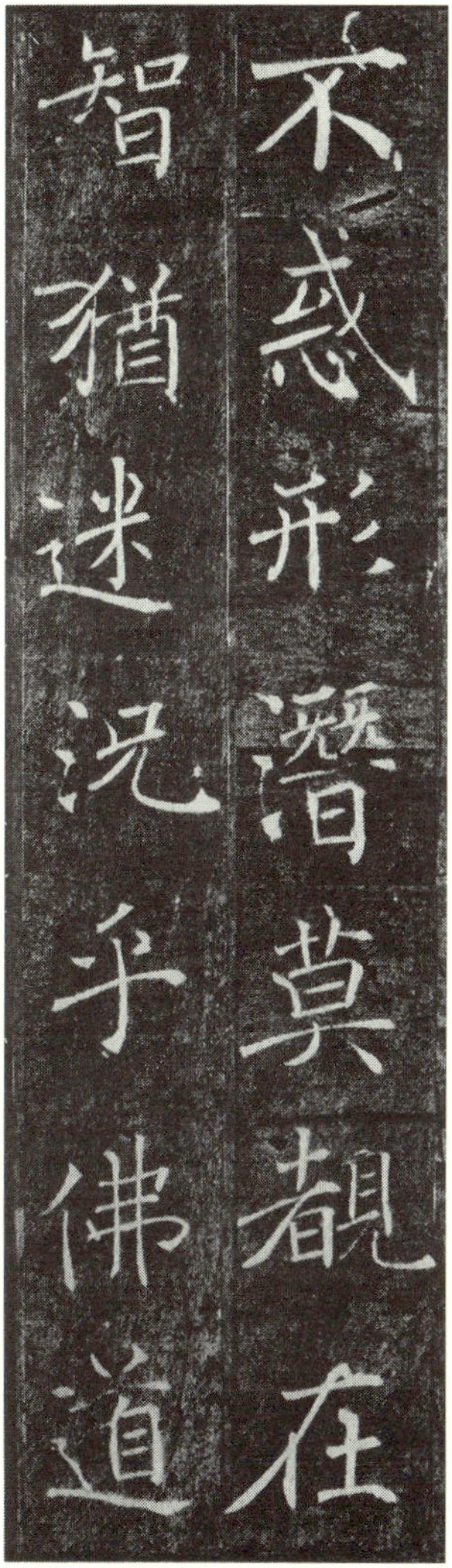

(26) 褚遂良・雁塔聖教序㊱（唐・永徽四年〈六五三〉）

〔27〕褚遂良・房玄齢碑[37]（唐・貞観二十年～永徽六年〈六四六～六五五〉）

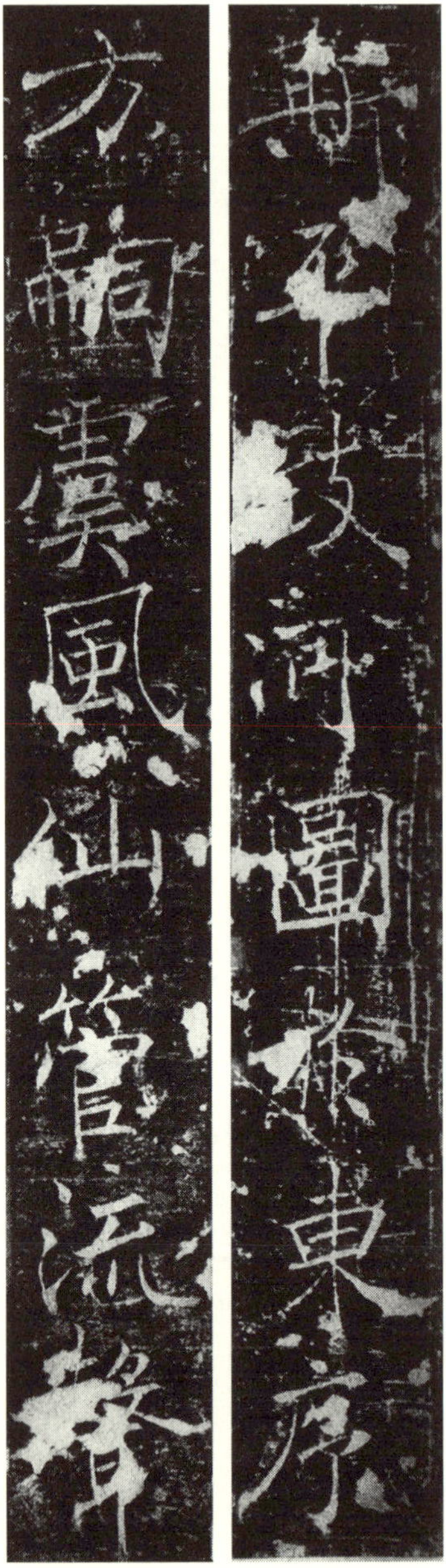

国のそれと同様である。

さて、以上のような変化発展の中から「北朝風」の特徴を、すでにふれたところを含めて、資料にあげた範囲でまとめてみると以下のようになる。

イ、隷書の筆法がかなり残存している。

ロ、右肩の部分（包鈎部）に丸みがある。

〔19〕の第二行の三字目「弟」字の下部の右肩包鈎の部分が丸くなっている。後出図〔31〕の一行目にある

「向」字、三行目「四」字の右肩の包鉤部も同様。

同じ筆法が日本にも見られる。〔2〕から〔6〕までがそれである。〔6〕の一行目の「雲」の冠の雨の右肩に見える包鉤、「嫡」字のつくりの包鉤、三行目の「嫡」字、また「賣」字の四の部分の右肩の包鉤もまた同じである。〔4〕は二行目の「而」字の右肩、「卯」字の右肩、〔5〕の一、二行に見られる「果」、二行目の「而」の右肩の丸みなどもそうである。さらに〔2〕の一行目「刀」字の右肩包鉤の丸み、〔3〕の一行目の「為」字、三行目の「刀」の右肩包鉤も同様である。

ハ、方筆というのが強調される。〔17〕〔18〕の北碑に見られる切り刻むような筆法。とくに碑において線の抑揚が少なく、直線的。南朝のような筆法は方筆に対して円筆という。

ニ、横画の終筆の収め方が（隷書の残存の文字を除いては）曖昧である。〔19〕〔20〕に見える。隷でもなし、初唐のやり方でもなし、というところ。楷書の法が確立していないといったことの一部がこれである。

ホ、結体は方形。また、〔17〕から〔20〕に見える、また、いわゆる異体字が多用される。

これらの特徴が相まって「六朝風」（正確には南朝化した北朝風である）などという雰囲気を醸し出す正体の一部を形作る。〔24〕から〔27〕など唐代の例にはこれらの特徴はない。

個々の具体的な書について、さらに的確に特徴を指摘するためには、まだまだ多くの資料を点検し研究しなければならないが、ひとまずこのへんで再び「那須国造碑」に戻ることにする。

三　碑の書法の特徴

以上の説明から、那須国造碑が唐以前の姿を示している、ということは、かなりはっきりしてきたと思う。少なくとも〔10〕から〔14〕、〔24〕から〔27〕のような「唐風」と違うことは理解できたであろう。しかしそうだからといっても、国造碑をよく見ると〔17〕のような北碑の切り刻むような方筆からくる厳しさより、穏やかな円筆による円味を示している。この面だけ見ると、智永〔21〕もしくは初唐の〔24〕から〔27〕に近づくとさえ思われるほどである。この円味は筆法と執筆法上の「実指虚掌」[38]からくる。さらに、時代もかなり新しい七〇〇年ごろである。それにもかかわらず、この碑が全体として唐以前の書風と感じられるのは何故か。

碑にいささか荒れている部分があるが、図〔28〕より北朝風の特徴を述べると、

一行目第二字「豈」の最後の横一画の終筆
二行目第五字「行」の第五画の横一画の終筆
三行目第二字「六」の第二画の横一画の終筆

などは、隷書のそれである。それも全体の字数からするとこの隷書風の混じりがかなり多い。また、全体的に横画の終筆の収め方が隷書風でもなく、唐風でもなく、曖昧なものが多い。〔19〕や〔20〕の横画部を参照。これは、漢の後、魏・西晋時代に隷書を抜け出したころから現われるものである。[39] 異体と思われる文字

〔28〕国造碑部分図6㊵

の割合も高い。かくて全体の姿に明らかに唐風にはない要素がある。これらの要素が相まって、この碑の書風に唐以前の雰囲気を生み出しているのである。

では、この隷書風の残存の他、北朝風の筆法と南朝風の円味を帯びた筆意、すなわち円筆とが混じるのはどういうことか。一つ考えられることがある。それは、すでに北朝の書の南朝化が始まって後、北魏正光年間ごろ（五二〇年以降）、楷書にことさら隷書の筆法を混在させることが流行したことと関連がある。[41]図〔29〕〔30〕の二つの例はそのころの北朝において、南朝風を基本としながら、隷書風が混じる状態を示す。とくに〔29〕は国造碑と相通ずるものがある。智永〔21〕にも似る。

ところで、日本では隷書を学ぶことはなかった。書の習い始めもそうであったろうし、その後も同じである。すなわち「書生はただ筆迹の巧秀を以て宗とし、字様を習解するを以て業となさず。唐風と異なるなり」と養老学令『令義解』はいっている。つまり上手に書けばよい、さまざまの書体を習うことはしなくともよい、というわけである。したがって、隷書などを組織的・意識的に学ばなかった、学ぶ必要がなかったのだ、といえる。一方でかかる日本的な、いわば即物的な学び方から考えると、国造碑の書は、その源流を求めると〔29〕や〔30〕に示した南朝風の洗礼を受けながら、その中に隷書の筆法を混在させた北朝の書法の時代、北魏正光以後（五二〇年以後）の書風をそのまま直に学んだと見ることができる。

それでは次に、かかる書を当時の日本人は誰から学んだのか、ということにふれておかなければならない。文明の導入の様子にからむからである。

〔5〕の聖徳太子法華義疏を見るといくつかの特徴があるが、その特徴は〔4〕の法隆寺薬師造像銘にも、〔6〕の御野国味蜂間郡春部里戸籍にも見られる。それは先に述べた右肩の包鈎部の巻くような丸みがこの

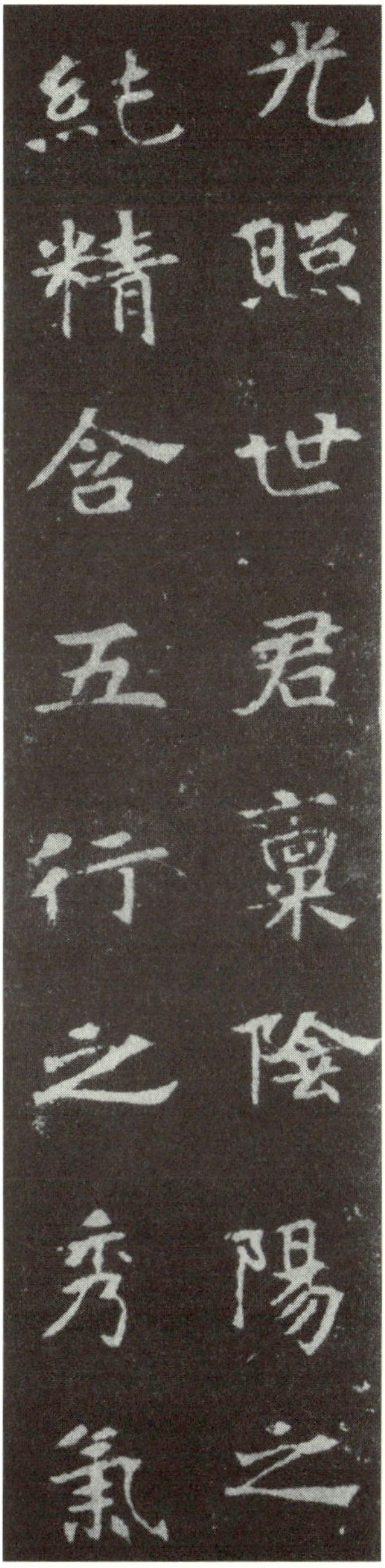

(29) 張玄「黒女」墓誌[42]（北魏・普泰二年〈五三二〉）

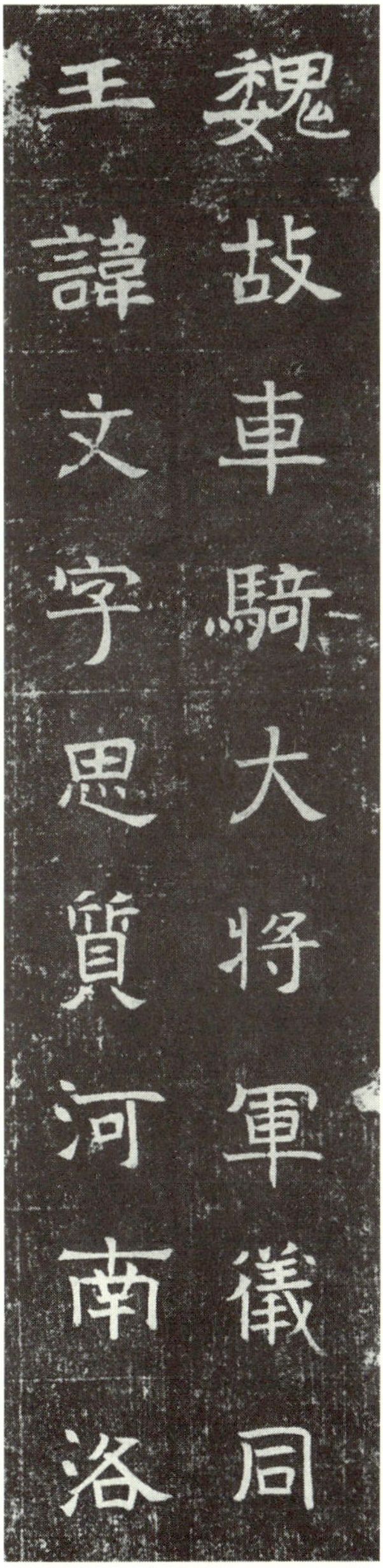

(30) 元文墓誌[43]（北魏・太昌元年〈五三二〉）

三者に見られ、掲出の図の部分だけではややわかりにくいが「大」字他に見られる捺法などに筆法上の共通点を見ることができることである。

中国の例〔31〕では、やはりこの特徴を見ることができる。とくに〔5〕の聖徳太子法華義疏との書風の類似、包鈎、捺法の筆法などである。このような筆法が、大化改新前の聖徳太子のころに中国直輸入でしかも習熟の域に達していたとは、文化全体の輸入状況からは考えにくい。そうすると、朝鮮半島経由の書を学んだのでなければならないが、私の調査の現状では朝鮮半島の金石資料に十分な材料を見出せなかったからである。斎藤忠編『古代朝鮮・日本金石文資料集成』（吉川弘文館、一九八三年）を見たが、六世紀もしくはそれ以前の朝鮮半島の書の全体をうかがう材料に乏しい。それはともかく、朝鮮半島経由として、その学び方は、朝鮮半島で行なわれた書をそのままのかたちで学んだのであろう。仮に中国からの直輸入であったとしても、北魏正光年間（五二〇～五二五）以降の書であり、それ以前の隷書を学んだ形跡はないとしなければな

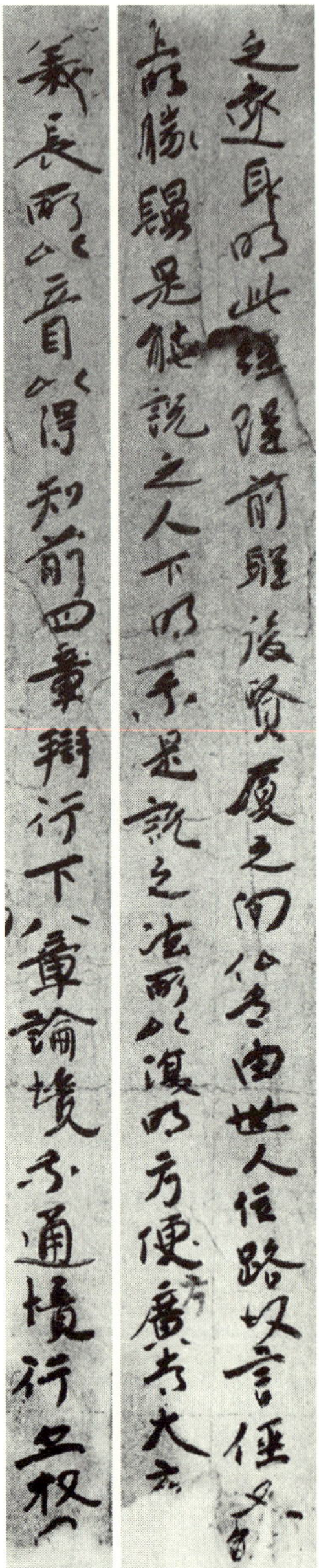

〔31〕建章初首故称第一(44)（北周・天和五年〈五七〇〉）

らない。日本の古代の書に隷書遺物を見ることができないのも、この推定を裏づける。先に述べた、「字様を習解するを以て業となさず。唐法と異なるなり」というとおりなのである。また逆に、そもそもかような「令」の規定が生まれた素地があったということができる。それは、当時の日本古代国家の急速な大陸文化導入の姿である。

日本の書の当初の学び方の姿は、同時に中国文化摂取の初期の一般的態度に表われているのと同じで、即物的なのである。書籍の輸入がまず暦・医学・法学から始まって、儒学の経書などはその後にくるのと同じく実用を第一としたのである。[45]

中国の書の場合は、背景にいつも隷書およびその前の篆書があり、いつの時代も隷書を忘れない。初唐の欧陽詢や褚遂良以下もそうであって、新しい書体の中に隷書の筆法を取り入れ変革したのである。

日本の書の場合は、そもそも、隷書を直接学び、そこから工夫を凝らす、というスタイルではない。日本と中国の書の発達の違いを生む根源も、このあたりにあると思われる。

しかし、そうであっても、天平のころの書は明らかに中国直輸入で、しかも輸入のスピードが早いが、そのことが可能である素地が七世紀の書の実践を通じて十分に出来上がっていたのである。そして出来上がった天平の書の実践が、やがて空海などを生み出す日本の書の源になるのだと内藤乾吉先生は述べられている[46]が、日本の書と中国の書が後々までどこか違う遠因は、当初の練習に対する態度にあろうとされている。

このようなことを考えると、国造碑の書法の源流を、〔29〕〔30〕に見られるような、五二〇年代以降の中国の書に求めるのは無理ではない。

四　その他の問題

国造碑ができた七〇〇年という年代は、文化発達の歴史の中で微妙な年である。大宝律令が生まれる前年であり、このころ中央部ではすでに隋・唐の書が直接的に学ばれ始めた時期と思われ、天平に入ると見事に筆法を我がものとしているのは正倉院に残された数々の文書によって十分に知ることができる。七〇〇年前後は、この碑とともに〔2〕から〔14〕動きの中で、とくに〔11〕でわかるように書風の変わり目であり、また同時に国家全体の発展状況を見ても、養老から天平へかけての中国文物の直輸入を基本にした、急加速の社会の発展の時期に入る。国造碑の書の姿は、その変わり目の姿を知る一つの材料である。かかる姿は近江令から大宝令を経て養老令に至る、法と国家体制の変遷過程とも一致する。

国造碑の書に限って調べてみても、こうした時代のうねりを見て取ることができる。

後記

〔補1〕七支刀の銘文は隷書であって我が国の書法とは見えない。

〔補2〕表面七字のうち、「芳」の一字だけに隷書の法が見られる。他は一般公文書の書体であり、「芳」字の筆法のみがきわめて不自然であることと、天平八年（七三六）の年代から考えると特異な例としなければならない。古代に一般的に隷書を学んでいたなどの証拠になる材料ではない。試みに「芳」字だけ書いてみたのであろう。書は上等ではない。木簡学会編『日本古代木簡選』（岩波書店、二〇〇三年）などにもこのよう

〔補1〕七枝刀[47]（泰□四年、一般に東晋・太和四年〈三六九〉とする）

〔補2〕長屋王旧跡出土木簡[48]（天平八年〈七三六〉）

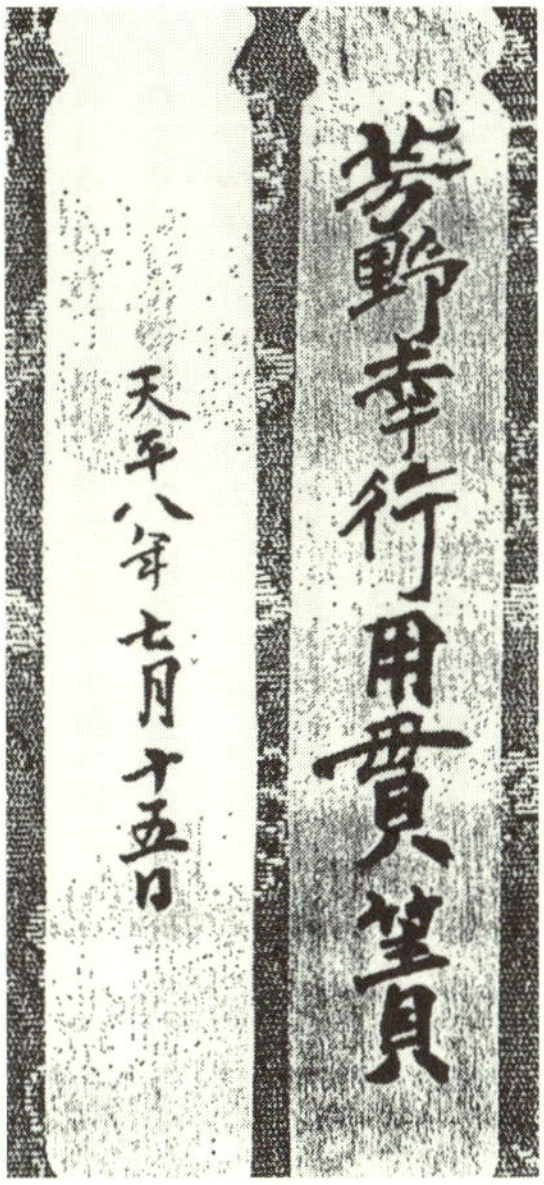

な例は見当たらぬ。なお長屋王旧趾木簡には褚遂良に近いものはある。

註

（1）以下の所見は、かつて断片的には一、二の場所で話したことがあるが、ある程度まとめて話したのは平成六年（一九九四）七月三十日、内藤湖南の生地、秋田県鹿角市立先人顕彰館でミニシンポジウムのかたちで同僚の法学部・眞鍋俊二教授とともに出席報告したときである。経過を少し説明すると、当時、法学部で共同研究班が組織され、眞鍋教授と私がその一つを担当した。全体のテーマが「日本に於ける政治文化と法文化」で、分担テーマとして眞鍋教授は「内藤湖南における政治と文化の位置」、私が「内藤湖南における学問・方法論」を受け持った。当日は東北大学・寺田隆信名誉教授（先人顕彰館名誉館長）も出席され、ご教示を受けた。また地元では先人顕彰館・柳沢兌衛館長、内藤湖南先生顕彰会・相川積会長が報告会の斡旋ならびに討議に出席参加された。その他多くの参加の方々を含め、深く感謝の意を表わすものである。

また眞鍋教授は同年春ごろから、『内藤湖南全集』全一四巻（筑摩書房、一九六九〜七六年）を第一頁から全巻通読されて報告会に備えられた。眞鍋教授の強固な篤学の精神に励まされた結果、私のつたない意見を曲がりなりにも述べることができた。感謝のほかない。

（2）宮崎市定「独創的な志那学者」（『内藤湖南全集』刊行に際し、筑摩書房から出された案内中の文章。一九七三年）。なお、この案内には他に、石田幹之助「内藤湖南全集を推薦す」、貝塚茂樹「内藤学の真面目」、桑原武夫「歴史をもって語る大思想家」、吉川幸次郎「天才汪洋の学」の文がある。それぞれ短文であるが、それだけに凝縮された優れた解説になっている。

（3）奥村（内藤文庫漢籍古刊古鈔目録）「跋」（関西大学内藤文庫調査特別委員会編『内藤文庫漢籍古刊古鈔目録』一九

八六年、三〇四頁)。

(4) 内藤湖南「絵画の賞鑑」(一九〇六年。『内藤湖南全集』一三巻所収、四九一頁以下)。

(5) 内藤乾吉「西域発見唐代官文書の研究」(『中国法制史考証』有斐閣、一九六三年)。この論文では、文書解読につき先生の書法上の蘊蓄が随所に見られるのだが、その一例に、誤読があるのは「書法に対する無関心にもよる」ことをさりげなく指摘されている部分がある(同前、二五八〜二五九頁)。参考にあげておく。

「さて楚珪の判署に見える示の字は三角形をしているので、一見、略花押かなにかのように見えるが、この三角形の如きものが示の字であることは、文書の形式上からも、ここは示の字でなければならぬことが推定されるし、また見の字の草体からも判定せられる。示の草体の一つにの形があり、(古文書に於ける好例は寧楽美術館所蔵の吐魯番文書に見られる。この文書のことは嘗て仁井田陞博士が三省堂発行の書苑第一巻第六号に紹介された。)それを花押めかしてことさらに三角形に書いたものと思われる。しかしよく見れば単なる三角形ではなくして、右の草体の筆意が認められる。因みに西域発見の官文書の判署の示の字は、随分色々な形に書かれているので、従来それらの釈文をした人々が色々に誤読しているが、これは書法に対する無関心にもよるが、しかしそれは文書の形式に関する知識があれば救われる筈のものである」

(6) 田熊信之・田熊清彦『那須国造碑』(中国・日本史学文学研究会編・発行、一九八九年)三〇頁。

(7) 註(11)、一五六頁、加藤諄解説。

(8) 斎藤忠編『古代朝鮮・日本金石文資料集成』(吉川弘文館、一九八三年、二九〇頁)。

(9) 奈良国立博物館編集・発行『特別展　発掘された古代の在銘遺宝』(一九八九年)図23—1(四五頁)より。解説は二六頁より。

(10) 同前、図24—1(四八頁)より。解説は四九頁。

(11) 『書道全集』(平凡社、一九五四年)九巻、図三より。解説は一四五頁。以下、平凡社『書道全集』の書誌情報は書名と巻数のみ記す。

(12) 同前、図4・5・6より。解説は一四六頁。

(13) 内藤乾吉「正倉院文書の書道史的研究」(『正倉院の書跡』宮内庁蔵版、日本経済新聞社、一九六四年)参照。同書、図版33より。同書二一頁以下に、書記たちの書の解説がある。

(14) 註(11)、一四頁、挿図23より。

(15) 註(11)、図26より。解説は一五六～一五七頁。

(16) 註(8)、三四五頁、多賀城碑(部分図3)より。

(17) 註(11)、図36より。解説は一六一頁。

(18) 註(13)、図41より。

(19) 同前、図42より。

(20) 註(11)、図38より。

(21) 同前、図48より。

(22) 『書道全集』三巻に掲載された図版1～5の「楼蘭出土魏晋簡」についての内藤乾吉解説には、漢から魏晋簡への書法の変化が丁寧に述べてある(一四五～一四六頁)。

(23) 『書道全集』二巻、図100より。解説は内藤乾吉、一九二頁。

(24) 『書道全集』四巻、図18より。解説は内藤乾吉、一六〇～一六一頁。

(25) 『書道全集』六巻、図47より。

(26) 同前、図102より。

(27) 内藤湖南「書論の変遷について」(『東洋文化史研究』弘文堂、一九三六年。『内藤湖南全集』八巻所収、五四頁以下)。また神田喜一郎「中国書道史6」(『書道全集』六巻、一四～一五頁)。

(28) 註（25）、図83より。解説は内藤乾吉、一八八頁。

(29) 同前、図81より。解説は中田勇次郎、一八七頁。

(30) 註（28）内藤解説。

(31)『書道全集』五巻、図69より。解説は中田勇次郎、一五〇頁。

(32)『書道全集』七巻、図10より。

(33) 同前、図28より。解説は神田喜一郎、一五九頁。

(34) 同前、図58より。解説は中田勇次郎、一六五～一六八頁。解説によると、欧陽詢は晋法を尊び、また変じたといい、書法に一転機を与え、初唐の風を確立したという。

(35) 同前、図75より。虞世南については内藤乾吉「虞世南について」（同巻、一六頁以下）参照。この図版も同じく内藤解説、一六九～一七〇頁。

なお、『唐六典』巻八「中書省弘文館学士、学生」の条下に、貞観元年（六二七）、太宗は虞世南・欧陽詢をして楷法を教授せしめたとある。

(36)『書道全集』八巻、図17より。同巻所収、内藤乾吉「褚遂良について」一〇頁以下には褚遂良の書法の詳しい説明がある。

(37) 同前、図12より。

(38) 実指虚掌とは筆を垂直に立て、親指を伸ばすようにして掌を虚しくする。つまり、掌に卵一つを抱え込むほどの空間を確保する。指が自在に転運しやすい。

(39) 註（22）参照。

(40) 註（8）、二〇九頁より。

(41) 註（25）、図69・70・71、北魏・粛宗昭儀胡明相墓誌とその蓋に付された、内藤乾吉解説、一八三～一八四頁参照。

また註（43）の内藤解説参照。
(42) 同前、図73より。
(43) 同前、図74より。内藤乾吉解説、一八五頁。
(44) 同前、図112より。
(45) 神田喜一郎「飛鳥奈良時代の中国学」（近畿日本叢書『大和の古文化』近畿日本鉄道創立五十周年記念出版編集所編、近畿日本鉄道、一九六〇年、七九頁。『神田喜一郎全集』八巻、一九八七年所収、一五頁）。
(46) 註（13）、五〇頁。
(47) 註（9）、図19より。宮崎市定博士は年号につき、宋・明帝泰始四年（四六八）と推定されている（「七支刀銘文試釈」『東方学』六四輯）。また同氏『古代大和朝廷』（ちくま学芸文庫、一九九五年）一二七頁以下参照。
(48) 奈良国立文化財研究所『長屋王「光と影」展』図録（一九九一年）七九頁より。

〈追記1〉

我が国の古代には隷書を学ぶ風はなかった、と述べたことに関連して追記する。

平成十一年（一九九九）一月、飛鳥池遺跡から「富本銭」三三枚が発掘されたという報道があった。富本銭が流通貨幣であったかどうかは別として、表面に刻された「富本」の二字は、一見して隷書の伝統を引く文字であることはわかる。ただし、私は富本銭を詳しく調査研究したことはないし、またわずか二文字であることもあり、今のところは論評する用意がない。今後の研究課題に残さねばならない。

しかしながら、これが日本人の習字の基本に隷書があったなどの証拠になるものではない。上述の学令を否定する材料でないことは長屋王木簡の場合（後記補2）と同じである。また「隷書の伝統を引く」文字と右に述べたが、これはむろん漢隷から直接くるものでなく、北朝からの流れであろうが、それが北朝の何かということは精査しなければならない。なお富本の二刻字は実用の文字でなく装飾的文字であるが、装飾的文字の比較の材料としては正倉院の「鳥毛帖成文書屏風」と「鳥毛篆書屏風」（篆と楷の二字体を含む）があり、いずれも北碑の流れを汲む。

《追記2》

原載『関西大学東西学術研究所紀要』三二輯（一九九九年）。「前言」以下、後尾の「追記1」まですべて同紀要に掲載したものであり、本書に収録するにあたって、同研究所の了解を得た。なお、明らかな誤記などは訂正を加えている。（二〇一四年十二月）

第三章　飛鳥雑纂

この章は過去、折にふれて『あすか古京』誌に掲載した短文を集めた。『あすか古京』誌とは「飛鳥古京を守る会」の会誌である（昭和四十五年〈一九七〇〉第一号から平成二十二年〈二〇一〇〉第八〇号で会の活動停止とともに終刊。復刻版第一集と第二集が刊行されている）。この会は明日香村の遺跡保存に力を注ぐことを目的として設立された全国規模の会である。考古学の末永雅雄・網干善教、万葉学の犬養孝・山崎馨など、すでに帰幽された斯界の大家が、終生会長職や会の統括を務められた。行事内容は古墳や万葉関係の現地講座と講演会が大きな部分を占めた。

筆者とこの会との結びつきについては本章後尾の「網干善教先生を悼む」と「惜別　飛鳥古京を守る会」を見られたい。参加者の多くは日本古代に関心がある人々で、専門性からして筆者は脇役であるから、時々の会のテーマに合うような中国関係の話をすることにしていた。その講演の一部は『あすか古京』誌に掲載され、本章はその中からいくつか選んだものである。テーマに合わせるといっても困難で工夫と準備を必要としたが、講演の準備のためのメモが累積し、そのお蔭で日本古代史に関する知見を広めることができた。いわば筆者の研究生活のある一部分を示しているといえよう。

「くがたち」について

一方的裁判と双方的神判

一般に古代社会という時代、法律も低い発展段階にあったころに、神やその他の超人間的な力に頼って、犯罪の有無や事実の真偽を認定するために行なった一定の行為がある。この行為を普通に「神判」と呼びならわしているが、「くがたち」もこの神判の一つのかたちであり、広い意味での裁判の原始的形態である。

日本書紀の応神紀・允恭紀・継体紀に記録があり、そのうちの允恭紀に見える甘橿丘のふもとでの「くがたち」はもっとも有名である。その方法は、「かめ」に湯を沸かし、その中に手を入れしめて傷害を受ければ罪あり、傷害がなければ罪なし、とするのである。日本書紀允恭紀の本文注によると、煮沸した泥水を用いる方法、斧を焼いて掌にのせる方法などもあったという。

甘橿丘の例は氏姓の出自が判然としないのを判然とさせるために行なわれ、真実を述べていたものは傷害を受けず、真実でないものは傷ついた。それを見て詐っていたものはあらかじめ退いて進み出なかったという。

「くがたち」を行なうことを決定し、人々に命じたのは天皇であり、そこに一つの「権力」が生長してきたことが示されるが、我々が考えるような発達した「法」があったわけではない。氏姓につき、疑いのないことを証明しようとして人々が自ら行なうもので、いわば当事者自身の立証によって事柄が決せられる。裁判所のような国家権力の機関が、第三者として一方的に審理を進める(一方的裁判)のではない。「くがたち」の準備は権力が設定するが、実際に重要な事実の認定は当事者自身にゆだねられている。したがってこれを「双方的神判」と称することがある。双方的神判は裁判、そして法のきわめて始源的なかたちを示しているのであり、たとえば古代東方はアッシリアのかの著名なハムラビ法では、姦通の妻に対して水神判を行なうが、妻をめぐる二人の男は神判を行なうことに同意し、当該の妻をして水に入れしめる。

事実認定は被疑者自身の証明によるのであり、当事者的といえるであろう。応神紀に見える記録によると、一度は一方的裁判が成立するが、のち「くがたち」を行なって雪寃している。この場合は一方的な裁判と、双方的神判とが並存していたと考えられる。一方的裁判は法の発達とともに事実発見の過程を裁判過程の中に取り入れるようになるが、神判の形式は容易に拷問手段に転化することが多い。ヨーロッパ中世に盛んであった魔女裁判はこの顕著な例である。魔女の嫌疑をかけられたものは水審を受け、黒と認定されると焚殺されることになる。真実発見の神判の形式は手続構造の中に繰り込まれ、真実発見ののち、判決・処刑となるわけである。

継体紀中の「くがたち」の記事では、毛野臣が「くがたち」を一方的に強行する。無理にやらせたわけで、後世では拷問手続といえる。双方的神判は、当事者合意のうえでどちらも身体・生命を懸け、間違えば死を招くことが多いが、ここでは刑事手続と刑罰とが一体となってしまっている。刑罰としていろいろの種類が定められておらず、刑罰体系が成立していないような法の未発達な時代にあっては双方的神判という手続法だけがあって刑罰法がない、といってもよい。

神判は世界各国で行なわれ、先のハムラビ法（二三二条）をはじめ、インドのマヌ法典（一一五・一一六条）の火審、チベット（探湯）、アラビア（鉄火）、ヘブライ（呑水）、ペルシャ（鉄火）、カンボジア（沸油）、ベトナム（探湯猛獣）、ヨーロッパではゲルマン（探湯、鋤刃歩行、水、魔女の秤）、イギリス（探湯、水、呪食）等々きわめて多種多様の神判があり、双方的の場合と一方的裁判の場合との両方を含んでいる。

「法」とは何かをあらためて問う

中国では触審といわれる神判があるが、右のような諸国の神判がかなり後世まで行なわれたのと比べると、やや特異な現象を呈する。すなわち、文字が発生するころには神判は公式にはもはや行なわれなくなったと考えられる。

中国における触審とは、法という文字の構造の中にその痕跡をとどめている。『説文解字』によると法の古字は灋であり、その構成部分の「廌」は獬豸ともいい、「かいち」という神獣である。一角の羊とも牛ともいわれ、訴訟中に正しくないものに触れさせると、そのものを去らしめる、すなわち直なるものと不直なるものとを弁別する能力のある神獣である。法の字の構成要素の「去」はここからきているというのである。中国での神判はしかし、この文字の成り立ちのうえで伝説的に出てくるのであって、古典の中に見えず、国家の法の中にもついに現われない。なお灋の字から廌を省略すると法の字となる。

そもそも人間の原始的な発展段階の時期、たとえば原始共産社会や、まだ小さな部族共同体といった時代にあっては、法は後世ほど大きな意味をもたない。我々のもっているような法を作らなくても、その共同体の秩序の維持は可能であった。後世のような国家的な法がなくても、共同体構成メンバーの生存が可能であったのである。このような社会で個人間の紛争があっても、ほとんどが当事者同士で解決される。今日でいう刑事的な事件でもそうやって解決されることが多い。私的な復讐ですべてが落着するというのも古代的なあり方であった。権力が未発達の状態であったからである。こうした時代には双方的神判が盛んに行なわれたものと考えてよいであろう。

しかし、やがて社会がもう少し発達してくると、まもなく「権力」という怪物が頭をもちあげてくる。国家に一定の権力をもたせて秩序を維持するほうが、各人の生存がより確かなものとなってきたのである。紛争が、当事者間で解決できる程度を超え、より激しい利害の衝突を起こして収拾できなくなる。そして「権力」や「国家」が生まれてくる。人々は権力に従うことによって、こうした深刻な紛争を収拾しようとする。利害の衝突がなくなったわけではなく、権力の強制に従うことによって社会の「秩序」を立てたのである。同時に、低い発展段階ではあるが、法が社会に不可欠なものとなる。こうした時代に入ると、一方的裁判が行なわれ、その決定には否応なしに従わなければならない。神判だけで一件落着するのではなく、神判は一件落着のための手段(立証手段)となり、それによって判決が行なわれ、処刑があって一件落着することになる。

「くがたち」を含め神判は、やはり真実発見の手続であるけれども、客観的証拠に基づいて真実を発見しようとする考え方はまったくなく、超人間的な能力に頼って真実を発見しようとしている。真実の発見は困難であるが、しかし発見しないと秩序の維持ができないし、権力の維持もできない。人智の発達していない時代には、超人間的能力に頼るほかなかった。はじめはそれも当事者合意のうえであったが、やがて先述のような拷問に転化し、支配の残酷な用具となった。権力もどうにもならぬ巨大な怪物となった。我々は「くがたち」の性格を考えることによって、真実発見の困難さ（現在でも同じである）や、法の発展の根本を考えるよい材料を与えられたことになる。

法は人間を縛るものであるが、それが何故存在しなければならないのか。遠い未来は別として、法のない社会、法がなくても人々の生存が可能な社会が当面実現するとは考えられないが、法はありさえすればよいというものではない。人間のためにこそ法はあるのであって、法があって初めて人間があるのではないはずである。人々のためにこそ国家や権力があるのであって、国家や権力のために人々があるのではないはずである。今日の状況はどこかで主客顚倒しているのではないか。

「くがたち」を考えることによって、我々はいくらかでも「法」とは何かという問題の一端にふれることができるが、これは古い時代の追憶ではなく、今日と未来の問題である。明日香村の「くがたち」行事もまた、今日と未来のために存在している。私は甘橿丘のふもとの「くがたち」を毎年楽しみにしている。

《追記》
原載『あすか古京』誌一〇・一一号（網干善教編集、飛鳥古京を守る会発行、一九七三年）。なお、同じ発行所より同誌の復刻版が第一集（一～五〇号、一九九一年）と第二集（五一～八〇号、二〇一一年）に分けて刊行された。
（二〇一四年九月記）

万葉集に見える法律語の定義について

万葉集巻一八に大伴池主が大伴家持に贈った歌四首（四一二八―四一三一）がある。題して「越前国の掾、大伴宿祢池主の来贈する戯れの歌四首」といい、天平勝宝元年（七四九）十一月十二日の作である。この歌の詞書の中に「正贓」「倍贓」「併満」それに「貿易」といういわゆる「法律語」が見える。貿易を除いた三語につき、かつて木下正俊教授とある因縁があったが、それを契機に、一度法史研究者としての立場からこの歌全体をよく研究してみたいと考えていた。その構想の大筋は一九八四年正月に法制史学会近畿部会で報告済みである。構想というのは、この詞書中の法律語の意味とその使用のされ方から詞書全体の示す意味を考察し、その関連で次の歌「更に来贈する歌二首」（四一三二―四一三三）の詞書の示す意味を考え、さらに万葉集の他の歌に引用されている法律語の使われ方を見て、最終的には中国法の日本への継受の際の姿の特徴を論じてみよう、というものであった。

右のような意図をここで詳細に述べるのは不適切かつ不可能かと思われるので、さしずめ右の歌の法律語なるものについて解説的に説明していこう。その一部分は昨年（一九八五年）の「飛鳥古京を守る会」の山陰旅行の際の講演で、資料だけ配付して発表を果たせなかったものである。というのは、柿本人麻呂の死亡した土地であったため、梅原猛氏の『水底の歌』に示された見解を現地で批判しようとして時間を使ってしまったことによる。この場を借りて、いくらかの責を果たしたいと思う。

万葉集中、主として詞書および左注に当時使用されていた法律語なるものが、右の歌のみならず他の歌にも散見される。そこで右の歌を含めて、一般に万葉の法律語なるものを取り扱うための基本的前提、あるいは前提的知識について概略述べておこう。当然具体的な例をあげねばならないが、かなり込み入るので詳しくは筆者の「日本古代律令の中国法継受の一側面——万葉集の一、二の用語を素材として」(関西大学『法学論集』三五巻三・四・五号合併号、一九八五年)にゆずり、ここでは、法制史の立場からの基本的な研究方針を述べるにとどめる。

(1) 法律語であるかないかの区別について

言い換えると、法律語とは何か、ということでもある。法律語といっても通常の用語を使用しているのであるから、法律語であるかないかの区別は本来難しいことが多い。たとえば、「貿易」という語は日常の用語であるが、法律用語としては意味が特別に限定されてくる。こうした、法律として限定された意味をもつ用語を「法律語」としておかなくてはならない。では、何によって限定された意味をもつと知ることができるのかというと、万葉の場合は律および令である。といっても、律や令の中で使用されている語彙を見ればただちに法律語といえるかというとそうではない。律や令で、法律上、意味が限定されている語に限らねばならない。法律語でない語を法律語と考えたり、法律語であるのに法律語と気づかなかったりすることはよくあることで、専門家でもかなり律令の用語と漢語に塾達していなければ区別がつかないことがある。

(2) 万葉集に見える法律語は「大宝律令」のそれである

万葉集に見える法律語は、ほとんどが大宝律令の用語と考えてよい。大宝律令が律・令とも正式に施行されるのは文武天皇・大宝二年（七〇二）十月であり、次の法典である養老律令が正式に施行されたのは孝謙天皇・天平宝字元年（七五七）五月である（養老律令選定は元正天皇・養老二年〈七一八〉で、施行は半世紀近く遅れる）。したがって大宝律令の施行期は七〇二年から七五七年の間であり、万葉の中に使用されている法律語はほとんどがこの期間に作られた歌の中に含まれているから、その用語は大宝律令のそれである、と断定できる。官名もこの中に含まれる。官名というのもしょせん制度であって、令の官位令とか職員令に規定されている法規に従って決められる。

(3) 大宝律令は逸文の他、現存しない

万葉に現われる法律語は前記のように大宝律令のそれであるが、大宝律令自体は現在伝えられておらず、わずかに『令集解』他に逸文としてのみ見られる。万葉に見える法律語は大宝律令の逸文の資料として貴重な材料である。しかし、これらの逸文資料のみでは大宝律令の全体を知ることはできず、また個々の用語も逸文からだけで直接その意味を明らかにすることは困難である。

(4) 大宝律令の用語の意味を考察するのに、養老律令や唐律（唐令逸文も）を利用できる理由

大宝律令は現存しないから、万葉所引の法律語を解釈するのに養老律令、場合によっては唐律を用いることができる。それは何故か、というと、逸文の残存情況などもあるが、最大の理由は、律が一つの論理体系

として確立しており、それは母法たる唐律も大宝律も養老律も同じであるからである。とくに律の用語の場合は養老律や唐律を利用して解説することが可能であることが多い。前掲の大伴池主の贈歌中の律用語はそうである。

そうした「体系」の中で一つ一つの用語の意味が限定されているのであるから、「併満」というような語が大宝律で、つまり万葉の中で存在することが確認されており、その語が同時に養老律や唐律で使用されている場合、その語の意味は明確に限定することができる。「併満」という語は「律」という法の体系上、定まった意味にしか用い得ないのである。法理が同じであるからである。これらの体系は大きな法理の枠づけもあるし、やや小さな論理的な枠づけもあり、それも場合々々による。「併満」というような語はかなり大きな枠づけで、この語の法理が大宝と養老とで違うということならば、養老の律など体系として成り立たないことは容易に説明できる範囲に属する。

もっと大きな基本的な枠づけの例は、律篇首にある「名例」(律)篇である。「名例」は律の総則であって、総則があるために、以下の各篇の解釈が統一される、すなわち、体系的解釈が成り立つ。名例以下の衛禁・職利・戸婚といった各篇(各論)の篇目構成は唐律も養老律も同じである。唐律は「律疏」といわれる注釈も完全に残っており、養老律もまた全部でないがかなりの部分が注釈とともに残存しており、これらの状況から、大宝律の体系も養老律の体系も、唐律なる母法の体系を引いていることは明らかである。

唐律にも変遷があり、以上のことをより詳細に述べることはここでは差し控えるが、要は大宝律上の用語を説明するのに、その手立てがないから便宜的に、あるいは仕方なしに養老律や唐律を使う、というのではなくて、以上のような一つの根拠をもって個々に判断しなければならない。そのような学問上の手続と方法を誤らなければ万葉集に見える大宝律上の用語を養老律や唐律を使って的確に知ることができる。

令の場合も基本的には同じであるが、官職名などを含めて具体的制度の数々はもちろんすべて同一というわけではない。また中国の令が日本において根本的に変化したものもある。最大のものは家族法である。これらの関係はじつにさまざまの局面があるのだが、前提の一つとして法の「体系」が重要であることを述べておく。

(5) その他

万葉集中の法律語は詞書や左注に見られる。歌そのものではないが、歌の背景説明・歌の意味の補充などの機能をもつ。そのため、これらの法律語の解明の次第によっては、歌そのものの解釈に影響することがあるのはやむを得ない。歌そのものについては私は無知であり、国文学上の成果に頼らねばならない。ただ法律語の意味いかんでは従来の歌の諸注釈と異なることが起こり得る。

なお万葉集と律令の関係については、すでに瀧川政次郎先生の『万葉律令考』(東京堂出版、一九七四年)の大著がある。筆者も啓発されること大なるものがあったが、法制史から万葉集に接近する方法、また探究の方向に異なるところがある。

《追記》
原載『あすか古京』誌四〇・四一号(一九八五・八六年)。(二〇一四年九月記)

謎の四世紀の空白について

「空白」と考えてよいか

私はかつて「諸葛孔明」をテーマに話をしたことがある（『講座　飛鳥を考えるⅢ』創文社、一九七七年所収）。このときはむろん孔明とその時代について述べるのが主眼であったが、ちょうど三国の時代が日本では邪馬台国や卑弥呼と同時代であるため、一つの比較の意味もあって卑弥呼のことに言及した。

その際に、卑弥呼は中国の状況にきわめて敏感で的確な判断をしていたということ、邪馬台国は中国の政治から明らかに自分の国に役立つものを吸収しようとしたこと、邪馬台国を単純に未熟な国と考えることには賛成できないこと、等を述べた。そして卑弥呼と倭の五王との間の記録上の空白といわれる時期についてふれ、大まかに見当をつけてみた。ここでは、その謎の四世紀といわれる記録上の空白について意見を述べようと思う。

「諸葛孔明」でつけた見当は次のとおりである。

卑弥呼が死んだのが二四八年ごろで、その後、宗女台与が一三歳で国をうけたことまでは記録にある。二六六年に見える記録（日本書紀に引く『晋起居注』）の倭の女王がこの台与であることは間違いない。台与がさらに一五年生きたとすると、二八〇年ごろまでは確実に邪馬台国が存在したことになる。さらに、一つの国が滅びるにはある程度の年数がかかるから、邪馬台国が三〇〇年ごろまでは存在していたと推定したとしても、文献の射程範囲に入るであろう。それから三〇〇年代には中国の記録になく、四一三年「東晋」末「倭王」の朝貢の記録が見え（このときの倭王はたぶん「讃」）、引き続き『宋書』に書かれた時代に入ると「讃」「珍」「済」「興」「武」という、いわゆる「倭の五王」が現われる。このうち、倭王「武」の宋の順帝に対する四七八年の上表文はよく知られている。

このような状況を見ると、邪馬台国は三〇〇年のころまでは存在し、「倭の五王」の国は三〇〇年の後期にかかる時期には存在していたと考えることは文献のカバーする範囲内である。右の大まかな記録だけでも空白は一〇〇年に満たない。古代で徐々に国家が形成されてゆく経過としては長過ぎる時間ではない。この経過は倭王「武」の上表文に述べる統一の経過と合致する。しかも四一三年にはすでに相当な国力をもっていたとしなければならないわけで、それを考えると邪馬台国と倭の五王の国との間に大きな歴史上の空白を考える理由はないであろう。すなわち、この二つの国は古代国家形成の筋道からは無理なく連続する。私がつけた見当というのはこのような趣旨であった。

文献のうえからは、突如新しい勢力が邪馬台国を滅ぼして新たな統一国家を作り出したのだ、という仮説を立てるほうに無理がある。以上のことは、倭の五王の国が近畿であるならば卑弥呼の国も同じ場所であろうという結論を誘い出すものである。そこで、次にこの大まかな見当をもう少し具体的に詰めてみよう。

「東夷」に「倭」は含まれる

まず二〇〇年代末期である。『晋書』（武帝紀）に、二七六年「東夷八国帰化」「東夷十七国内付」に始まり、「東夷幾国」の「帰化」「内付」などの記録が見える。このような書き方が二九一年「東夷十七国、南夷二十四部並詣校尉内付」(恵帝紀)までに一七回見られる。

この東夷という語の内容であるが、一般に「倭」が入っていると見てよい。というのは、中国の「正史」では「東夷」の語の内容が定まっているのであって、その中に「倭」が含まれているのは、はっきりしている。正史で「倭」とか「倭人」「倭国」とかの個別の記述が含まれるのは『後漢書』『三国志』『晋書』では「東夷伝」で、『宋書』では「夷蛮伝」、『梁書』では「東夷伝」、『南史』では「夷貊伝」、『北史』では「四夷伝」、『隋書』では「東夷伝」、『新唐書』からは「倭」ははっきり「日本」になる。こうしてみると、「正史」の用語法では「東夷」の概念ははっきりしており、「倭」を含めて「東夷」という。ただ、「帝紀」では記述の性格上「列伝」のように個別には述べないで一括して「東夷」といっているわけで、その中には当然「倭」が含まれていると考えねばなるまい。

むろん、『晋書』「帝紀」の「東夷幾国」という記述の全部に「倭」が含まれているとは限らないが、その中に「倭」が全部欠落しているとはなおのことといえない。この「帝紀」の記述から「倭」は依然健在であるとしなければならない。そのうえ、『三国史記』の「新羅本紀」を見ると二七六年から二九一年までに四度も倭人の侵入を記録しているからなおさらのことである。『三国史記』の年代に疑問を留保したとしても、右の『晋書』「帝紀」にいう「東夷」に「倭」が含まれることの傍証とする可能性はある。

かくて、二〇〇年代の末期の「倭」の存在は『晋書』「帝紀」などにより文献上確認できる。また、この「倭」が邪馬台国とは別の国であるとの根拠を見出すことは困難である。

三〇〇年代の中国の状況

次は三〇〇年代である。この時期に中国で「倭」の記録を欠くのはもっぱら政治的状況が正史編纂の環境になかったためである。ここで簡単に中国の状況について述べておく必要がある。

三〇〇年代に入ると「西晋」はいよいよ疲弊し、北方の大動乱が始まる。「十六国」の幕開けである。「十六国」が勢いを得たのは中央政府の権力が崩壊し北方における統括力を失ったためである。

西晋はかつての東北地方の直轄地全域を放棄しなければならなくなる。高句麗が漢以来の楽浪を攻略（三一二年）し、帯方を攻略（三一三年）したのは政治的力関係の然らしむるところで、自然な動きであった。中央の権力が弱まった結果、攻略が可能になったわけである。中央権力が衰えると地方は自衛・自立しなければならず、そのためにいくつかの勢力が成長する、というのは必然である。後漢末の三国の鼎立、西晋末の十六国から南北の大分裂、唐末の五代十国の時代など、やはり中央権力の衰えの結果である。これは歴史の一般的現象であり、現代にあっても、たとえばソ連邦権力の解体と各共和国独立との関係も同じことであろう。近代以前の国家ではなおさら起こり得ることである。

ところで次のような説がある。すなわち「楽浪も帯方も没落していく過程で連合の王権（邪馬台国連合のことをいう）が決定的な打撃を受けたであろうことは察するに難くない」というものである。はたしてそうか。中央の弱体化に乗じて高句麗などが勢力を伸ばしている情勢の中で、何故邪馬台国だけが西晋とともに没落しなければならなかったのか。よほどの理由があったことをはっきりさせないかぎり、この説は右に述べた中央と地方との権力関係から生じる歴史の一般的常識から外れている。「察するに難くない」というような想像を承服するわけにはいかない。三一八年、東晋が成立して中国は南北大分裂の時期に入り、大分裂の状態のまま、それなりに安定するのは北方が拓跋氏によってほぼ統一されてからである（北方では三八六年、拓跋珪は代王となり、登国元年とする。三九七年、平城遷都、北魏建国、拓跋珪即位、すなわち道武帝。南方では三八六年は東晋孝武帝太元十一年）。

三〇〇年代の中国は、北および東北地方ではきわめて不安定かつ複雑な状況にあったのである。中国の正史で三〇〇年代の「倭」の記事が空白になっているのは主としてこのような状況による。中国の記録が空白だからといって、「倭」が消滅したわけではないのは当然であろう。

朝鮮半島における「倭」の記録

このような状況下で高句麗をはじめ朝鮮半島の動きは活発である。倭もまた同様であったらしいことを『三国史記』によって列記すると次のようになる（『三国遺事』と「広開土王碑」も含む）。

三一二年　倭、新羅に遣使、婚を求む。
三四四年　倭、新羅に遣使、婚を求む。
三四五年　倭、新羅と絶交。
三四六年　倭、金城を囲む。
三六四年　倭、新羅を攻む。
三六九年　倭王に百済より「七支刀」。
三九〇年　倭王、新羅に遣使。（『三国遺事』）

三九一年　倭、渡海して百済・新羅を破る。（「広開土王碑」）
三九三年　倭、金城を囲む。
三九七年　倭、百済の太子を質とす。

『三国史記』や『三国遺事』の年代の問題、「広開土王碑」の解読の問題等の存在は承知しているが、これらの史料を無視することはできず、細部の検証はともかく、少なくとも三〇〇年代の記録が全部架空であるともいえぬ。これらの記事から、二〇〇年代からの連続性を断ち切るものもなければ四〇〇年代につながることを否定する材料もないのである。三一二年から三四四年にかけて倭は新羅と良好な関係を維持しているが、三四五年ごろからは悪化し、高句麗とも事を構えている状態にあり、三国側の史料はつねに倭の侵入を記録する。倭の健在を否定する材料は出てこない。

もし、倭の内部で新政治勢力が抬頭して、それが女王国を滅ぼし、倭の全域を勢力下に入れるほどの大動乱があったのなら、こうした倭の動きは説明がつかないではないか。そのような動乱状態のまま、朝鮮半島まで荒らしに行く余裕や力があったと考えるのは無理であろう。国内が安定していなければ外部への力の余裕は出てこない。東晋の没落によって、朝鮮半島と同じように倭の勢力も活発になったのである。先の『晋書』「帝紀」の「東夷」の記録や『三国史記』などの文献は、三〇〇年代の空白を埋めている。このような倭の動きのうえに四〇〇年代の「倭の五王」の朝貢がある。それは四一三年、東晋の最末期から始まり、以後、南朝の宋に対して行なわれるが、「倭」にかなりの実力がなければ朝貢の継続はできないから、朝貢開始以前に相応の実力を獲得していたに違いない。

この「倭の五王」は大和朝廷であることは疑いを入れない。さらにいうと、「倭の五王」の直前の王が応神・仁徳天皇であるとすると、あの巨大墳墓を造営するのに何年かかり、どれほどの権力をもっていたのであろう。三〇〇年代後半には安定した実力をもっていたと考えなくてはならない。そうすると、大和朝廷は三〇〇年代の後半は健在、というより着々と統一を進め、かなり発達していたのであろう。こうした状況は、のちの四七八年の倭王「武」による順帝への上表の趣旨と矛盾しない。

このように考えると、卑弥呼の女王国と大和朝廷の倭の五王の国との間には、連続は考えられるが断絶は考えにくいということになる。もちろん、両者の支配者に血縁関係があるかどうかとなると問題は少し違ってくるが、ここで重要なのは血縁関係というより国家の基礎組織の連続であって、たとえば秦の統一国家の組織を別王朝の漢が引き継ぐのと同じで、家康が秀吉から政権を引き継いだのも同様である。同じ血縁ならなおさら連続性は強いといえよう。四世紀の空白をそれなりに埋めることができ、両者に連続が見られるということであれば、五世紀の我が国古代の統一的国家の形成過程として、無理なく理解できるのではないか。門外漢の試みの論である。

《追記》
原載『あすか古京』誌五一・五二号（一九九三年。五〇号より編者は山崎馨）。（二〇一四年九月記）

七　出と三不去

中国法の受容と変更

日本の古代国家が、中国の法や制度を導入したことは周知のとおりである。大宝律令や養老律令がそれにあたる。ところがこの文章は日本語ではなく中国語（文章語、文言、日本では一般に漢文といっている）で書かれている。そこで、何か中国の法をそっくりそのまま真似たという印象をもつ人が多い。無理からぬことだが、よく見ると重大な部分に重大な変更があり、中国の法を母法としながら、まぎれもなく日本の当時の状況を反映した日本の法を生み出している。日本の古代の人々が、中国の法を日本に役立てるべく苦心惨憺研究した姿がそこにはある。

かつて、私はその姿を万葉集の中の法律用語を素材に考えたことがある。「万葉集に見える法律語の定義について」（『あすか古京』誌四〇・四一号。本書一一四頁所収）はその一端である。より詳しくは「日本古代律令の中国法継受の一側面――万葉集の一、二の用語を素材として」（関西大学『法学論集』三五巻三・四・五号合併号、一九八五年）に述べている。

中国法を受け入れる態度としては、大きくいえば、法の原理は受け入れながら「姿」を変える（法文の削除・変更・創造など）、また、「姿」は受け入れながら原理を変える、などが考えられる。かような問題をつねに意識しながら、ここでは標題の「七出と三不去」について考えてみよう。
　日本で重大な変更を加えたという、もっとも大きな基本部分に家族制度がある。原則としては中国の律令法に表われる家族制度（同姓不婚・異姓不養を伴う「宗法」全体）は受け入れなかったのだが、その中で中国律令に見えるのと同じ姿を示すものに「七出と三不去」の制度がある。すなわち、中国家族制度の全体は受け入れなかった（受け入れようとしても受け入れ不能）が、そのうちのある部分（条文）はそのままを借りて使用したということになる。ここに難しい問題が潜んでいるのだが、とにかく、まず中国での姿を解説・検討してみよう。

「七出」と「三不去」の条文

「七出」は古代の離婚事由で、封建思想の最たるものとして我が国でもよく知られている。そのもとは「令」（戸令、七出の条）の中に「三不去」とともに一条文を形成している規定である。唐の令でもほぼ同文で存在するので母法が中国であることはいうまでもない。今、『令義解』を使って読み下してみよう。文中、（謂。云々）の部分は「義解」の註釈、［↓云々］は筆者の註である。

　凡そ妻を棄つるに須らく七出の状有るべし。
　一に「子無し」。（謂。女子有りと雖も、亦子無ければ更《かは》りて養子を取る為の故なり）
　二に「婬泆《いんいつ》」。（婬なるものは蕩なり。泆なるものは過なり。其の「姦」［↓法律語、律に定義がある］の訖《おは》るを須《ま》ち、乃《はじ》めて「婬泆」と為す）

三に「舅姑に事《つか》へず」。（謂。夫の父を舅といふ。夫の母を姑といふ。上条［↓戸令・嫁女の条、義解］に、母の昆弟を舅といひ、父の姉妹を姑といふ。一事両訓にして、事に随ひて通用するなり）

四に「口舌」。（謂。多言なり。婦に長舌あり。「維厲の階」［↓『詩経』の語句。禍の第一歩との意］とは是なり）

五に「盗竊」。（謂。「財を得ず」［↓財を得た場合と財を得なかった場合で刑罰が違う。律にある］と雖も亦「盗」の例に同じ［↓義解は「盗竊」の定義を律に合わせている］）

六に「妬忌」。（謂。色［↓表情］をもってするを「妬」といひ、行［↓行動］をもってするを「忌」といふ）

七に「悪疾」。［↓戸令、目盲の条に白癩と定義する］皆、夫、手書してこれを棄つ。専属・近親と同書す（謂。尊属と近親と相い須つ。即ち男家・女家の親属共に署す。若し、書を解せざれば「画指《かくし》」［↓指の関節をマークして同意の証とする］して記とす）

「七出」の各項目に続けて、条文はさらに次のように規定する。

妻、棄つる状有りと雖も三不去のこと有り。

一に「舅姑の喪を持くるを経たり」。（謂。「持」はなお扶持なり）

二に「娶るとき賤にして、後、貴たり」。（謂。律に依る［↓名例律「六議」の条の註］に「貴」と称するは、皆三位以上に拠る。其の五位以上は即ち「貴」に通ずと為す。但《およ》そこの条、「貴」と曰ふは、

直だ娶る時貧苦下賤にして棄つる日は官位称すべき而已。必ずしも五位以上のみならざるなり）
三に「受くる所あるも、帰る所なし」。（謂。「主婚」〔→婚姻の主催者。通常父母など尊・長がこれにあたる。「主婚」の意思によってのみ、婚姻のすべてが決定され、また「主婚」が法上の責任も負う。後述〕の人無し、是れ「帰る所なし」とす。窮《くるし》めざるをいふなり）
即ち「義絶」「淫泆」「悪疾」を犯さば、此の令に拘らず。

以上が令の条文（戸令、七出条）である。もし、この条文に違反して妻を家から出せば、律に拠って刑罰を受けることになる。次に示すその律を見れば、なお理解を深めることができるであろう。

妻に七出及び義絶の状無く、而も之を出すときは、徒一年。七出を犯すと雖も、三不去ありて而も之を出すときは、杖八十。（云々。「律逸」）

律は、令の条文の中でも、とくに遵守しなければならない規定には別に罰条を立てて厳しく履行を迫る。右の令の七出の条は、そうしたものの一つである。

婚姻とは共同体の営み

ところで、右の令の七出の条文、とくに三不去の「義解」を読むと、「主婚」の存在を見れば婚姻なる行為は、個人と個人との関係ではなくて共同体（家もしくは一族）の行為であることがよくわかる。一の舅姑の喪のところは、一連の喪の儀礼を行ない、また維持したことは、共同体の儀礼を維持した、すなわち秩序を維持したことにほかならず、二の娶るとき賤、後貴、とはいずれも共同体に対する妻の貢献であることにほかならない。共同体に対して貢献した妻は、夫の意思いかんにかかわらず離婚する（家から出す）ことはできないのである。三は、妻の実家があっても、妻の主婚たる尊・長がいなければ、妻を出すことができないという。この主婚がいないということは、すでに出嫁した娘を、再び受け入れる場所がなくなっている（仕組みのうえで）ことを示すものであり、妻としては進退窮まるわけである。令の「義解」は単に「窮《くるし》めざるをいふ」というが、後で述べるように、思想的来源たる『春秋公羊伝』には「窮せるを窮《くるし》めざるをいふ」とある。「窮せるを」というのは進退窮まったことをいう。そこで、婚姻がそもそも共同体の営みであるからには、妻として受け入れた側が一族に引き取らざるを得ないのであろうと思われる。

次に「主婚」の問題である。右に婚姻につき「法上の責任も負う」と述べておいたが、律の条文を見てみよう。

嫁娶、律に違はば祖父母・父母・外祖父母・父母、主婚たるとき、独り主婚を坐《つみ》す（戸婚律、嫁娶違律の条、逸文）

さまざまの婚姻規定に違反した不法な婚姻は主婚だけ罪にし、本人は刑罰を受けない。もっとも、前記以外の親族の尊・長が主婚たるとき、その主婚は「首」（犯）で、本人は「従」（犯）となり「首」（犯）より一等減じた刑を受ける。またその婚姻がもっぱら本人の意思から発したのなら、本人が「首」で主婚は「従」

となる。

このように、主婚は婚姻の当事者であり、かつ主催者でもあり、婚姻なる行為に本人の意思は働かないのが原則である。この主婚の存在を見ると、婚姻が共同体の行為であることはますますはっきりするであろう。

七出三不去もこの婚姻の原則をもとに考えなければならないことはいうまでもない。そこでもう少し考えを進めてみよう。

「七出三不去」が取り入れた宗法の原理

「三不去」を見れば、妻は夫に運命を握られているということが現実的にはあるにしても、より原理的にいえば「宗族共同体」に運命を握られていると理解すべきであることがわかる。それが証拠に、「三不去」があれば、夫の意思いかんにかかわらず妻を離別することはできない。宗族共同体の利益が優先するわけで、また「主婚」の存在も同じ原理を示している。そうすると、「七出」の部分もまたこの原理の上に立つと考えなければならない。

ところで「七出三不去」は中国の「令」(戸令)からきたことは間違いない。唐令(逸文)では具体的に条文を確認できるが、それ以前のものは法条文そのものが失われており、具体的な条文を指摘することはできない。しかし、少なくとも漢代以来引き継がれた制度と考えて間違いはない。

この制度の淵源は『春秋公羊伝』にあり、漢の何休の注があるが、その関係するところを引用しよう。

婦人、七棄・五不娶・三不去あり。嘗て三年の喪［↓親の喪］を更たるは去らず、恩［↓妻から受け

た」を忘れざるためなり。賤にして貴を娶るは去らず、徳［↓妻の］に背かざるためなり。受く所ある
も帰する所なきは去らず、窮せるを窮《くるし》めざるためなり。

このように、まず「三不去」のことを述べ、続いて「五不娶」「七棄」へと記述を進めている。このうち「七棄」は「七出」に該当する。「五不娶」は令制では制度化されなかった。右の「三不去」の記述の中の「賤にして貴を娶るは去らず、徳に背かざる」というのは令制と少し違っているが、『大戴礼』では、

前に貧賤、後に富貴は去らず

という。妻個人と夫個人との関係で考えられないことは先に述べたとおりであって、恩といい、徳というのも共同体のルール、すなわち礼制に従ったうえでのことである。その礼制は婚姻を個人間の行為とは考えていない。

『公羊伝』注は右の文章の後に「七棄」について述べ、

淫泆は棄つ、類を乱すためなり。

という。類とは族類のことで、夫に対する背信行為ではなく、一族の秩序に対する問題としてとらえられている。また、

嫉妬は棄つ、家を乱すためなり。
悪疾は棄つ、宗廟に奉可《つかう》からざるためなり。

という。いずれも家とか宗廟とかを掲げるのであり、共同体に対する不都合が理由であることははっきりしている。唐令のよって立つ根拠はこれである。

中国の場合に、一族の共同体というのはもちろん「宗族」のことであり、それは「宗法」（礼制の一つ）に基づく秩序立った集団である。唐代の宗族制度は、基本的に『春秋』やその他の「経書」に記された制度を踏襲し、発達させ、精緻な礼制と法制度とを立てたのであるが、日本にはそのような基礎は当時ないし、日本の古来の婚姻制度は宗法とは違う。だから、法制度でも宗法の原理はとうてい受け入れることができなかったのだが、「七出と三不去」は右のように取り入れている。共同体の秩序という共通点を重視したのであって、『春秋公羊伝』の思想を我がものとしたわけでは決してない。それは、学令によると『春秋公羊伝』が学習の内容からわざわざ外されていることからもわかる。新秩序を立てるために制度の外形をまず取り入れた姿に当時の苦心の跡を見るべきであろう。

《追記》
原載『あすか古京』誌五六・五七号（一九九五・九六年）。（二〇一四年九月記）

十干十二支・十二生肖と「暦」

「暦」の成立

キトラ古墳東壁で新たに十二生肖の一つ（寅？）の像が発見されて大きな話題となっていることは周知のとおりである。もちろん、墳墓の周囲の内外に何らかのかたちで十二生肖の像を巡らすのは、中国や韓国に見られるし、我が国でも聖武天皇皇太子の那富山墓の線刻や隼人石などがそうだとされている。

ちなみに「生肖」という語は、十二支（後述）を象徴させる十二種類の動物（神格化されている）のことであるが、「肖」は「類也」「像也」「似也」などと注される言葉で「肖像」の肖もその意である。「生肖」だけでも、十二生肖のことを意味することがある。

はじめに十干や十二支に関連して、「暦」その他について簡単ながら整理しておこうと思う。十干十二支の根本には太古の「時の動き」の数え方や、そこから派生し発達するさまざまな思想や文明の歴史の展開の姿を見ることが必要だからである。

まず十干も十二支もともに「時の動き」を計るために生じたもので、当然「暦」と関連する。

「暦（こよみ）」は天体の運行を計り、日や季節やのちには時令を定める法という意味である。また、日や季節や時令を記録したもの、記録した書を意味するが、かかる法とか書ができるのは社会がかなり発達して農耕社会になってからだと考えられている。中国ではもっとも古い文献（たとえば『尚書』堯典）にすでに発達した暦法が見られる。紀元前二〇〇〇年前後のころである。しかし、原始の姿ではない。ではそこまで進歩する経過はどう考えられているかというと、一般的な理解は次のようなものである。

狩猟時代の人間生活は、飢えれば狩るといった具合で、太陽が昇ると活動し、太陽が沈むと眠る。この段階では昼夜の繰り返し（一日）の存在を意識していた、つまり一昼夜という時間の動きを知っていたぐらいであろう。

次に牧畜時代が始まるが、牧畜となると人間が動物を管理しなければならず、動物の成長・繁殖・死亡のリズムは一昼夜よりはるかに長いわけだから記憶することが困難になる。そうすると時を計る必要が増大する。そこで「月」の単位が認識される。月の満ち欠けが指標である。月は「太陰」というが、太陽を除いて太古これほど目立った天体はなく、しかも満ち欠けのリズムがはっきりしている。「時の動き」の認識は、日から月に拡大した。

農耕時代に入ると、農作物の種蒔きや収穫など、気候と関係が深く季節の移り変わりを知る必要があり、太陽や太陰だけでなく、他の天体、すなわち夜空の星、星座の運行のリズムを認識するようになり、「年」という時の単位にたどり着く。かくて日と月と年という暦の要素が少しずつ長い時間をかけて発達してきた。

はじめは正確な数値があったわけでなく、計測することによって正確度を増していく。昼夜合わせて一日とするには計測が正確でなければならない。昼夜は季節によって長短があるからである。「一日」を計測するには「八尺表」（八尺の棒、これを「表」という）を地面に垂直に立て、それを中心に円を描いて、太陽の影を見て方角を定め、夜は北極星を見て方角を知り、昼夜一日の長さを知る。こうして太陽の運行と星の方角を見て暦のうえの一日を数えることができた。もはや昼は作業し夜は眠るというような自然のままの認識ではない。この「八尺表」は、のち一年の長さを計るのにも使われた。

八尺表を使って影の長さを計ると、だいたい三六五日で太陽が南を極め、影がもっとも長いことがわかる。四年目になると三六六日でもっとも長くなる。三六五日が三年で一〇九五日、それに三六六日を足すと合計一四六一日、これが四年だから、四で割ると、一年は三六五日と四分の一と計算できる。暦のうえの一年はこれである。のち木星が天を一周するのにほぼ一二年（弱）であることがわかり、木星の位置によって年を記録していくことが行なわれた。木星を「歳星」と呼ぶゆえんである。

ここでは詳細はともかく、だんだんと暦法が発達する様子をうかがえばよい。以上の発達の間に、十干十二支、すなわち干支や十二生肖、二十八宿、五行、天子授時といったことが挟まってくるのである。

十干十二支と六十干支法

十干十二支のことを「干支」という。十干は甲から癸までの一〇個の符号、十二支は子から亥までの一二個の符号であるが、やはりもとは日・月・年の動きを区切るために使用された記号であり、「暦」のはじめである。干支ははじめ「幹枝」というが、『後漢書』（律暦志）の劉昭の注にいう。大橈（黄帝の師）が「そこにおいて始めて甲・乙（十干の名）を作り以て日に名づく。これを『幹』という。子・丑（十二支の名）を作り以て月に名づく。これを『枝』という。枝幹相い配し（組み合わせて）以て六旬（六十日）を成す」。

少し説明すると、日の長さが認識されると、月の長さが計れるようになる。三日月の見えはじめを初日とし、二九日から三〇日たつと次の三日月が現われるが、かなり長い日数である。そこでそれを三分して一分を「旬」として区切ることを考えた。すなわち一旬一〇日で、この一〇日を示すために考えられたのが甲・乙云々という十干である。「甲・乙を作り以て日に名づく」がこれである。

「月」の問題についていえば、月の満ち欠けだけで時の動きを区切ろうとすると二九日または三〇日目で周期を繰り返す。すると一年でほぼ一二回となる。一二回を数える符号が十二支である。「子・丑を作り以て月に名づく」とあるのがこれである。

なお、十二支は、もとは一年一二ヵ月の天体現象（太陰の運行）に注目して名づけた符号であったが、この一二の繰り返しと先の十干の示す一〇の繰り返しとを組み合わせると、六〇の区切りができる。「枝幹相い配し以て六旬を成す」がこれである。この組み合わせが六十干支法である。

二十八宿法と太陰太陽暦

以上のように太陰の動きだけで一年を計るのは純粋の太陰暦であり、この周期を繰り返せば、もちろん実際の一年の中の季節とは喰い違う。季節がずれると農業に差し支えるのはいうまでもない。農業には太陽の動きを知る必要がある。すなわち太陽暦を用い季節を定めなければならない。それが「二十八宿」の法で、独特の太陽暦の法なのである。

太陰（月）の天体における位置（恒星間の位置）を知って、正確に太陽の恒星間の位置を割り出すのである。太陽の位置が割り出されたなら、農事に合する太陽暦の季節を表わすことができる。だいたいをいえば、三日月が西の空に見え始めてから天体を観測して二日行程遡ると、太陰の位置が太陽の位置になり、これを「朔《さく》」といい、毎月のはじめとする。つまり日・月が天（黄道）を一周するのに月の運行のほうが早く、日の運行は遅い。そのため、恒星間の一定のある位置に来ると日・月は同じ場所に在ることになる。これが「朔」で日月は「合朔」することになるわけである。三日月から二日遡る日で、朔とは遡るとの意である。先の『後漢書』（律暦志）は、「日月あいうつるに、日はゆるやかに月は早く、日月同所にあたる。これを合朔と言う」といっている。月初めをこの朔にとるわけである。

月が恒星に対して黄道を一周するのは二八日弱（二七・三日）であるから、天を二八の不等な部分に分けて、それぞれの特徴的な星座を観測して二八の月の宿《やど》とした。観測しやすいようにするためである。すなわち二十八宿の成立であり、これにより月の天体間の位置がはっきりする。同時に太陽の位置もはっきりする。東方に角・亢など七宿、南方に斗・牛など七宿、西方に圭・婁など七宿、北方に井・鬼など七宿があてられている。そのうえで閏月を置いて調整し、正確な季節、太陽暦に従う暦が定まった。

いったい、月の運行と太陽の運行とは別々のものであるが、農業社会に入ると、季節を知るため、どうしても太陽の運行を知らねばならず、本来別々のものを一つにした暦が生まれたのであって、これを「太陰太陽暦」という。一般に旧暦とか陰暦とかいうのは、すなわちこの「太陰太陽暦」である。

当初、単に時を計る符号であったものが、二十八宿法などで「暦」が精密になるとともに、陰陽、五行、十二生肖、天子授時など古代中国の思想が入ってきて干支に付会されて吉凶を占ったり、政治を考えたりするようになるのである。仏教と結びつく場面もある。なお、干支は殷代には存在していた。二十八宿法は周の初めには存在しており、『周髀算経』という本にこの計算法が記してある。

「五行」思想

十干や十二支や二十八宿は「暦」として発達したものであるが、春秋戦国に入るとさまざまな思想が発達してきて、干支や星にかかわりをもつことになる。その一つに「五行」思想がある。五行とは木・金・火・水・土あるいは木・火・土・金・水（順序にはそれぞれ考え方がある）なるもので、天地間のあらゆる事物、人間のあらゆる行為は、有形無形に論なく、すべてこの五行の影響を受けないものはないと考え、したがって万事すべて五行に分類、付属させた。これを五行に「配当」するという。

五行に配当された事物はさまざまであるが、十干を五行に配当すれば、すなわち甲・乙を木に、丙・丁を火に、壬・癸を水にとる。甲は木の兄、すなわち日本では「きのえ」、乙は木の弟、すなわち「きのと」、壬・癸ならば「みずのえ」「みずのと」などという。

ちなみに五行に配当された他の例のうち、高松塚やキトラ古墳の壁画との関係であげれば、色に五行を配当して、青を木、赤を火、白を金、黒を水、黄を土、また方位に配当して、東を木、南を火、西を金、北を水、中央を土とする。これだけ知れば、壁画古墳に四神を描くとき、東壁の竜を何故青色に彩色しなければならないかがわかる。鳥・虎・玄武の色もわかる。他の色では駄目である。北京の故宮博物院（旧紫禁城）の屋根瓦が何故黄色なのかもわかる。中央の色は黄色、世界の中央に居る天子の色は黄色であらねばならない。「あきかぜ」を「金風」と表記し、東宮を春宮ということなども同じ原理から来る。

睡虎地秦墓竹簡に現われる十二支

十二支ももとは「暦」のうえの符号であったが、先にも述べたとおり、のちの思想の影響を受けてさまざまの意味が付会される。十二支に一二種の動物にあてる（子・丑・寅などを鼠・牛・虎などに）といったことも、単なる符号から、のちにある意味をもたせようとしたことにほかならない。

十二支にあてられた、一定の一二種の動物を「十二生肖」という。別の呼び名があるので混乱しないようにするため、類似の名称を整頓しておく。

「十二相属」「十二肖」「十二属」「十二獣」はすべて「十二生肖」である。

「十二神」「十二時（辰）神」は生肖ではない。『後漢書』（礼儀志）では「十二獣」と「十二神」とが同時に「大儺《たいな》」の行事に出てきて、別物であることがはっきりする。

「十二神将」は仏典にある護法の神将でもともと生肖ではないが、のち十二生肖の考えを取り入れている。それを形で見ようとすれば、東大寺蔵・十二神将立像（元天皇殿安置。平安期）がきわめて鮮明である。

これらの呼び名はよほどはっきりしておかないと内容が混乱する。たとえば墳墓の生肖を説明して「十二支神将」などという用語（?）を使うと、読み手に仏典との混同を引き起こさせ、事柄の理解に支障をきたすことは明らかである。また「十二神」と混同すると、生肖出現の経過や「大儺」の理解に支障をきたす。

ところで、中国では少なくとも殷代には十干十二支で日や年を表わしていたことは、甲骨文で確認できるが、十二支に動物をあてたのはいつかはっきりしない。一九七五年に湖北省雲夢県睡虎地の秦墓から発見された竹簡に「子、鼠也」云々の記述があることから、十二生肖の源流が秦以前にあると考えられているようである。

しかし、秦代の竹簡を見ると、漢代以降の十二生肖のように、十二支に配属され、駆疫辟邪の力のある神格化された獣類を記録したとは見えない。

睡虎地秦墓竹簡に少しふれると、千数百点の竹簡の内容は一〇種類に分類（整理小組による）され、法律が主たる内容であるが、なかに「日書」と標記された一群の簡がある。その一つの簡を見ると、子は鼠、丑は牛、寅は虎、卯は兎、辰はあてず、巳は蟲、午は鹿、未は馬、申は環（猿）、酉は水（雉）、戌は老羊、亥は豕にあてている（環を猿に、水を雉にあてるのは、整理小組による）。他の一簡には、子は女、丑は鼠、寅は罔、卯は会衆、辰は樹、巳は翼、午は室の四隣、未は痺、申は石、酉は巫、戌は就、亥は死必三人などという記録がある。しかも問題はその後に付した文にある。一例だけあげると「丑、鼠也。其後必有病者三人」といった類である。これを見れば、内容は十二支の各符号の日（？）に関連する、何かの占いの記録が残存しているのかもしれない。（『睡虎地秦墓竹簡』〈睡虎地墓竹簡整理小組編、文物出版社、一九九〇年〉に図版・釈文・注釈があり、参照した。竹簡上の文字は篆文である。今後さらに研究を深める必要があろう。「日書」なるグループについては、十二支につき、南方楚国の暦法だと指摘している）

十二生肖の成立

だが十二生肖の源流の一つをただちにこの秦簡に求めるのは難しい。子は鼠というように、十二支に固定した生肖があてられたことがはっきりするのはやはり漢代である。王充（後漢初期の人）の『論衡』（物勢）という書物によると、「五行の気、相い賊害す、含血の蟲（人・動物）相い勝服すという。その験、いずくに在りや。曰く、寅は木なり、その禽は虎なり。戌は土なり、その禽は犬なり。丑・未も又土なり。丑の禽は牛なり。未の禽は羊なり。木は土に勝つ、故に犬と牛羊は虎に服するところなり。亥は水、その禽は豕なり。巳は火なり、その禽は蛇なり。子も又水なり、その禽は鼠なり。午も又火なり、その禽は馬なり。水は火に勝つ、故に豕は蛇を食らい、火は水に害はる、故に馬は鼠の尿を食らい、腹張る」云々とある。これに後続する文に王充の批判が述べられている。

木は土に勝つとか、水は火に勝つとかは五行についての考え方の一つで、五行のそれぞれの気は、互いに反撥し合うとする。右の『論衡』の言葉では「五行の気、相い賊害す」であり、これを「五行相剋説」という。この説の五行の順序は、水・火・金・木・土である。これに対してもう一つの考え方は「五行相生説」で、ものの成立の順序を考えて、その順序を木・火・土・金・水とするのである。右の『論衡』の引用はまず相剋説を述べた部分で、省略した後続の文は相剋説の説明の矛盾を衝いている。後続の文を参考すると、どの説であれ、この十二支に配属した動物がすでに一定していることがわかる。

『論衡』のいう一二種の動物を整頓すると、次のようになる。

子は水で鼠。丑も水で牛。寅は木で虎。卯も木で兎。（辰はふれず）巳は火で蛇。午は火で馬。未は土で羊。
申は金で猿。酉も金で鶏。戌は土で犬。亥は水で豕。

そして一二種の動物を今度は五行に配当し、理論（当時の）を組み立てていることもわかる。こうなれば動物は一定せざるを得ず、「十二生肖」がはっきり存在したことになる。

次に、十二生肖がどのような姿でどのような場所に現われたかについて述べてみよう。すなわち『後漢書』（礼儀志）である。曰く、「臘に先だつ一日大儺す、これを逐疫という。其の儀は……方相氏、黄金の四目に熊皮を蒙り、玄衣朱裳、戈を執り盾を揚ぐ。十二獣は衣、毛角有り。中黄門これを行い、穴従僕射これを将い、以て悪鬼を禁中より逐う……。是に於いて中黄門唱え侲子和し『甲作、凶を食らい……（甲作ほか鬼を食らう十二神の名を挙ぐ）凡そ十二神悪凶を追い、女《なんじ》の躯を赫し、女の幹を拉ぎ、女の肉を節解し、女の肺腸を抽かん。女急ぎ去らずんば後に糧とせん』と。因って方相と十二獣と舞を作す。歓呼し……。百官官府各々木面獣を以て人師を儺い訖り……」と。

ここに現われる十二獣は十二生肖であるが、まず大儺の儀式の行列に方相氏（『周礼』以来の祓の神）とともに異装し、仮面（木面獣）を着け、舞をする。駆疫辟邪の役割を果たしたこと明らかである。我が国の追儺《ついな》にも方相氏が見える。

前述の『後漢書』（礼儀志）の記述を見るかぎり、後世の墳墓に辟邪の生肖の像が刻まれたり描かれたりするのは、死者を邪悪な侵入者から守る意味だと、ひとまず理解できる。

ところで『後漢書』（礼儀志）に記述されているのは朝廷の公式行事である。これは礼制上の儀式として行なわれた。通常いったん礼制として確立されたからには後代にも長く引き継がれるものである。事実「大儺」そのものは歴朝引き継がれる。ちなみに唐『開元礼』（軍礼）に「大儺」の儀が詳細に記述されている。『後漢書』の記述と比べると、所役や持ち物の違いがあるのは時代の変化があるから当然といえるが、祭祀の趣旨は同じで、行事もよく似ている。方相氏も漢代と同じ扮装で現われ、十二神を呼んで悪鬼を脅すのも同じである。

しかし十二獣が欠落している。唐の前の隋も同様である。隋の前の北斉の大儺には十二獣はたしかに存在し、儀式はほぼ『後漢書』と同じである。何らかの理由で隋・唐は改正したのである。しかし、墳墓の中の十二獣（生肖）がむしろ隋・唐に盛んのように見えるのは何故か。

改正の理由とともに、陰陽家の説や十二生肖そのものに対する信仰についても、さらに研究することはたくさんある。

《追記》

原載『あすか古京』誌六五〜六八号（二〇〇二〜〇四年）。（二〇一四年九月記）

徐福伝説

徐福は秦の始皇帝が不老長寿を求めて東海の蓬萊山に派遣したという仙人である。そして、よく知られた伝説では、徐福がたどり着いたのが日本の熊野であった、という。また、富士山、熱田、筑紫というのもある。そこで由来を尋ねて少し文献を見ようと考えるが、すべての根本は『史記』にある。

(1)『史記』巻六始皇本紀、二十八年

「(徐福)等、上書して言ふ、『海中に三神山有り。名づけて蓬萊・方丈・瀛《えい》州と曰ふ。僊《せん》(仙)人これに居る。請ふ、斎戒して童男女と与に之を求むることを得ん』と。是に於いて徐市《ふつ》(徐福)を遣はして童男女数千人を発し海に入りて僊《せん》人を求めしむ」

◎徐市《ふつ》の「市《ふつ》」が「福《ふく》」に転化した(「市《ふつ》」は「巾」の部一画で、「市《し》」は「巾の部」二画)。その音が『史記会注考証』に「市は乃《すなは》ち古の『韍《ふつ》』の字なり、漢の時未だ飜切有らず、但《およ》そ、声相近き字を以て其の下に注せり。後人、市《ふつ》を読みて市廛《してん》(市中の商店)の市に作る。故に福を疑いて別名と為す」とあるが、要するに漢字の音の表記がまだ工夫されていない時代は類似の音をもつ別の漢字で示すことがあった。本来の「韍《ふつ》」を「市《ふつ》」に表記したのがこれだ。のちの人が誤って「市《し》」に読んで、そこから徐市と徐福とは別人かと疑った、というわけである。

(2)『史記』(1)の注として「正義」引く『括地志』

「亶《せん》洲は東海中に在り。秦の始皇、徐福をして童男女を将いて海に入り、仙人を求め使む。止《とど》まりて此の洲に在り、数万家を共にす。今に至り洲上の人、会稽に至り市易する者有り。呉人の『外国図』云ふ『亶洲は琅邪を去ること万里なり』」

◎「蓬莱山」は古く『山海経』(海内北経)、また『史記』封禅書にも見える。◎琅邪は山東省諸城県東南にある地名。春秋の斉の国。始皇、ここに琅邪台を建てる。

これによると徐福は東海中の亶《せん》洲という島(不明)に行き、住み着いたという。

(3)『史記』巻一一八淮南衡山列伝

「昔、秦は先王の道を絶ち、……(始皇暴政のこと)……。又、徐福をして海に入って神異の物を求めしむ。(徐福は)還って偽辞を為して曰く「臣、海中の大神を見る。言いて曰く『汝は西皇の使邪《か》』と。臣答へて曰く『然り』と。(大神)『汝、何をか求むる』と。(徐福)曰く『願くば延年益寿の薬を請はん』。神曰く『汝が秦王、礼薄し。観るを得れども取るを得ず』と。即ち臣を従へて東南して蓬莱山に至り、芝成(霊芝)の宮闕を見る。使者あり、銅色にして龍形、光《ひかり》上って天を照らす。是に於いて臣再拝して問ふて曰く『宜しく何の資(財貨)、以て(海神に)献ずべきや』と。海神曰く『令名の男子(良家の男子)、若しくは振女(善童女)と百工の事とを以てせば即ち之を得ん』と。秦皇帝大いに説《よろこ》び振男女(善童男女)三千人を遣し、五穀の種、百工の事を資とし行かしむ。徐福、平原広沢を得、止まり王となりて来らず。是に於いて百姓悲痛し……」

　これによると徐福が始皇帝の命令で、延命益寿の仙薬を求め、いったん帰還して復命したが、その内容は海神に連れられて蓬萊山へ行ってきたという「偽辞」（作り話）であった。しかし始皇帝は喜んで徐福に童男童女三〇〇〇人、百工などを付属せしめ、出発させたが、結局帰らず、何処へ行ったのかもわからない。「平原広沢を得、止まり王となりて来らず」である。平原広沢では見当がつきかねる。ただ王になったことは『括地志』には見えない。

『史記』の記述は以上である。後世の徐福についての説話がほとんど『史記』から出ていることがわかる。

(4)『漢書』巻二五上郊祀志上（(1)の『史記』で徐福が示したという「三神山」につき、『史記正義』はこの郊祀志を引用している）

「威、宣（斉の威王、宣王）燕昭（燕の昭王）自り、人をして海に入り蓬萊・方丈・瀛州を求めしむ。此の三神山なる者、其れ渤海中に在り、人を去ること遠からずと伝ふ。蓋し嘗て至る者有り、諸僊（仙）人及び不死の薬皆焉に在り、其の物、禽獣尽く白、而して黄金銀もて宮闕と為す（という）。未だ至らずして之を望むに雲の如く、到るに及べば三神山、反《かえ》って水下に居り、水之に臨む。患《くるし》んで且《まさ》に至らんとすれば則ち風輒《たちま》ち船を引いて去る。終に能く至ること莫《な》し。世主、甘心せざる莫し焉」

内容は(3)といわば五十歩百歩だが、事実が少し違う。すなわち始皇帝以前に斉の威王（在位、前三五六〜三二〇年）や燕の昭王（在位、前三一一～二七九年）のときの人が蓬莱山などに派遣されている。また場所は渤海中でそんなに遠くないとする。

(5)『後漢書』方術列伝巻八二下（甘始・東郭延年・封君達列伝）注に引く（魏）曹植『弁道論』

「甘始者……。故に粗ぼ其の巨怪者を挙ぐ。（甘）始、若し秦の始皇、漢の武帝に遭はば、則ち徐市（徐福）、欒大《らんだい》（漢の武帝のときの方士）の徒を復さん」

『後漢書』本文は「甘始・東郭延年・封君達の三人者、皆方士なり。率ね能く容成〈黄帝の史官、暦を作る〉の婦人を御する術を行ふ。或は小便を飲み……。凡そ此の数人、皆百余歳より二百歳に及ぶ也」とあり、右はその下の注である。曹植の『弁道論』を引くことから、魏の時代にも徐福の名は広く知られていたのであろう。

以上は徐福に関する基本文献で、内容は荒唐無稽だが、荒唐無稽な話があったという事実が述べられているのであって、徐福という神仙自体は実在したであろう。

後世の伝説などは、これにさまざま付会されたものと考えられる。付会される要素はいろいろある。徐福は斉の国（山東で東海に面している）の人であること、東海、蓬莱山、仙人などの条件は、とくに日本での不思議な話が生まれるのに事欠かない。

次に日本の文献のうち四つをあげる。

(6)(原漢文)……。見林(松下)亦曰ふ。日本は神国なり。徐福曰く「海中大神」能く日本風を言ふに似たり。又推古天皇、隋帝に上る書(日本書紀、推古十六年)に曰く「東の天皇敬んで西の皇帝に白す」と。西の皇帝とは　蓋し「西皇」の語に本ずく也。(『異称日本伝』。(3)の『史記』淮南衡山列伝参照)

(7)(原漢文)……。相伝ふ。紀伊国熊野山下、飛鳥の地に徐福の墳有り。又曰く、熊野新宮東南に蓬莱山有り、山に徐福の祠有り。近、沙門絶海、明に入り太祖皇帝召見し、日本国を指し、顧みて(絶)海の邦の遺跡を問ふ。勅して熊野の詩を賦せしむ。(絶)海の詩に曰く「熊野峯前徐福祠　満山薬草雨余肥　只今海上波平穏　万里好風須早帰」。御製有り、和を賜ひて曰く「熊野峯高血食祠　松根琥珀也応肥　昔時徐福求仙薬　直到如今意不帰」。『蕉堅藁』(絶海禅師文集、続群書類従にあり)に見ゆ。所謂徐福祠者は、蓬莱山の祠を謂ふ也。此の祠、熊野大権現に属す。……(『異称日本伝』。ただし、絶海の明の太祖とのやりとりは、中国文献では検出できない)

(8)(原漢文)七十二年(孝霊天皇)秦人徐福来る。(注)或云ふ、徐福、童男女千人を率いて三墳五典を齎して来聘す。福、薬を求めて得ず、遂に留りて帰らず。或云ふ、富士山に止まる。或云ふ、熊野山に徐福の祠有り。(『国史略』。『歴史鎮西要略』にも孝霊七十二年とあり)

(9)少しは古く物に見えたるハ『蕉堅藁』のみなり。……されど異国にてしらぬ国の事をかたるなればいかやうの寓言をもいはるべし……。(本居宣長『かはらよもぎ』)

絶海禅師は室町時代に生きた人で、明には応永元〜十二年（一三九四〜一四〇五）まで訪れている。宣長は絶海のでたらめと手厳しい。

いったい、伝説が史実と違う、ということがあっても、伝説にはそれ相応の時代の大きな変化・背景があるし、また伝説には史実とはまったく別領域の問題・意味（その時代人の意識）があるわけで、奥深い内容とそれに伴う研究領域がある。頭から見向きもしないという態度ならば、やはり広い意味での歴史を矮小化することになろう。

《追記》

原載『あすか古京』誌六九・七〇号（二〇〇五・〇六年）。（二〇一四年九月記）

祓いの話

「祓」の太古の姿

「祓」は今でも「お祓い」といって、何かにつけ、一般に広く行なわれていることは周知のことであるが、その起源の古さはおそらく太古縄文時代に遡るであろうし、その重さは神祇信仰の根本にかかわる。「祓」の研究は、私の場合は律令格式を足がかりとするほかないが、本質に迫るためにはその他、歴史学・考古学・文学・語学・民俗学・神話学など多方面の分野からの追跡が必要と思われる。

それはさておき、古代の「祓」は古事記・日本書紀・風土記・万葉集等々にはもちろん記載があるが、具体的に制度的な姿を見ようとすれば律令で、なかでも「神祇令」と「延喜式」は基本資料である。この律令制下でもっとも大がかりな「祓」といえば六月と十二月の晦日に行なわれる「大祓」である。ただ、律令は八世紀に成立しており、七世紀の姿も示しているといってもよいが、「祓」はもっとはるか太古から行なわれている。当然、律令などの文献史料では過去に遡ったとしても限界がある。しかし、これから述べようとする「大祓」については「延喜式」に残された「六月晦日大祓」の祝詞に太古の姿を垣間見る要素が残されている。

この「祝詞」はもともと宣命体（天皇の命令の形）で書かれたものを「祝詞式」に入れた（法律とした）もの

であって、その文中にはるか太古の姿を存していると考えられる部分がある。それをここで示さねばならないが、原文はかなり長文であるので、以下に省略して大意を紹介する。傍線は筆者による。

ここに集まった文武百官皆聞け。朝廷に仕えるあらゆる人たちが過ちを犯したさまざまの「罪」を今年の六月の晦に「大祓」を行なって「祓い清める」趣旨を慎んで承れと宣す。高天原（たかまがはら）に居られる皇祖（かむみおや）の神（天皇の祖先神）の命令で八百万（やおよろず）の神々を招集し、会議を開いた。皇祖神は「私の親しい皇孫（すめみま）よ、『豊葦原（とよあしはら）の瑞穂（みずほ）の国』（水が豊かで立派な稲の実る国。日本国）を無事に統治せよ」と委託した。このように委託した後、帰順しない神々から草の葉に至るまで静かにさせたうえで、皇孫をして高天原の「磐座（いわくら）」（御神座）を離れ、雲を押し分けて、下界に降ろさせ給うた。このようにして国の中央である「大倭日高見之国（おおやまとひたかみのくに）」に皇孫の壮大な宮殿を建てて国を統一したが、人民がだんだんと増加するうちにいろいろの「罪（つみ）」（「罪穢（つみけがれ）」と連用することが多い）が出てきた。

「天津罪（あまつつみ）」として、

「畔放。溝埋。樋放。頻蒔。串刺。生剥。逆剥。屎戸」

「国津罪（くにつつみ）」として、

などたくさんの罪と、

「生膚断。死膚断。白人。胡久美。己母犯罪。己子犯罪。母与子犯罪。子与母犯罪。畜犯罪。昆虫乃災。高津神乃災。高津島災。畜仆志蠱物罪」

など。

このようにたくさんの「罪」が出てきたので、「天津宮事」(神代よりの先例)に従って、大中臣(祭祀を与る特別の氏族)が「金木(かなき)」(自然のままの小枝)の両端を切り、供物台に載せ、「菅曽(すがそ)」も両端を切り、細かく裂いて、「天津祝詞乃太祝詞事(あまつのりとのふとのりとごと)」(高天原から受け継いだ祝詞)を唱えよ。そうすれば天津神も国津神も聞き届けてくださるであろう。神が聞き届けてくだされば、天皇の朝廷をはじめ国中の「罪」を「祓い清める」ことができ、「罪」はそれぞれの神々が処理して「根国(ねのくに)」へ追いやってしまい、「根国」の神が最後の処理をしてくださるであろう。このようにすれば、朝廷をはじめ国中の「罪」はなくなるであろう。

このように読み上げる「祝詞」がすべてのところに聞こえるように、今年今月の「大祓」に皆集まるように宣言する。また全国の「卜部」(祭祀を扱う特別の集団、「中臣」が統括する)は川の岸辺に「祓」の道具を持ち出して「罪」を「祓」い清めよ。

以上が大意である。

天津罪と国津罪

「大祓」の「祝詞」には「天津罪」「国津罪」が列挙されており、「祓」の内容、祓い除くべき対象が「罪」であることが述べられている。いってみれば祓いの目的たる「罪」が列挙されている。そこで列挙された「罪」の一応の説明をしておこう。人によってさまざまな見解があるが、いわば古典的な解釈(次田潤『祝詞新講』）を主に示しておく（他に岩波古典文学大系『古事記祝詞』武田祐吉頭注参照）。

「天津罪（あまつつみ）」は、
畔放（あはなち）。畔を毀し水を放つ。また（武田氏）暴風の災害。

溝埋（みぞうめ）。田の溝を埋めて水が通らぬようにする。また（武田氏）暴風の災害。

樋放（ひはなち）。日常堰き止めてある田の溝の板を外す。また（武田氏）暴風の災害。

頻蒔（しきまき）。種を蒔いた上にさらに種を蒔いて成長を妨げる。また（武田氏）人の犯す罪。

串刺（くしざし）。田に串を埋め込み足に突き刺さるようにする。また（武田氏）田の横領。

生剝（いけはぎ）。生きたまま獣の皮を剝ぐ。また（武田氏）暴風の災害。

逆剝（さかはぎ）。獣の尾から剝ぐ。もがく獣を無理に剝ぐ。また（武田氏）暴風の災害。

屎戸（くそへ）。神聖な場所を屎で汚す。また（武田氏）暴風の災害。

「国津罪（くにつつみ）」は、
生膚断（いけはだたち）。皮膚を傷つけ血を流し、穢れに触れる。

死膚断（しにはだたち）。死体を傷つけ、死体の穢れに触れる。

白人（しろひと）。皮膚病。

胡久美（こくみ）。こぶ。

己の母を犯す罪。破倫。

己の子を犯す罪。破倫。

母と子と犯せる罪。母と通じ、のちその母の子と通じる。
子と母と犯せる罪。子と通じ、のちその母と通じる。
畜を犯す罪。獣姦。
昆虫（はふむし）の災。害虫の災。
高津神（たかつかみ）の災。雷などの災難。（概念に時代の変遷ある如し）
高津島（たかつしま）の災。鳥による災難。（概念に時代の変遷ある如し）
畜仆（けものたおし）蠱物（まじもの）せる罪。畜仆は相手の家畜を呪い殺す。蠱物（まじもの）というが、まじものは呪詛（「禁厭之法—神代紀—」まじないやむるのり）、呪術である。

詳しい説明は省略するが、以上が大祓祝詞に見える払うべき「つみ」（日本古代の語）の概略である。これを見ると、「罪」と漢字表現しても自然災害や病気などがあって、我々が意識する「犯罪」とは違っていることがわかる。社会、人間生活にとって、悪いこと、あってほしくないことをいうのであって、単なる犯罪よりも広い概念をもつ。本居宣長は、諸々の悪しきことを云う、又人の悪行だけでなくすべてにくむべき凶事（アシキコト）を皆「つみ」という、としている。

なお、古事記中巻、仲哀天皇の条下の「種々求生剥・逆剥・阿離・溝埋・屎戸・上通下通婚・馬婚・牛婚・鶏婚之罪類、為國之大祓而」は、大祓祝詞の「罪」と同類の「つみ」が存在したことを示す。

さて、罪の内容は天津罪と国津罪に分けられている。天津罪は須佐之男命《すさのおのみこと》が天照大神に対して犯した罪、国津罪はこの世で起こる罪であるとの本居宣長の説をはじめ、さまざまの説があるが、天と地の二つに分ける基準がはっきりしない。

罪一般を天と地に分けるのは一種の二元論である。だいたいこの世の現象を天と地に分けたり陰と陽に分けたりして説明するのは中国起源の古代の理論で、神を天神と地祇に分けるのもそうである。しかし、日本では分ける根拠はもともとなく、後代に考え方が整頓されて、神祇の制度に反映されたといえる。神祇令義解に神を天神と地祇に分け、例をあげているが、それでもわからない。強いていえば、天津罪の須佐之男命関係の罪は農耕社会と密接につながっている。国津罪は男女秩序と病気と自然災害とにかかわり、農耕社会以前に遡る可能性があり、刑罰の起源に関連して深い興味を引き起こすものである。

かくて、大祓祝詞によると、祓の実行の際、「天津宮事」（神代よりの先例）に従い「天津祝詞乃太祝詞事」を唱える。太祝詞は呪文で中臣の所作は呪術である。だいたい大祓いの祭事自体が呪術の神事である。

祓の呪文

「つみ（罪）」を犯せば「祓」という結果を生む。結果とは犯人に対し「千坐置座（ちくらのおきくら）」に用意させる祓物（贖罪の品物）と「犯人」を最後は根の国に追いやる（追放）ことである。この贖と追放との二つは、私の専攻分野からすると、原始社会の刑罰の発生として普遍的に見られる現象であり、刑罰の本性から見て興味の尽きないところであるが、これは次項に少しふれることにする。

「天津祝詞乃太祝詞事」は呪術であると述べたが、延喜祝詞式（東文武忌寸部献横刀時咒）には祝詞に先立って唱えられる呪文が採録されている。なかに出てくる皇天上帝、三極大君、日月星辰、八方諸神、司命司籍、左東王父、右西王母などの諸神や、終句の「請除禍災、捧以精治万歳万歳万歳」といった文言を見ればすぐに道教からくる「呪」であることがわかる。だからかなり後世のものであり、我が国固有の「呪」の文言ではない。固有の呪としては、『年中行事秘抄』に鎮魂祭に唱えられるものとしてあげられている呪文は純粋に日本語の文章である。『令集解』にもその一部の記録がある。「一二三四五六七八九十云而布瑠部由良々々止布瑠部。如此為之者死人反生矣（ヒトフタミヨイツムナナヤココノタリヤと云ひて振るへゆらゆらと振るへ。此のごとく為せば死人もまた生く矣）」がそれで、道教が入って初めて呪文が生まれたわけではない。

これら呪文は時と場合によってさまざまの言葉があったであろうし、方法もさまざまであったと思われる。発掘された人型の木簡、諸種の呪符木簡、形代《かたしろ》などは呪術の道具であろう。職員令、宮内省典楽寮に見える呪禁師、呪禁博士、呪禁生などは国家が呪力の効用を重んじていたからにほかならない。

公私の「祓除」

祓いをして凶事から逃れることを「解除」という。「祓除」も同じである。神祇令に「読祓詞訖、百官男女、聚集祓所、中臣宣祓詞、卜部為解除」とか、「詔曰、四方大解除、用物則国別国造輸、祓柱馬一匹」云々（日本書紀、天武天皇五年八月）とか、「歯田根命、以馬八匹大刀八口、祓除罪過」（日本書紀、雄略天皇十三年三月）とあるのを見ればわかる。自分で自分を祓うことを「みそぎ」という。凶事や困難が身にふりかかるのは、心身に「つみ」があると信じることからくるので神祇に対して供物して贖罪もする。万葉集から例を拾うと、次のようなものがある。文中の（ ）内は原文。

○君により　言《こと》の繁《しげ》きを　故郷《ふるさと》の明日香の川に　みそぎ（潔身）しに行く（巻四、六二六）

○真葛延《まくずは》ふ　春日の山は……しのふ草　はらへ（解除）てましを　行く水に　みそぎ（潔）てましを　大君の命かしこみ……（巻六、九四八）

○玉くせの　清き河原に　みそぎ（身祓）して　斎《いは》ふ命も　妹《いも》がためこそ（巻一一、二四〇三）

○なかとみ（奈加等美）のふとのりとごと（敷刀能里等其等）　いひはらへ（伊比波良倍）贖ふ命も　誰ためにに汝《なれ》（巻一七、四〇三一）

「祓・解除・祓除・みそぎ」などのかたちを整頓すると、二通りある。一は公的な「祓除」で、これには公事として衆人に対して行なう場合と、刑罰として一個人に科す場合とがある。二は私的な「祓除」で、これには強制的に科す場合と、自らが自発的に行なう場合とがある。これらは律令が公布されてからは、法律上の狭い意味の刑罰についてのみは律が機能することになるが、「祓」は「凶事」という日常的・一般的な出来事に対応しているため、決して衰えることはなかった。

付言すると、祭祀の前に祭祀参加者が潔斎することがある。潔斎も「祓」であるが、律令の制定後、国家的祭祀には潔斎が制度化され、散斎とか致斎といわれる。大祀に一ヵ月、中祀に三日、小祀に一日とする。散斎のうちもっとも厳重なものを致斎という。大祀では散斎一ヵ月、致斎三日である。散斎の期間中は禁忌があり、喪を弔う、病を見舞う、肉を食する、死刑判決をしない、笞杖の刑を執行しない、音楽を奏でない、穢悪と思われることに触れない、などである。散斎、致斎という中国の祭祀に伴う潔斎の表現を用いても、神祇祭祀の本質が変わったわけではない。

「祓い」と刑罰の関係

「凶事（まがごと）」は「つみ」であるが、「つみ」を犯せばどうなるかというと、「祓い」が行なわれる。祓いをして凶事から逃れることを「解除」という。「凶事」や困難が我が身にふりかかるのは、心身の「つみ」があると信じることからくるので神祇に対して供物して贖罪もする。

須佐之男命の高天原での乱暴の結果は、今でいう「刑罰」を科し、白和幣《にぎて》、青和幣《にぎて》で「解除」（古訓、はらへ）をしたうえで、追放した。ここで「祓い」と刑罰の関係が出てくる。

では、「刑罰」とは何かというと、日本書紀、神代上に見える須佐之男命の追放関係記事の中から関係語句と古訓とを見ると、罪過（つみ）、千座置戸（ちくらのおきど）、贖（あがふ）、祓具（はらへつもの）、神逐（かむやらひ）、逐之（はらふ）、爪を剝がす、などである。神逐（かむやらひ）と逐之（はらふ）は同じ追放刑だが、これもやはり「はらい」（日本古代の語）である。刑罰的な「祓い」は、平和な社会から悪人を排除するから「はらふ」である。結局もろもろの凶事（つみ）を取り除くことにほかならない。

また、この中に見える贖と、追放とは、刑罰の原始の姿を示している（小島祐馬「中国における刑罰の起源について」『古代中国研究』筑摩書房、一九六八年）のだが、中国でも原始的部族社会で類似の現象がある。日本の原始社会を考えるよい例なので、中国での刑罰の発生状況に少しふれてみよう。

いったい、原始部族社会の時代では、病気を除いて、日常生活を破壊するものに大きくいえば三つの要因が考えられる。一つは気候ほか自然界の異常がある。結果、人が死んだり、狩りができなくて食料が得られなくなったりする。これらは天災だが、そのときは祖先の霊に祈り保護を求める。二つは他部族との関係で、襲撃したり、復讐したりする、戦争である。戦争は殺し合いになるが、殺す行為はのちの刑罰の発生の要因になる。もっとも原始の時代では、戦争と刑とは分化していない。三つは部族内部での秩序破壊である。放置すれば部族が崩壊する。部族は破壊者を何らかの方法で排除・制裁しなければならない。それが贖と追放である。ここで扱う問題は、この部族内の制裁である。

贖罪は神（祖霊）に対する贖で、犯罪そのものを贖い、後世のように刑罰を贖うものではない。その際、財物（たとえば狩の獲物）の徴収が伴い、祖霊に捧げる。

次に追放に移る。『尚書』舜典では「共工を幽州に流し、驩兜を崇山に放ち、三苗を三危に竄し、鯀を羽山に殛す。四罪して天下みな服す」、『春秋左氏伝』荘公十八年では「衛公入り、公子黔牟を周に放ち、寧跪を秦に放つ」などとある。起源の古さを示すもので、ここに見える「放」「竄」「殛」はすべて部族からの追放である。追放されたら一人で原野をさまようことになり、狩りは困難になり、気候の寒暖・変化に対応できなくなり、動物の襲撃にも対応できなくなる。さりとて他部族は受け入れるはずもない。要するに死を意味する。

『周礼』秋官に蜡氏《そ》（死人および動物の骨肉腐臭を除去）、雍氏《よう》（水害の除去）、庶氏《しょ》（蠱を利用して人を病気にするものを除去）、穴氏《けつ》（虫獣を除去）、柞氏《さく》（草木林麓を攻める）、庭氏《てい》（国中の夭鳥を除去）、赤犮氏《せきはつ》（屋内にかくれた虫を除去）、蔟氏《ぞく》（夭鳥の巣を覆す）などの記録があり、これらの職務には「除悪の義」とか「禁戒の義」とかがある旨の鄭玄の注が見える。

『周礼』秋官は国家の刑罰を司る官を記録していて、その属官に右のような職務をもつ官を付属させていることに意味がある。蜡氏などの職務の「除悪の義」という太古の「悪」の内容が、もはや法律上の刑罰の対象にならない後の時代に『周礼』は編纂されたのであるが、一見不思議な職務をもつ官を刑罰を司る「秋官」に配属しているのは古体を存したからにほかならない。

すぐに気がつくことは蜡氏以下の官の職務が、前記した大祓祝詞の中の「国津罪」中の昆虫の災（害虫）、高津神の災（天然現象）、高津島の災（怪鳥）、畜仆（呪術）、蠱（呪詛）の類に驚くほど類似していることである。かかる類似の内容を見ると原始の世界の共通性に基づく希少な記録が日中双方に残存したと考えられる。

《追記》

原載『あすか古京』誌七一～七四号（二〇〇六～〇七年）。（二〇一四年九月記）

網干善教先生を悼む

私と網干善教先生（高松塚古墳の発掘に携わった考古学者。二〇〇六年七月二十九日没）との思い出の始めと終わりを述べて追悼に代える。

昭和四十七年（一九七二）二月、法学部の同僚の高橋三知雄君（民法学、当時助教授）がきっかけを作って明日香村豊浦寺で「くがたち」の話をしたことがある。そのとき以来、網干先生との研究者としての付き合いが始まった。それから一ヵ月後の三月二十一日に高松塚の発掘があって日本中が大騒ぎになった。発掘から数日後、高橋君と相談して一緒に網干先生の見舞いに出向いたが、発掘以来、先生は不眠不休であったためか、ある病院に沈没していた。

こんなときに押しかけたのには理由が二つあった。一つは古墳の天体描写が全天に及ぶようだと聞いたことが原因で、ある論理的仮定があって、もしかすると天皇陵ではないかと疑った。万一そうだったら、天皇陵をアバいて、あげく、遺骨まで掘り出したということになる。そこで、考古学とかの学問とは関係のないことで、不測の危険があるかもしれぬ、と思った。それを高橋君に伝えたら、彼もこの心配に同意見で、見舞いということで一緒に押しかけよう、早いほうがよい、となった。二つ目は土産として中国の『大清会典』（清朝の法典集）の中の「会典図百巻」の一部である天文図を参考に供するためであった。この天文図は、星宿の天体上の位置の数値が示されており、南宋の「淳祐天文図」よりはるかに精密なものである。比較の基準には恰好と考えた。もっとも、急なことで私の手許に「淳祐天文図」がなかったこともある。

全天星図ということからいろいろ引っ掛かって、入院中の病人の病気など、すっかり忘れてしまっていた。網干先生も、寝ていると病室の天井に星座が見えるような気がする、と言っていた。古墳として、当時としては予想外のものが出てきたので、やはり興奮されていたのであろう。帰り道、ふと気がついて高橋君と二人で「病気見舞いに行って、病気のこと何も聞かなんだなあ」と言って大笑いしたことを覚えている。

以上が網干先生と私との付き合いの最初のころの話である。その後、調査も進み、網干、有坂隆道、高橋の各先生と私とは、壁画が作られた意図・背景について、また四神、星座、分野思想、大化薄葬令について、何度も話し合ったことを思い出す。そのときの一応の成果は『高松塚論批判』（創元社、一九七四年十一月）としてまとめられた。

近年、網干先生と話し合ったのはキトラ古墳昭和五十八年（一九八三）調査の十二支像である。私の意見は、会報（「飛鳥古京を守る会」会誌）六五号から六八号に分けて掲載された「十干十二支・十二生肖と暦」（本書一三四頁所収）にまとめた。このときの討議の雰囲気は『高松塚論批判』のころを思い出す懐かしいやりとりであった。私とのやりとりは、当然中国が主になるが、網干先生が中国の研究者でも扱うことが困難な中国思想を終始追い求めたのは、壁画の語る思想を、想像ではなしに考古学的に根拠を示して証明しようとした態度にほかならない。これは末永雅雄先生の学風でもある。

今年（二〇〇六年）の七月初めに入院中の病院から自分で電話をかけてきて、「頼みたいことがある」というのですぐ病院へ行ったところ、遺著になってしまった『壁画古墳の研究』（学生社、二〇〇六年十月）の校正の依頼であった。しかも、文脈を含めてチェックしてほしいということであった。私は考古学者でないから、この依頼に当然疑問と戸惑いを抱いたが、悲しいことにとても押し問答する病状ではなかったので、「わかった」とだけ言って、初校ゲラを預かった。私に依頼するのはよくよくのことと察したからでもあるが、病魔と闘う一学者の執念は衝撃的でもあり、どういうわけか、一方でもの悲しさを覚えた。もの悲しさが何かは今も説明がつかない。

それが七月六日のことで、私は網干先生の死を予感し、不安を感じて急ぎに急いで校訂したが、内容に複雑なところもあって結局初校を持参できたのは七月二十五日、死の四日前であった。先生の状態は明らかによくなっておらず、暗澹たる気持ちであった。そのときはかろうじて「そこに置いといて」とだけ言って眠ってしまった。これが私の聞いた網干先生の最後の言葉になった。

今『高松塚論批判』の共著者四人のうち、高橋、有坂のお二人はすでに亡くなり、網干先生までどこかへ行ってしまい、私だけ残されてしまった。高松塚自体も当初の姿は死んでしまい、網干先生も高松塚壁画とともに幽明の境を越えて行った。明日香の地を愛し、また壁画古墳に学問的情熱を燃やし続けた一人の学者を悼んで、惜別の言葉に代える。（以上は二〇〇六年十月二十日「守る会」秋の現地講座で恒例の夜の講演会の時間を利用して惜別の情を述べたものの抄出である）

《追記》
原載『あすか古京』誌七二号（二〇〇九年）。（二〇一四年九月記）

惜別　飛鳥古京を守る会

昨（二〇〇九年）秋十一月八、九、十日に行なわれた「飛鳥古京を守る会」最後の秋の現地講座の夜の部で、本会活動停止が決まった後の状況を報告し、また、概括的所感とともに「守る会」の特徴を述べ、収束やむなしになったことにつき、会員のご理解を願った。もっとも私は会の代表ではないが、年長者ということで話した。以下、そのときのメモに従い、またわずかに説明不足を補った。

「飛鳥古京を守る会」の特徴を見てみよう。むろん明日香を「守る」のが趣旨の会であるが、「会」そのものの特徴を要約すると次のようになる。

「会員」は明日香が好きというだけではなくて、研究熱心、知的欲望旺盛で、「守る会」の活動を通じて、万葉や古墳や古代の歴史から何かを得たい、という真摯な願望をもって参加している人たちばかりである。また期せずして会員の居住する日本各地で明日香の宣伝隊にもなっていた。

「講師陣」はこの会員の願望に応えるべく、かなり高度な解説・論説の史料を準備し、限られた時間でできるだけ多くのことを会員に伝えようとして現地講座などに臨んできた。

「事務局」は明日香村の人々である。近年の署名活動もその一つだが、「守る会」事務局は企画を担当し、心血を注いで日常運営や現地講座を支えてきた。

この「会員」「講師陣」「事務局」は本会特有の一体感と信頼感とを生み出した。かような姿を創立以来四〇年にわたって続けて、「守る会」に一種の「風格」を醸成してきたが、これは簡単に生まれるものではない。中に込められた「こころ」がある。

むろん、かかる特徴をもった「守る会」をいつまでも継続したい思いは誰しも同じだが、しかし会員の減少、高齢化は現実の問題としてある。また、社会状況の背景もある。我々を取り巻く社会的環境は効率主義、即物主義にあふれ、同時に文化的環境の変化もいかんともしがたいものがある。

村の人士と末永先生らによって築き上げられた創立以来のこのような本会特有の姿を維持したままで、今回区切りをつけ、活動を停止し、記録に残し、有終の美とし、収束をはかることになった。これが私の理解である。

この決断がなければ、「守る会」はいつのまにか、なし崩し的に消滅して、四〇年来果たしてきた「守る会」の独特の功績も、会員の心も、跡形もなく明日香から消え去ると思われる。

《追記》

原載『あすか古京』誌八〇号（終刊号、二〇一〇年）。（二〇一四年九月記）

第四章　新律綱領と明律

本章で扱うのは法の比較の問題である。『新律綱領』は、旧幕藩体制を倒して間もない明治三年（一八七〇）に頒布された。まだ近代法に転換しておらず、新政権の権力機構もなお不安定な時期であった。それでも、明治十五年（一八八二）のいわゆる「旧刑法」の施行に至るまで、維新の大転換の時期に治安維持の根本法として示された意義は大きい。ただ、やはり法典として見れば、過渡期の法であり、法体系上多くの不備があることを免れない。

『新律綱領』は一見すると中国・明律の姿（唐律という人もあるが）を示しているように見える。当時の人も明律の影響下にあると意識していた（註1）。だが、明律の影響を受けたのだ、との一言ですまされない内容をもっている。もし、この一言ですませば『新律綱領』の評価は中国律を写し取っただけ、ということになり、この程度の安直な法認識で作られたのであれば、過渡期の法にもならない。過渡期の法はそれなりに過去の清算と未来への変化を予感させる性質がある。『新律綱領』はその点よく考えられた変革期の実践に徹した法であった。

今、律の原理を、あるいは唐律と日本律、あるいは明律と日本律、あるいは唐律と明律の相違を原理の比較という観点で検討し、『新律綱領』の法的性格を法史の中に位置づけ、評価してみよう。その方法を法の原理を比較することに求めた。

本論の部

前　言

本章は、標題どおり『新律綱領』と「明律」との比較研究が主たる内容である。何故明律なのかというと、明治十三年（一八八〇）「元老院会議筆記」（註1）の中では、『新律綱領』は「全く明清律の精神を根拠」にしており、時代に不都合だから、速やかに欧州の法に基づく刑法をつくるべし、と主張していて、当時『新律綱領』は「明清律の精神」に基づくと広く認識されていたと考えられる。だから、『新律綱領』と「明律」（原理上「清律」も同じ）を比較の材料としてみようと考えたのである。もっぱら「法の比較」という学術上の関心からであって、新しい刑法制定の急務を説いた当時の議案提出者の主張そのものとは別の問題が筆者の出発点となった。「元老院会議筆記」はその一つの契機であって、法の比較は筆者にとって自身の研究のための避けて通れぬ重要関心事であった。

本章の目的は法典を成り立たせる原理あるいは原則のいくつかを比較の要素として取り上げ、比較するそれぞれの法典（『新律綱領』は法典とは言いがたいが）の特性を探ることにある。

もっとも、一般に「比較」といっても、比較の分野、対象、方法などはあらゆる場所で現われ、千差万別の内容とその方法があろう。ここでは『新律綱領』と「明律」との「法を支える原則や原理」の違いをはっきりさせようとする。これを仮に「原理の比較」とでもいっておくことにする。

そこで「第一節　序論――基本的原理の比較」では、日本古代律令と中国隋唐律令を取り上げ、原理の比較という観点から何が認識できるかを述べたうえで、本題たる第二節以下第五節までの『新律綱領』と「明律」との比較の参考に資したいと思う。むろん本章はいわゆる古代法の検討ではない。だが、比較研究の手法をいえば『新律綱領』の場合も古代律令の場合も同じ「原理の比較」である。そのことによって彼我の法の特徴について、よりはっきりしたかたちで理解を深めることになろうことを期待したものである。

なお、本文に続いて「註の部」を設けた。その中の註の表示を註1などのようにゴシック体にして罫線で囲んだものは、やや長文の旧中国法関係の註であり、これなくしては、本文叙述が進まない性質の記述である。本文叙述が日本古代律令法や『新律綱領』を軸に進められているため、これら中国法関係の註文を本文中に叙述すれば、本文の文脈がかえって複雑になることを恐れたためで、やむを得ない形式となった。

一般的な意味の註で、意味の重いものは**註1**のように罫線で囲まない註記として「註の部」に入れ、ごく短文ですむものは本文内に（　）で挿入している。

第一節　序論――基本的原理の比較

（1）日本律令が中国律令と原理・原則を同じくするもの

日本古代律令は中国隋・唐の律令と関係が深いが、次に例示する律令法の比較の諸要素は明・清の法にまで維持された原理を含むから、本論の理解にも役立つとも考えた。

まず、古代日中双方の「律令」につき、例示的に次のような四項目をあげることができ、そこから特徴を探ることにする。

①法の二大分類基準

法規を刑罰法規と非刑罰法との二つに分類する考え方は『晋書』刑法志に成立の経緯が示されていて、「令」の違反は「律」で罰せられる法律上の仕組みとなっている。「晋律・令」（泰始三年〈二六七〉）が律二〇編、令四〇巻と類別して法規を立て、法典としてまとめていることをみると、この考え方が成文法上晋律令に採用されていたことはほぼ間違いない。史上初めて体系をもった法規の全体の仕組みが生まれたわけで、この分類基準は清朝末まで継続し、変わることはなかった（註2）。

法史のうえでの問題点は、この分類のもとではあらゆる不法行為がすべて律による刑罰（五刑。後述）に帰着することになるから、その結果、我々のいう民事の法（個人の権利の法）やその体系が旧中国ではついに生まれる余地がなかった遠因を作ったことである。むろん、公法と私法という区別も考えていない。いわば現在の我々とは別の法の世界を展開した根元といえる考え方である。

たとえば、債権債務の関係（今の民事関係）では、契約書どおりに債務を期日までに返済しなければ、律では返済しなかった行為を悪として、財物の量と違反した日数によってそれぞれのレベルで律の刑罰の適用を受ける。返さなかった財物は持ち主に返還させられ（雑律「負債違契不償」の条）、自力救済は許されない（雑律「負債強牽掣畜産」〈中華書局本「負債強牽財物」に作る〉の条）。債権者が債権という権利の発動として債務者に返還請求して返還させるのではない。まず公権力が取り上げるのである。

②律総則篇（名例律）の設置

もともとは「魏律十八篇」（魏の明帝在位時〈二二六〜二三九年〉）冒頭に「刑名律」を置き、「五刑」（『晋書』刑法志は「五刑」と称して七種をあげている）なる刑名を定めたことに始まる。魏律の後の「晋律二十篇」（二六七年）は冒頭の「刑名」と「法例」の二編が総則の機能をもったと思われ、このかたちは編名からして以後主として南朝に引き継がれたが、「北斉律十二篇」（五六四年）は篇首に初めて「名例」を置いた。「名例」は「刑名」「法例」を合わせたものであろう。「北斉律」は南北朝を通して律の編目を一二に分類するという当時としては特異な編目構成をもつが、これが「隋・開皇律十二巻」（六〇七年）、「唐・武徳律十二巻」（七一五年）に引き継がれる。以後、一二の編目構成は明朝の洪武二十二年（一三八九）律に「名例」以下七篇とする大変化（後述「第三節　編目構成の比較」）まで継承されるが、総則たる「名例」を置くことは一貫して変わらない。総則の設置は成文法規の解釈に基準を与え、体系的法典（律）の構造の大原則となった。

③刑名としての「五刑」の採用

刑罰を五種に分けて「五刑」と表現する淵源は古いが、魏律以降、成文法上「五刑」の定着がある。法史上の意味は、成文法上、刑罰を五種類に限定したことにある。皇帝はともかく、官の組織は法に反して「五刑」以外の刑種を科すことはできなくなる。

そもそも「経書」（『書経』）に「五刑」となる刑が提示されていることが「五刑」なる刑罰体系の原理とみ

なされていて、「五刑」の内容には時代による変化があっても、明清律まで法典上はかたくなに「五刑」の刑名を継承した。以上の問題は後述「第四節　刑名の比較――『五刑』と『閏刑』」を見られたい（註3）。

④「罪刑法定主義」規定の採用

唐の断獄律に今でいえば「罪刑法定主義」を規定した条文がある。「断罪皆須具引律令格式正文。違者笞三十（罪を断ずるに、皆すべからくつぶさに律令格式の正文を引くべし。違うものは笞三十）」云々とある一条がそれであり、後世清朝まで引き継がれた。犯罪行為に対し判決して科刑するには成文法に明記された条文にその根拠を求めなければならない。本条には官が判決文に律令の「正文」を引用しなかった場合に科せられる刑罰が定められている。

本条文の構成要件たる「断罪皆須具引律令格式正文」との禁制は律令の「獄官令」（唐令は逸したが日本養老獄令にも存在し、唐令の存在を推定できる）に制度として現われている。律はそれを受けたのである。日本養老令によると、官は判決に律令の「正文」に依拠せよ（「諸司断事、悉依律令正文」云々）、その場合主典（いわば事務官）は事情を検出するだけで刑罰の与奪をいってはならない、という趣旨である。

一方で行政（裁判も同じ行政の一環）の運用上、「文書」がなければ何事も動かない仕組み（「公文書主義」と名づけた。註4参照）をもっている制度のもとで、判決文は「文書」にし、科刑の根拠として適用条文を明示せねばならず、もし適用条文がなければ罪を問うことができない。ただ、この条件では、犯罪事実が確定すれば自動的に刑罰が決まり、量刑について裁判官の裁量は許されない。しかし、まぎれもなく「法律なければ犯罪も刑罰もない」ことになる。以上の件も「第五節　『罪刑法定主義』の比較」で説明する。

ヨーロッパ近代の法の罪刑法定主義の原理と「断罪引律令」の原理とは、その成立過程からして異質なのだが、「断罪引律令」がまぎれもなく律上の罪刑法定主義といえることには違いない（註４）。

以上、例示として隋唐律令の構造上の四つの基本原則、法の二大分類基準、名例律の設置、五刑の採用、罪刑法定主義をあげたが、これらの原則は律令法体系にとって欠くべからざる要素であって、すべて日本律令にも導入されている。これを見れば、我が国の律令が隋唐の法を「体系」として導入しようとしたことは明らかである。さらにこれら諸原則は四つとも「清律例」の体系まで継承された旧中国法上の大原則である。

しかし、我が国古代律令では、法を支える前提の部分で隋唐の法を導入しなかったものがある。

（２）日本律令と中国律令が原理・原則を異にするもの

①中国の「宗法」は受け入れていないこと

「宗法」は、隋唐律令のみならず、先秦時代から旧中国の法・制度が成り立つ前提として存在するもので、隋唐律令も例外ではなく、「宗法」を前提とし、「宗法」を維持し、「宗法」を反映した秩序の体系を作り上げようとしている。だが日本律令の背景に「宗法」はない。

ここは「宗法」自体を詳論する場所ではないが、「宗法」とは同一祖先から生まれ出た男系の血族集団たる「宗」を規制するさまざまのルールの総体であり、じつに中国社会の根底に存在する秩序の体系を示している。たとえば「宗」の発生の根元たる婚姻について、同姓（同姓は同祖とみなされる）の男女の婚姻は決して許さないところの「同姓不婚」（同姓の男女の婚姻を認めない）の仕組みも「宗法」の一つである。さらに

「宗」の中でも直系の高祖（五代の祖）に発する狭義の血縁関係については「五服」という制度がある。「五服」とは服喪《ふくも》（血縁の遠近で差がある）の際、その期間に合わせて着用する衣服の制度で、同時に五服内の尊卑長幼の序を可視的に表わすことになる。もともと「五服」は『儀礼』（「経書」の一）喪服編に記された「礼制」であるが、日本律令は「宗法」を受け入れなかったのだから、むろん中国風の「五服」も「同姓不婚」のルールもなく、法にも現われない。もっとも日本律令にも親族間の秩序の制度はあるが、「宗法」に立脚する諸制度はない（七出・三不去の場合は本書第三章一二六頁以降参照）。

②祭祀実行の官職組織

我が国が導入しなかった、あるいはできなかったものに祭祀関連の官職組織がある。当然ながら、祭祀の対象となるべき神霊は、それぞれ固有の信仰があるから日本と中国とではまったく違うが、祭祀を実行するための組織が必要であったこと自体は日本でも中国でも同じである。

日本令の「神祇官」制度は祭祀の実行の組織であり、一般行政職務を取り扱う「太政官」組織には組み込まれていない。いわゆる神祇官・太政官の二官並立のかたちである（養老職員令）。隋唐令では、祭祀実行の組織は一般行政職務を扱う尚書省六部のうちの「礼部」の職務に組み込まれている。つまり祭祀の職務は日本と違って一般行政職務に含まれている。統治機構上の彼我のかような違いは何処からくるのか、何か理由があるのか。この点が原理の比較にとって欠くべからざる要素となるのであって、概略にふれざるを得ない。そこで中国の尚書省礼部について見てみよう。

唐の礼部にはその職掌（祀部郎中）の中に「祠祀・亨祭」（祭祀）の項目があるが、その礼部を官職組織上のモデルとした日本の太政官「治部省」の職務内容から「祠祀・亨祭」だけは削り去られ、治部省は祭祀とは無関係になっている。かつ「祠祀・亨祭」の職務を太政官組織の外に出し、中国にはない神祇官を立て、祭祀実行の組織とした。

唐令で「祠祀・亨祭」が一般行政職たる礼部に組織されている理由の説明は簡単ではなく、ここで詳細を述べるのは難しいが、祭祀と官職組織とは旧中国特有の「祭祀と礼と官」の発達過程で見られる密接かつ根本の関係からくるのであって、祭祀と礼とは一体化された関係にあり、「礼」と「官職」も一体の関係がある。とくに中国独自の礼制と深くからむ問題である（註5）。たとえば「経書」たる『周礼』は文字どおり「礼」の典籍であるが、内容は国家行政組織法とでもいうべき制度の規定で終始している。統治の理想が制度で表現されているのである。これらの点につき、註9の説明の終わりに近いところで内藤乾吉氏の発言（『唐六典の行用について』）を引用したが、それには『唐六典』なる編纂物につき「礼と法との二事は所謂王者の端である。礼を以て法に入れ、法を以て礼に本け、二者を一致せしめることが王者の理想であるならば、六典はその形式に於いてこの理想を表そうとしている」とされて、礼と法の関係の根本が端的に述べられている。この点はとくに註9、註14を参考されれば概略理解できると思われる。

かくて、旧中国官職制度で一般行政職である礼部の職掌に祭祀を含むのは歴史的な理由があり、隋・唐もそれを受け継いでいるとしなければならない。しかし、日本にはこうした中国の「祭祀と礼と官」の関係、何より「礼制」の素地はまったくない。

中国の礼部職掌についてはさらに「礼楽」（「楽」は音楽。「礼」とだけいっても「楽」を含む場合は常にある）という項目がある（『通典』巻二三、礼部郎中条）。これも日本治部省では外されており、かろうじて式部省職掌に

「礼儀」という項目があるのみである。「礼楽」という言葉の概念はじつに儒教思想の全理念、言い換えれば、統治の理想を表現する重い言葉であって、聖人の理想の統治を一言で「礼楽の治」（「礼治」ともいう）という場合の「礼楽」も同じ表現である。一方、日本の式部に示された「礼儀」と称する用語は、作法というごとき意味で、古来「朝廷之礼儀」（『令義解』）、「朝廷礼儀之法式」（『令集解』釈説）などと注釈されている。『令集解』によると、職務内容は官僚間で遵守すべき作法などで、「礼楽」の意味ではない。日本書紀大化三年（六四七）に「此歳……定礼法。其制曰、……」と初めて「礼法」という用語が見えるが、「其制曰」以下に「礼法」の内容が示され、出勤時間などが記してあり、官の服務規律、いわば官の作法のごときもので「礼楽」と表現される内容とは異なる。「礼楽」の思想は日本古代にはない。

結局「祭祀」と「礼楽」、すなわち法を成り立たせる背景の理念が、彼我でまったく異なることから、唐令では祭祀も「礼」の一部であって、そのため祭祀の職務が一般行政職である礼部に包摂される理由があるのである。

旧中国の法を貫く基本的原理（「法の二大分類基準」「名例律の設置」「五刑の採用」「罪刑法定主義」）の日本への導入と、導入しなかった法の背後の原理（「宗法」「五服制度」「祠祀」「亨祭」「礼楽」）などを整頓すると以上のごとくである。すなわち法の原理の比較は、我が国律令と隋唐律令との違いを際だったかたちで示しており、これを見極める研究は、それぞれの国の法の理解をより深めるのに役立つと思われる。

そしてかような比較の手段は、我が国明治の『新律綱領』のような社会の激動期に生まれた法規の特性を見るのにも役立つであろうことを以下の節で試みる。

本節の最後に『新律綱領』ついて一言しておく。『新律綱領』は明治三年（一八七〇）に頒布された明治新政府の刑罰法規（中国風にいえば「律」にあたる）である。明治六年（一八七三）『改定律例』を経て明治十五年（一八八二）の刑法（旧刑法）施行までの間、たとい文字どおり「綱領」であって一個の法典として不備不十分であったとしても、近代化を目指す激動中の社会の統一と治安を維持するという、過渡期の重要な機能を担ったことになる法規である。また、この法の評価にはいろいろあっても、過渡期の法だとは誰もが認めるところである（註6）。

註1にあげた「元老院会議筆記」（明治十三年三月十五日）は、前段で『新律綱領』に対する評価、つまり法理上の欠陥（多く問題があるが）を指摘し、後段では目下刑律（『新律綱領』のこと）改正頻繁ただならず、現実には法の検出も難しいと述べ、また手続面では欧州の制に倣いながら、刑律がそのままでは妥当でないこと、さらに治外法権撤廃の必要のため、などの理由をあげ、そのゆえに新しい刑法（旧刑法）の制定が必要だと主張している。

本議案書の刑律改正を主張する趣旨は別とし、議案提出者は『新律綱領』は「明清律ノ精神ヲ根拠トシテ組織セシモノ」とか「新律綱領改定律例ハ依然トシテ支那律ノ精神ニ基ク」とか「是刑律ノミ支那の精神を存スルハ太タ允当ナラサル所以ナリ」とかの見解を示している。短い文章の中で両三度明清律を根拠に成立したといっているのだから（註1の『　』部分）、当時の認識として『新律綱領』が明清律を母法としている、あるいは背景として明清律の精神によっている、と認識していたことは明らかである。

したがって本議案書の『新律綱領』への批判は、すなわち同時に明清律に対する批判ともなっているが、ただ「明清律ノ精神」では大雑把で抽象的に過ぎるのでよくわからない。はたして「明清律の精神」に依拠しているかどうか。

第二節　頒布の形式の比較

さて、ここでは法律の頒布の形式を取り上げる。明治三年（一八七〇）十二月の『新律綱領』頒布の「上諭」には、

上諭新律綱領。

朕刑部ニ勅シテ律書ヲ改撰セシム乃チ綱領六巻ヲ奏進ス朕在廷諸臣ト議シ以テ頒布ヲ允ス内外有司其之ヲ遵守セヨ

明治三年庚午十二月

とある（註7）。ここに「頒布ヲ允ス」といい、続けて「内外有司其之ヲ遵守セヨ」とあることは、国民一般に公布したのではなく、官僚に対して開示・頒布されたことを示している。明治六年（一八七三）の『改定律例』頒布の上諭が「爾臣僚其レ之ヲ遵守セヨ」というのも同じである。従来日本大宝律や旧中国の律では、少なくとも基本の法典は人民に公布しているのであって、官僚にのみ周知させるのではない（公布の意図なく官僚にのみ頒布する命令はもちろんあるが）。今、いくつかの例をあげておく。

【明律】洪武三十年（一三九七）「御製大明律序」

「……、作大誥以昭示民間使知所趨避、又有年矣。……編写成書、刊佈中外、使臣民知所遵守」

【清律】乾隆五年（一七四〇）「御製大清律例序」（すなわち『欽定大清律例』序）

「……、頒行大清律例、……。親定大清律集解、刊示中外、……、頒布宇内、用照畫一之守。……、監成憲以布於下民、敢有弗欽。……」

【日本律】大宝二年（七〇二）『続日本紀』巻二

「二月戊戌朔、始頒新律於天下」（大宝律）

「十月戊申、頒下律令于天下諸国」

【唐律】『唐会要』巻三九

「武徳元年……、至七年（六二四）三月二十九日成、詔頒于天下、……」（「武徳律令」）

「永徽二年（六二五）閏九月十四日、新刪定律令格式、……、頒于天下。遂分格為両部、曹司常務者為留司格、天下所共者為散頒格。散頒格下州県、留司格本司行用」（「永徽律令格式」）

『唐大詔令集』（巻八二）には詔勅そのものを記録しており、武徳律令「頒新律令詔」には「宜下四方」とあり、右掲の「永徽律令格式」の公布の詔勅「頒行新律詔」には、法の公布につき「宜頒下普天」とも見えている。その他、法典が立てられる都度「可頒示普天、使知朕意」とか「宜早宣布」「可頒告天下」などといっており、一般人民に広く知らせることを詔勅で明示している。むろん個々の人民が知っていたかどうか、読めるかどうかなど事実上の問題をここで取り上げているのではない。明清律も同様であること右掲のとおりである。

ところが『新律綱領』はいわゆる公布をせず、官僚に頒布するにとどめている。その理由は記録されていないからわからないが、公布するかしないかという頒布の形式からすると、恒久的な法典として人民に公布する意図ははじめからなかったと考えざるを得ない。

『新律綱領』を撰定するといった歴史的な重責を背負った立法者が、日本律、そして明清律についても、重要な法は公布されてきたことを知らなかった可能性は低い（あまりに初歩的なことに属するから）。『新律綱領』が、なお体系的な法典でないこともあったかもしれない。維新の政治的大転換によって、もはや幕府の法に依拠することは原則上あり得ず、統治の権力、法定立の権限が朝廷にあることを示さねばならず、同時に当面緊急の問題として秩序維持の基準を示すことが喫緊の大事であって、本格的法典を公布し全国的に施行する準備ができていなかったともいえる。

しかし人民への公布でなくても、『新律綱領』はこの「上諭」によって、法令制定の権限がもはや徳川将軍にはなく、天皇にあることを法規のうえで初めて鮮明にしたことには変わりない。また、全官僚に開示したことは、幕府の法たる「公事方御定書」が三奉行以外他見無用とされていたこととは異なる。これも三奉行以外の役人や、もっと下級までも知っていたという事実上の問題を取り上げているのではない。法のありようの問題である。幕藩体制下の法意識をもっていた当時の役人にとっては、驚くべき変化であったろう。

付記すると、『新律綱領』頒布の前に太政官（刑法官）から『仮刑律』（一八六八年、明治改元直後）が出されている。『仮刑律』はほとんど機能しなかったようだが、いかにも蒼惶の際の法規で、法典としては体をなしていない（註8）。また法規の主要部分は喫緊の治安維持にあり、その点は『新律綱領』と共通する。

第三節　編目構成の比較

ここで律の編目構成自体を比較の要素としたのは、編目構成が当該の法典の「法理」に実質的に関係することはもちろん、その法典の法史の中での評価、位置づけを知る手掛かりを与えてくれるからである。そこで、旧中国の律の編目構成を例にとって、編目構成を重視する根拠を説明しよう。これは本来本文で述べる性質であるが、やや長くなるので、本文叙述の煩雑さを恐れてやむを得ず註9にゆだねて、編目構成を比較の要素とした根拠を論じることにした。註9では重点が唐律から明律への大変化の質を述べることとなるが、編目構成が内容を知る重要な手掛かりになる例である（なお、唐律から明律への変化は中国法史学上の重要課題の一つである）。

まず、編目構成関係の資料をあげる。

【新律綱領】（一四編、計一九二条。附、「図」）

「図」。

①名例律上下（四〇条）　②職制律（一五条）　③戸婚律（一一条）　④賊盗律（二二条）　⑤人命律上下（二六条）　⑥闘殴律（一四条）　⑦罵詈律（五条）　⑧訴訟律（八条）　⑨受贓律（一〇条）　⑩詐偽律（九条）　⑪犯姦律（五条）　⑫雑犯律（一〇条）　⑬捕亡律（六条）　⑭断獄律（一一条）

◎④賊盗律以下⑭断獄律まで、明律⑥刑律の子目と排列、名称ともに同じ。

【日本律】（逸文。国史大系『律』、附、名例律裏書・名例律勘物・律逸文）

◎編目構成は唐律と同じ（国史大系本、巻頭「律目録」による）。

【唐律】（『故唐律疏議』による。一二編、三〇巻、計五〇二条）

①名例律（五七条）②衛禁律（三三条）③職制律（五九条）④戸婚律（四六条）⑤廐庫律（二八条）⑥擅興律（二四条）⑦賊盗律（五四条）⑧闘訟律（六〇条）⑨詐偽律（二七条）⑩雑律（六二条）⑪捕亡律（一八条）⑫断獄律（三四条）

◎「図」（当初なし。元刻本『故唐律疏議』の各編別に「図」が附された）

【明律】（洪武三十年〈一三九七〉律による。七編、三〇巻、計四六〇条。附、「図」および「問刑条例」。また、七編の構成は洪武二十二年〈一三八九〉律に始まる）

①名例律（四七条）②吏律（三三条）③戸律（九五条）④礼律（二六条）⑤兵律（七五条）⑥刑律（一七一条）⑦工律（一三条）。

「図」（洪武二十二年律当初より存す）。

◎右各編の子目は次のとおり。

①「名例」子目（なし）

②「吏律」子目「職制、公式」

③「戸律」子目「戸役、田宅、婚姻、倉庫、課程、銭債、市廛」

④「礼律」子目「祭祀、儀制」

⑤「兵律」子目「宮衛、軍政、関津、廐牧、郵駅」

⑥「刑律」子目「賊盗、人命、闘殴、罵詈、訴訟、受臓、詐偽、犯姦、雑犯、捕亡、断獄」

⑦「工律」子目「営造、河防」

◎右⑥刑律の子目は、『新律綱領』の④賊盗律以下⑭断獄律までと同じ排列、名称である。

【清律】（七編、編目構成は明律と同じ。計四三六条。乾隆五年〈一七四〇〉『欽定大清律例』附「図」「総類」）

「図」。

①名例律（四六条）②吏律（二八条）③戸律（八二条）④礼律（二六条）⑤兵律（七一条）⑥刑律（一七〇条）⑦工律（一三条）。

◎右各編の子目は明律と同じ。

右のように、『新律綱領』と中国の律の編目構成を比較してみると、『新律綱領』は一見して奇妙な編目構成であることがわかる。まず編目構成は一四編で、唐律のような一二編でもないし、明律のような七編でもない。『新律綱領』の編纂過程では明律を参考にしたといわれるが、編名は立てるが子目は立てない。また『新律綱領』は日本律、したがって唐律の編名を一部使用しているところがある。たとえば、明律の「吏律」の子目たる「職制」を唐律と同一の編名「職制律」としたうえで、子目ではなしに一編を立て、「戸婚律」は名称が唐律の編名と同じで、明律「戸律」と同じではない、等々である。

これらのことから、法典の編目の立て方（編目構成）だけを見ると、明律のみではなく、編成のうえからは日本養老律（もしくは唐律）との混合のような姿も現われている。さらに『新律綱領』の④賊盗律以下⑭断獄律までは、明律⑥「刑律」の子目を、名称も順序もそのまま子目ではなしにそれぞれの編として立てており、明律中の「刑律」部分を主体に全体を編成していることがわかる。

そもそも唐律から明律への大変化により両律では律に対する考え方がまるで違うのに（註9）、唐・明律の二つが入り混じったごとき編目構成の姿を見ると、編章を立てた意図を察することが難しい。『新律綱領』は、新時代の統治の理想を示す法の策定を構想し、法体系として示したと見ることも難しい。

もし意図が見えるとすれば、明律のうち主として「刑律」を採用し、それが『新律綱領』の中心的内容になっていることに着目しなければならない。明律のうちの「刑律」に偏重した姿は明らかに律全体の構成から見てバランスを欠いている。国家統治の根本が「刑律」の内容だけで済むわけがないからである。すなわち編目構成のかたちからは、体系のないまま目前の治安維持を極端に重視した法である、と見るほかない。

唐律や明律の場合は、両者を比較してみれば意図はおのずと見える。註9で説明したように、唐律は「一に礼に準ず」とされ、礼制の秩序維持が第一であり、明律は六部に合わせたかたちの仮に「一に六部に準ず」とでもいえる体系を立て、実践的で行政権力の強大化の側面を強く表わしたのであって、天子を頂点とする明朝の中央集権体制の格段の強化と無関係ではない（註10）。

これらのことから、法典の編目の立て方のかたちだけを見ても、『新律綱領』は実質的に明律の「刑律」に偏重しているため、国家全体の秩序の体系的法典と見るには無理がある。といって、日本養老律体系（もしくは唐律体系に）に回帰しようとしたのかというと、そういうはっきりした意図を示すこともない。

第四節　刑名の比較——「五刑」と「閏刑」

『新律綱領』は名例律（律総則）冒頭「五刑」の条で笞、杖、徒、流、死の「五刑」を規定した。刑罰の種類を五種類に分けること自体は中国文献上「経書」（五種あり「五経」ともいう。「四書五経」などという「五経」である。『易経』『書経』『詩経』『礼』〈『周礼』『儀礼』『礼記』の三種〉『春秋』〈『左氏伝』『公羊伝』『穀梁伝』の三種〉、合わせて九つの「経」からなる）に遡るが、成文法上、内容として笞、杖、徒、流、死の五種となるのは隋律以後である。『新律綱領』は、かような旧中国の伝統的な刑罰を持ち込んだように見える。だが、旧中国律の「五刑」は刑罰を五種に限定し、あらゆる不法行為の結果を「五刑」に帰着させる。『新律綱領』の刑罰が中国の「五刑」と違うのは、士族に対する刑罰として「五刑」の他に「閏刑五」なる一項目を立て、「五刑」以外の刑種が示されていることにある。『新律綱領』の条文は次のとおりである。

閏刑五
凡士族罪ヲ犯シ本罪笞刑ニ該ル者ハ謹慎ニ処シ、杖刑ニ該ル者ハ閉門ニ処シ、徒刑ニ該ル者ハ禁錮ニ処シ、流刑ニ該ル者ハ辺戍ニ処シ、死刑ニ該ル者ハ自裁ニ処ス。若シ賊盗及ヒ賭博等ノ罪ヲ犯シ廉恥ヲ破ルコト甚シキ者笞杖ニ該ルハ廃シテ庶人ト為スニ止メ、徒以上ハ仍ホ本刑ヲ加フ。罪科未タ定ラサル者ハ監倉ニ入レ庶人ト別異ス。卒モ亦之ニ準ス。（名例、「閏刑五」の条。句読点は筆者が変更）

些細なことであるが、閏刑の閏の字は、閏年、閏月などというように、もとは暦学上の術語で「余分の月」という意味である（『説文』一上、「閏、余分之月、五歳再閏也」云々）。「正閏」などと使う場合は正統と正統でないものを意味する。だが、余分な刑種とか、正統でない刑種とか、法文自らがいうことはあり得ない道理である。だから、やはり法文上「五刑」に入らない刑罰を称して「閏刑」と名づけたのであろう。『新律綱領』独自の用語である。中国の律では少なくとも唐律以来、清律に至るまで法文上「閏刑」は存在しない。日本養老律は残巻で完本ではないにしても、法体系のうえから閏刑は存在しなかったと断言できる。

閏の字の意味はともかく、問題は刑罰の体系として「五刑」の他に「閏刑」という刑種を立てたことにある。右の「閏刑」の条文は、たしかに「本罪笞刑ニ該ル者ハ」などと「五刑」に引き当ててはいるが、これは閏刑各種の軽重のランク付けの基準を規定しているまでのことであって、「閏刑」は「五刑」に吸収できない刑罰である。閏刑は閏刑であって「五刑」とは別に一項目を名例律に立てたのに変わりはない。

もし、士族に対し刑の軽減を期待する主旨なら、明清律にも一定の身分をもつ人（官僚ほか）の犯罪に対して「五刑」をそのまま適用しない規定、「応議者犯罪」「職官有犯罪」「軍官有犯」「文武官犯公罪」「文武官犯私罪」「応議者之父祖有犯」「軍官軍人犯罪免徒流」などの各条文があり、贖を科すことも含め、いずれも五刑を軽減した刑罰を規定する。これらはすべていったん五刑に引き当てており、そこから刑を軽減するのであって、理論上は刑種としての「五刑」に吸収されている。右の「文武官犯私罪」の条文を例にとると、「凡文官犯私罪、笞四十以下附過還職。五十解現任別叙。杖六十降一等。七十降二等、八十降三等、九十降四等、倶解現任」云々というのは、五刑の「笞」「杖」なる刑種に当ててそれから「幾等を降」しているから、「五刑」に吸収されたうえでの特権的刑の軽減規定である。これらの軽減規定につき、明律は決して何らかの別立ての刑種を刑名として立てていない（明清の律の「五刑の外」にある刑種については後述する）。

かくて「閏刑」は、士族という日本独自の身分に対して立てた「五刑」とは別立ての刑種であることは動かせない。このことは、中国の律でいう「五刑」なる刑罰体系を崩しているのであって、中国律の根本にある「五刑」のあり方と比較すれば、考え方がまったく異なっていることがわかる。これは、『新律綱領』が

「明清律ノ精神ヲ根拠トシテ」（後述）成立したと総括する（註1）には刑罰に対する根本の認識があまりに違っているといえる。

そこで、『新律綱領』の「五刑」および「閏刑」を含む刑名の立て方と、中国律の「五刑」の立て方との違いをさらにはっきりさせるために、中国の律の「五刑」につき、一言述べておかねばならない。旧中国の刑罰法規が「五刑」なる刑罰にいかに執着したかを観察してみれば、「五刑」が旧中国の法典中に占める特殊性、原則性、思想性の重さが理解できると思われる。

五種の刑罰を「五刑」と称するのは、「経書」の一つ『書経』（『尚書』また単に『書』ともいう）「呂刑」編に見える。それによると、墨（入れ墨）、劓《ぎ》（鼻そぎ）、剕《ひ》（刖《げつ》。足斬り）、宮（男女とも生殖能力を奪う。司馬遷は宮刑を受けた）、大辟《たいへき》（死刑）の五種である。大辟を除いて「肉刑」といい、身体の形状を変えてしまう刑罰をいう。後世の笞刑や杖刑は「肉刑」とはいわない（ただし、現在の用語でいえば笞、杖は身体刑である）。

「呂刑」は周の穆王（前十世紀ごろか）時代のこととして記されているが、この古さは論外として、いくつかの理由から「呂刑」編の成立は戦国期（前四七五〜前二二一年）と考えられており（「経書」の中ではこの他『書経』の「舜典」および「皐陶謨」、『周礼』の「秋官」大司寇および司刑の条に「五刑」の語が見える）、内容もまた戦国期のころの事実を写したと考えられている。また、同じ『書経』の「舜典」には流、鞭、扑、金のことが見え、少なくとも戦国のころの刑罰は「呂刑」のいう五種だけに限られてはいないことが推定できる（註11）。さらに戦国の後の秦・漢（文帝の刑制改革〈前一六七年〉まで）両王朝に行なわれていた諸種の刑罰は先秦時代から引き継いだものが多くあり、その状況（註12）を見れば、戦国のころの刑罰は「呂刑」のいう「五刑」に限られていないと想定することができる。

これらのことから「呂刑」に見える五種の刑は、当時行なわれていたさまざまな刑の中から墨、劓など五種の刑を取り上げ、『書経』編纂時に「五刑」として整頓した表現であろう。

そこで、何故五という数に整頓したのかというと、万物の事象を五種に分ける考え方は戦国期に行なわれた騶衍《すうえん》の五行説（註13）からくるものであり、「五刑」もそれである。右にあげた「呂刑」の成立が戦国のころだとする理由の一つでもある。

右のような『書経』の成立の時期や戦国期の刑罰だといったことは史実に属する問題である。それとは別に、後世「五刑」が法典に定着したのは「経書」の思想が与えた現実への影響である。すなわち「五刑」の性質を見ようとすれば、思想の面にふれざるを得ないことになる。

とくに漢代以降、「経書」は先王（聖人。太古の王朝の創始者で、「五経」による政治を考案し人民のために諸制度を作ったとされる）の書であり、理想の統治の規範を示しているとして、尊重され、無上の価値の基準として認識されていった。そこには現実の統治のかたちを「経書」（理想）に引き寄せようとする考え方があった（註14・註15）。「五刑」もその一つであるが、国家制度を例にとると、「経書」である『周礼』は中央官庁に天官、地官、春官、夏官、秋官、冬官の六官を立てている。このかたちが後世の具体的な制度に影響を与え、唐はもちろん明清の中央官庁までが六部にまとめられているのは、『周礼』六官が理想の制度と考えるからであって、時代によって実際には無理が生ずるが、それでも六部にまとめようとしたのである。

法的編纂物にあっても明清の『会典』の編成は『唐六典』に倣い、『唐六典』はまた『周礼』に基づく、ということは註9の最後に礼制との関連で記したが、現実の官職制度を理想の制度に引き寄せ、そのことによって現在の制度自体をもって理想を表現する、といってよい。同時に現在の制度をいわば誇示することにもなろう。かたちばかりを形式的に調えるのでなくて、実際にも『周礼』を現実の国家統治の理想の規範（個人生活の規範でもある）としようとする意識があったのである。社会や政治は、現実には常に変化しているのだから、もし規範と信ずる意識がなく単なる飾り、単なる形式と考えていたなら、かような長期間『周礼』が影響をもち続けるのは不可能であろう。つまり、形式は実体を表わすが、実体が変われば形式も変わる。しかし理想は不変であって変えることは前提されていないのである。

「五刑」についても同じことがいえる（註15）。後世「五刑」への長期の執着は何故か、といえば、前述の『書経』が「経書」（理想の規範）であることによる。

現実に「五刑」（五種の刑）の考えをはっきり法典に反映させようとしたのは魏律からであり、漢代などと違う点は成文法典の中で刑罰を五種類に限定しようとしたことにある、とはすでに述べたところである。隋・唐律の「五刑」は、笞、杖、徒、流、死で、それぞれに段階が設けられ、「刑」と称するものはこれ以外にはない。かような法の仕組みを保証するのは、唐律以下で確認できる次節の「罪刑法定主義」の条文で、律文で明記されていない刑罰は科すことができない原則である。

明律も唐律と同じく刑名は名例律の「五刑」の条に規定される。すなわち「笞刑五（十、二十、三十、四十、五十）、杖刑五（六十、七十、八十、九十、百）、徒刑五（一年杖六十、一年半杖七十、二年杖八十、二年半杖九十、三年杖百と、それぞれ杖を付加）、流刑三（二千里杖百、二千五百里杖百、三千里杖百と、それぞれ杖を付加）、死刑二（絞、斬）」（贖銭は省略）である。唐律との法文上の違いは、徒、流には杖刑が付加されていることである。しかし、法文上、名例律「五刑」のうちの徒、流に包摂して規定されているから「五刑」の刑罰体系を崩したわけではない。

一方で明清律には、「五刑」の仕組みから考えると、法自体に内在している問題がある。たとえば、明清時代での刑罰の種類の実体をいえば、名例律「五刑」の条に規定されていない刺字、枷号、遷徙《せんし》、充軍、發遣、凌遅《りょうち》などが、律の本文中に現われている。これらは徒、流に付加された杖が「五刑」に吸収されているのと同じ性質ではない。名例律「五刑」の条にはない別の刑種である。また死刑についていえば、唐律以来、名例律五刑の条では絞と斬の二種のみを規定するが、明清律の個別の条文の中には絞と斬の他に凌遅がある。そうすると死刑は、絞と斬と凌遅の三種となる。また流刑についていえば、唐律以来、最低は二千里であるが、明清律の個別の条文中にある遷徙（一千里の流）は「五刑」の条には規定がない。しかもこの遷徙は明清律ともに「五刑」とは別に「五刑図」（註16）の中にも一欄を設けて組み入れている。つまり「五刑図」では名例にない流の刑種を一つ追加したのと同じことになる。「五刑」とは別に遷徙を刑罰と認識したからにほかならない（かく遷徙を図示する方法が可能であるなら、刺字、枷号、充軍、發遣、凌遅なども「図」で示せるはずだが、何故遷徙のみが図示されているのかも今のところよくわからない）。

現実の法は右のごとくであり、こうなると刑種として名例律「五刑」の条文の変更を迫られるようであるが、それでもなお律は「五刑」なる刑名は動かさないし、「五刑」の条を捨て去ることもない。閏刑も置かない。

このように事実上も律文の中でも「五刑」以外の刑種が増えているのに、名例律の「五刑」を動かさないというのは不合理であって、薛允升も『唐明律合編』（註9・註10）の名例「五刑」の条で、「唐律は凌遅及び刺字の法なし。故に五刑律中に載せず。明律内に凌遅、刺字は指屈に勝えず（指おるにたえず。たくさんある）、而も名例律は並びに言及せず、未だその故を知らず。刺字の法は即ち肉刑内の墨刑にして尚書（『書経』）

の所謂黥刑なり。肉刑用いずして独り此を用ふ。また、枷号を用ふる者も亦その故を知らず。今則ちまた閹割《えんかつ》（去勢）の法有り、是れ皆、名例五刑の外に在り」という。閹割が国家の刑罰だったかどうかは疑わしい（「刑律（雑犯）」に「閹割火者（閹割して火者〈宦者〉とする）」なる条文があるが、私的閹割の処罰規定である。ただし事実上朝廷が特別な場合に志願を前提として許可し、朝廷が閹割して火者〈宦者〉とする条例あり。宦者の補給の意ありという）が、薛氏は、名例律「五刑」の条にない刑種がどうして律の各個の条文にあるのか、「五刑の外（五刑なる法上の枠からはずれる）」ではないか、といっている。薛氏がかかる問いかけをするのは、むろん次節で述べる「罪刑法定主義」が律の原則として存在しているからである。「罪刑法定主義」がある以上、名例律にない刑種が律中に存在することは理が通らないのである。やはり現況では薛氏のいうように「未だその故を知らず」というほかない。

本章の今の問題は、立法者は薛氏のいう矛盾に気がつかないはずはないのに、それでもなお刑名として「五刑」だけを名例律に規定する、という執着ぶりにある。すなわち律は実体が変化しているのに、刑名としての「五刑」を法文上、崩すことができないでいる原因は何か、ということである。原因はやはり註14および註15で述べたことに起因する。

いずれにせよ、旧中国の律は「五刑」なるものを刑罰の体系として崩すことはない。しかし『新律綱領』が、名例律中に「五刑」の条とは別に「閏刑」と称する刑名を立てたことを見ると、明清律の根底にある「五刑」の示す思想の重さ、執着などはなかったし、旧中国律の「五刑」のもつ意味など考える必要は感じなかったのであろう。すなわち明清律の組織的・体系的導入など考えておらず、当面の治安維持のための一時権宜の法として、明清律から利用できる文言を選んで採用したといえる。まして将来欧州型の法の導入を考えこそすれ、明清律を我が国の将来の指針としようとは思っていなかったのであろう。しかし、欧州型の本格的な法はすぐには間に合わない。したがって当面の流動的な社会的・政治的状況の中では時宜を得た法規だったともいえる。幕府の法との違いを際だたせることや、当面の国家秩序を保つ焦眉の急に対処することが喫緊の必要事であったのであろう。『新律綱領』名例の刑罰の基本の規定は、刑種の基準を示す以上に何か意味があるわけではない。「明清律ノ精神」などは『新律綱領』にはもともとなかったのではないか。

第五節　「罪刑法定主義」の比較

核心たる断獄律「断罪引律令」の条は「晋律令」(二六五年)からはっきりしたと思われるが、実際の法典で確認できるのは唐律(「故唐律疏議」による)であり、明清律にも及ぶ法適用の一貫した大原則であった。このことはすでに「第一節」中で唐律や、日本古代律令につきふれたところである。

ところが『新律綱領』では、核心たる「断罪引律令」の条文が欠落している。この欠落はむろん『新律綱領』策定の際、意識的になされたのであろう(『新律綱領』原案策定者がこの条文を知らないわけがない)から、まさしく『新律綱領』の法律としての特徴をも示しているものといえる。まして『新律綱領』が「明清律ノ精神」を根拠とすると主張するのであれば、「罪刑法定主義」の条文の欠落はまずあげねばならぬ特徴である。そして何故欠落させたのかは、『新律綱領』の評価、すなわち法史上の位置を考える論点の一つになろう。

そこで、いまさらの感がないでもないが、旧中国の「罪刑法定主義」について少し述べてみよう。唐朝では「律」および「令」に規定があるが、律を取り上げると、日本律、唐、明、清律は次のとおりである。

【日本律】

「律云『断罪皆須具引律令格式正文』」（逸文。「貞観格序」引く津条）

【唐律】

「諸断罪皆須具引律令格式正文、違者笞三十。若数事共条、止引所犯罪者、聴」（断獄律「断罪引律令格式」の条）

【明律】

「凡断罪皆須具引律令、違者笞三十。若数事共条、止引所犯罪者、聴。其特旨断罪、臨時処治、不為定律者、不得引比為律。若輒引比、致罪有出入者、以故失論」（刑律断獄下「断罪引律令」の条）

【清律】

「凡〔官司〕断罪皆須具引律例、違者〔如不具引〕笞三十。若〔律有〕数事共一条、〔官司〕止引所犯〔本〕罪者、聴。〔所犯之罪、止合一事、聴其摘引一事以断之〕其特旨断罪、臨時処治、不為定律者、不得引比為律。若輒引〔比〕致〔罪〕有出入者、以故失論。〔故行引比者、以故出入人全罪及所増減坐之、失於引比者、以失出入人罪減等坐之〕（刑律断獄下「断罪引律令」の条。「令」の字は「例」とあってもよさそうだが、目録の条文名は「令」である。〔 〕内、律本文注）

【新律綱領】該当条文なし。

旧中国の「罪刑法定主義」によると、判決には「律」や「令」、あるいは「例」のほか、国家が定めた法規類（成文）から適用条文を検出し、判決の根拠としなければならない。根拠たる条文がなければ刑罰を科すことはできず、これに違反した官（裁判官）は罰せられる。不文の慣習なども判決の根拠とはならない。だから「法律なければ犯罪も刑罰もない」ことになる。また、この規定は中国の歴朝に継承され、実践されたことも疑いのない事実である。

法理としては『晋書』刑法志に時の三公尚書劉頌が「律法もて断罪するに、みな法律令の正文を以てすべし。若し正文無ければ名例に依附して断ぜよ。其の正文、名例（律冒頭の名例律。総則にあたる）の及ばざる所、皆論ずる勿れ」云々と主張しているとおりである（註17）。また隋唐律を継受した我が国の養老律にも規定があったことがわかっている（第一節）。

むろん、ヨーロッパ近世初頭から現われる「罪刑法定主義」のように個人の権利とか自由とかの思想的背景が中国にもあって、唐律以後の法規にそれが実定化されたのではない。しかるに、法は「法律なければ、犯罪も刑罰もない」という近代刑法上の原則と外見上同じ内容を示している。そこで次には、「罪刑法定主義」で実現さるべき法（成文。手続法に対していえば実体法）の内容（個人の権利など考慮の外にある）が問題になろうが、法の適用面のみを形式的に取り上げれば「法律なければ犯罪も刑罰もない」ことになる。

それでは何が旧中国の律で「罪刑法定主義」を生み出したのかとなるが、この件は註18に記した。

以下、右のような「罪刑法定主義」に反する、あるいは裁判官の恣意を許容するのではないかという問題に関連して、時に取り上げられる二箇条の条文、すなわち「不応為」の条と「断罪無正条」の条を取り上げる。『新律綱領』は、「罪刑法定主義」の条文は採用しなかったが、この二箇条は採用している。

まず「不応為」の条にふれる。関係条文は次のとおりである。

【日本律】

「（凡）不応得為而為之者笞四十」（雑律逸文。金玉掌中抄引く律）

【唐律】
「諸不応得為而為之者笞四十（謂律令無条、理不可為者）。事理重者杖八十」（（　）内、律本文注）
「疏。議曰。雑犯軽罪、触類弘多、金科玉条、包羅難尽。其在律在令無有正条、若不軽重相明、無文可以比附。臨時処断、量情為罪、庶補遺闕。故立此条。情軽者笞四十、事理重者杖八十」（雑律「不応得為」の条）

【明律】

「凡不応得為而為之者笞四十（謂律令無条、理不可為者）。事理重者杖八十」（刑律、雑犯「不応為」の条。（　）内、律本文注）

【清律】

「凡不応得為而為之者笞四十。事理重者杖八十。（律無罪名、所犯事有軽重、各量情而坐之）」（刑律、雑犯「不応為」の条。（　）内、律本文注）

【新律綱領】

「凡律令ニ正条ナシト雖モ情理ニ於テ為スヲ得応カラサルノ事ヲ為ス者ハ笞三十。事理重キ者ハ杖七十」（雑犯律「不応為」の条）

「断罪引律令」なる「罪刑法定主義」の条文に対して、「不応為（為すべからず）」（唐律の条文名は「不応得為」）の条の存在は矛盾だ、という方向の意見は過去にも存在したが、この条文の構成要件たる「不応為」なる行為は、唐律本文の注によると右掲のように「謂律令無条、理不可為者（律令に条なく、理、為す可からざることを謂ふ）」とし、刑は笞四十か杖八十である。この範囲の刑は微罪で、『律疏』が「雑犯軽罪」というゆえんである。むろんのこと、律本文には他に笞四十とか杖八十とかの刑を規定している罰条はいくらでもあるが、ここは微罪でかつ律本文には規定されていないが、罪責追求の必要ありと考えられる行為に対する条文である。判決に際して「不応為」の条そのものを根拠とするのだから「罪刑法定主義」は貫かれるのである。

「罪刑法定主義」と矛盾する、という方向の意見の主旨は次のようなものである。「不応為」という罰条を適用する、しないの判断基準が「理、為すべからず」とだけ示されて、その基準が法のうえで明示されていない。さらに唐律についていうと、律本文ではないが『律疏』に「比附」（ひきあわせ。類似の律に比べる）という注釈が見える。すなわち「雑犯軽罪……正条有ること無く、若しくは、軽重相い明らかでなく、文（法の正文、本文）無くんば以て比附すべし。時に臨んで処断し、情を量って罪となさば、遺闕を補ふに庶《ちか》からん。故にこの条を立つ」と見えている。これでは裁判官の恣意を容認することではないか、というわけである。たしかに、雑犯軽罪の範囲では官の裁量で「不応為」を適用するかどうかが決まる。この「比附」という用語は、明清律においては次に説明する「断罪無正条」の条の本文に結びつく。

しかし、「不応為」の条文は犯罪すべてに適用される原則ではなく、科せられる刑罰の軽さからしても、『律疏』のいうように「雑犯軽罪」が対象である。かような事案はいつの時代でもあり得るし、しかも行為の態様は無限にあり得る。だから「不応為」の一条を立てた。「理、為すべからず」の「理」は、言い換えれば当該の社会に存在する「常識」というほどの意味である。この「不応為」の条文は明清律にもほぼ同文で引き継がれており、荻生徂徠は『明律国字解』で、「道理の上にてすまじきことをするを云ふなり」（註19）といっている。

もし、「理」とか徂徠の「道理」、あるいは「常識」そのものを問題にするなら、これは当時の法意識または法文化の問題であって別個に取り上げる必要があるが、本章の問題からは外れる。法文の解釈としては、当該の時代に生きる人々が日常生活で理解できる常識と考えて十分である。

ところで、律のうえの「罪刑法定主義」のもとでは、量刑の幅は考えられず、犯罪事実が確定すれば自動的に適用条文が決まり、その条文が規定する刑罰も決まってしまう。すなわち裁判官には量刑の幅を選択する余地も権限もない。

かかる構造のもとでは、どのように法網を密にしても、社会で日々生起するさまざまな形態の不法行為と目される事案に対し、そのすべてに法文を用意することは不可能である。唐の『律疏』が「金科玉条も、包羅尽し難し」というとおりである。こうしたことは当然立法の段階で予測されるのであるが、量刑の幅がない「罪刑法定主義」を貫こうとすれば「不応為」のごとき条文を設けざるを得ず、この条文自体を適用すれば「罪刑法定主義」が充足されることになる。「罪刑法定主義」の規定と「不応為」の規定とは、かかる意味で切り離せない性質をもつ。まして「不応為」の条は、律の罰条に触れるか触れないかの境目にあるような事案に対する罰条である。

ところが『新律綱領』には「罪刑法定主義」の条文がなくて「不応為」の条文がある。

「不応為」の条は「罪刑法定主義」を貫徹しようとすれば必然的に置かねばならない条文である、という法典としての論理的必然性があるが、『新律綱領』は「罪刑法定主義」の条文とは関係なしに独立した一個の条文として「不応為」の条が存在するから、条文を文字どおり理解するよりほかない。これは法典としての体系性にかかわる問題であろう。

次に「罪刑法定主義」と矛盾するとされる「断罪無正条」の条を説明する。明清律の文中「引律比附」（正条がない場合、他律に比附する、つまりひきあわせをする）とあり、裁判官の恣意に関連して時に問題にされることがあるから、やはりふれておこう。「断罪無正条」の条の関連条文は次のとおりである。

【日本律】

「断罪而無正条」（逸文。『法曹類林』による）

【唐律】

「諸断罪而無正条、其応出罪者、則挙重以明軽。其応入罪者、則挙軽以明重」（名例六「断罪無正条」の条）

【明律】

「凡律令該載不尽事理、若断罪而無正条者、引律比附。応加応減、定擬罪名、転達刑部、議定奏聞。若輒断決致罪有出入者、以故失論」（名例巻一「断罪無正条」の条）

【清律】

「凡律令該載不尽事理、若断罪而無正条者、〔援〕引〔他〕律比附。応加応減、定擬罪名〔申該上司〕、議定奏聞。若輒断決致罪有出入者、以故失論」（名例下「断罪無正条」の条。〔 〕内、律本文注）

【新律綱領】

「凡律令ニ該載シ尽サヽル事理、若クハ罪ヲ断スルニ、正条ナキ者ハ他律ヲ援引比附シテ、加フ可キハ加ヘ減ス可キハ減シ、罪名ヲ定擬シテ上司ニ申シ議定ツテ奏聞ス。若シ輒ク罪ヲ断シ出入アル事ヲ致ス者ハ、故失ヲ以テ論ス」（名例律下「断罪無正条」の条）

唐律では「罪を出す（ある罪から外す）」場合は「重きを挙げ、以て軽きを明らかにす」（『律疏』によると賊盗律に夜、理由なく人の家に入り、主人に殺されても殺した罪は論じない、とある。殺しても罪なしであるから、折傷したとしても当然罪は論じない）。「罪に入る（ある罪を適用する）」べきは「軽きを挙げ、以て重きを明らかにす」（『律疏』によると賊盗律に期親の尊長を殺さんと謀ったら斬とある。謀るだけで最重刑たる斬刑である。尊長を「已に殺す」「已に傷ける」に対応する律文、すなわち正条はないが、謀るだけで斬なのであるから、傷つけたり殺してしまったりすれば、当然斬である）という。

「断罪無正条」の状態のままでは「罪刑法定主義」によって有罪無罪の科罰はできないから、同質性のある、または同類型の律条を検出して科罰の根拠とするが、唐律ではその際に適用すべき律条を選択する方法が「重きを挙げ、以て軽きを明らかにす」「軽きを挙げ、以て重きを明らかにす」である。律の正文がない場合の判決の根拠とすべき法規をどのように発見するかの基準が規定されているのみである。担当裁判官はこの基準に従って適用条文を定め判決（最終の判断）をする。もし、この方法を誤り、刑罰が不当であれば、裁判官が処罰されるまでであり（断獄律「官司出入人罪」である）、判決（最終の判断）は担当裁判官にゆだねられている。

滋賀秀三氏は唐律本条を解説して、「断罪無正条」の条は「客観性の高い――それだけにまた応用範囲の限られた――一つの法運用上の技術である。それが本条に明文化されていることは、立法者がこれを前提として不必要なる逐一的明文を省いていることを意味する」とされている（註20）。

この条文は、もともとは条文数の簡潔さを求めたもので、唐の神竜元年（七〇五）、趙冬曦なる人物の上書中（註21）に「断罪無正条」の一条を立てることによって「而して其の数百条を廃した」（ちなみに北斉律九四九箇条、北周律一五三七箇条が簡潔になって、唐律は五〇〇箇条になった）といい、「断罪無正条」の条文の意図、効果を非難した。趙冬曦の主張自体は条文数を効率的に減らすことに反対しており、役人には便であるが下民にはわかりがたいのだ、などともいっている。彼の議論の前提には「罪刑法定主義」があることはもちろんで、だからこそ「断罪無正条」で数百条を廃止するようなことには賛成できないと論じたのである。

神竜元年は一月に皇太子監国、十一月に則天武后が崩じた年で、法改正の記録をたどると、この年の当初はまだ則天の遺風が残り（「垂拱式」の編纂など）、後半は則天時の法改正が次々にもとに戻されるなど複雑な動きのある年で、そうした中での議論であろう。結局、趙冬曦の意見は通らず、本条が律に規定されたことになる。かくて唐律の場合はまだ条文省略の意があったと見られる。

ところが明清律に至って、条文名は唐律と同じ（明清律も唐律も「断罪無正条」の場合の規定である）でも、律文内容は変貌した。唐律との違いは、唐律の「軽きを挙げ」云々、「重きを挙げ」云々が文面上から削り去られ、代わりに「引律比附」以下の文言が入った。第一審で罪名を定擬（いったん比附して罪名を決める）するが、最終決定に至らず、案件を中央の刑部へ送付し、刑部の意見が決まればさらに天子に奏聞する（許諾を求める）、という手続が規定された。比附の案件の判決（最終の判断）は唐律と違って担当裁判官にゆだねていない。

明清律の「断罪無正条」の条は事案や刑罰の軽重に関係はなく、正条がない場合の「比附」の手続が述べられ、その手続に違反したうえに法適用を誤った場合の官（裁判官）を処罰する規定となっている。

荻生徂徠『明律国字解』（註19）は、この条文を説明して、「比附」の際に「わが心ばかりにて、たやすく（条文に「輒断決致罪」云々とある。「輒《ちょう》」は「専」で、もっぱらにするの意。この場合は勝手に振る舞うこと。「ほしいまま」と訓じてよし。徂徠の「たやすく」もこの意であろう）さばきて（結論を出すことで、定擬することである）、そのさばきに出入あれば、故出人罪、故入人罪、失出人罪、失入人罪（律本文の「以故失論」のこと）と云ものを以て、却て其官人を罰すべきとなり」とある（同書、一一五頁）。

「比附」の場合に、「比附」された条文（律の正条）の刑罰に、当該の事案に即して「加」し、あるいは「減」じ、「定擬（罪に擬す）」する。だが、この擬案は、もとより律の「正条」ではないのだから、「罪刑法定主義」の建て前上、新たに法を立てねばならず、法を定立する権限は皇帝のみにある。だから、皇帝の裁可まで必要となるわけである。こうして立てられた新たな法は「条例」となる。

『唐明律合編』（註9の中でこの書の「徐世晶序」を取り上げた）の著者薛允升は「唐律はただ重きを挙げて以て軽きを明らかにし、軽きを挙げて以て重きを明らかにするを言うのみ。明律は引律比附を増入して定擬を加減す。是に由って比附なるもの日にますます増多す。律の外に例有り、例の外に又比引の条例有り、案牘なんぞ煩ならざるを得ん耶」（明律部分「断罪無正条」の条下。万有文庫本〈全五冊のうちの第一冊〉八三〜八五頁、また『中国律学叢刊』法律出版社本、九六〜九七頁、また奥村編『稿本』上、一八三頁）とこの条文を批評している。薛允升は刑部主事から以後累進して刑部郎中、山西按察使、刑部侍郎と進み、最後は刑部尚書に終わる。一貫して刑部畑を歩いた理論家でかつ大官僚である。右の発言は明律についてであるが、清律も原則が変わっていないからほぼ同様の状態であったろう。生涯刑部の実務にも従事した官僚の言であるから、彼の批評は実際の経験から生まれた発言と受け取れる。いってみれば生々しい批評ではないか。

右薛允升の言には手続問題以外に二つの大事な点がある。一つは「引律比附を増入して定擬を加減す」の「増入」である。増入というからには、唐律になかったものを明律で追加したということである（前述のように唐『律疏』に「比附」なる用語は見える。律本文にはない）。そうするとすでに消えた唐律「重きを挙げ、以て軽きを明らかにす」「軽きを挙げ、以て重きを明らかにす」という基準が根底ではまだ生きていて、その上に唐律にない比附の文言が明律本文に増入されたということかもしれない。二つは「律の外に例有り、例の外に又比引の条例有り」といっているところで、律文に付された「条例」があるが、加えて比附で成立した条例の上にさらに条例がない場合の「比附の条例」があったことを示している（『大清律例』巻四〇以下に「総類」という編があってその最後、巻四七に「比引律条」という項目に挙例あり。これも年々増加したであろうことは疑いない）。

そうすると律に付される「条例」なるものは、犯罪は千差万別であるから当然順次増加する宿命にあるといえる。これら裁可を経た新例は抽象化された文章とし、のちに編纂して条例となって律に付して公布され、その後の断罪の成文法上の新たな根拠となる。新例はもちろん旧法に優先する。明律に付加された「問刑条例」の「例」、『大清律例』の「例」がこれである。『新律綱領』に付された「改定律例」の「例」もこれであり、明治初年の「仮刑律」に付された「仮刑律的例」の「例」も同じ用法である。

明清律が唐律にはない「比附」の手続を規定し、律の正条もなく、先例（判決例）のない場合の手続を具体的に本文で示していることは、「比附」の適用がよほど厳格になったことを意味する。また唐律の「軽きを挙げ」云々、「重きを挙げ」云々は担当の官の判断にゆだねられているが、明清律では担当の官は新例を立てることを要請しなければならないことがこの条文の眼目となっており、唐律の条文省略という本旨から変化し、この意味でも厳しくなっている。

法律として見れば「不応為」は唐律の疏が「雑犯軽罪」は「金科玉条も、包羅尽し難し」というとおりであり、律に罪名のない「雑犯軽罪」は「不応為」の条そのものを適用することによって処理する。だから「罪刑法定主義」に背いていることにならない。明清律の「断罪無正条」の条は、「比附」を活用するが、「比附」の際の手続を重視し、すなわち「例」を立てる手続を厳重にした。刑罰の重い軽いなどの判断基準のみを問題にしている唐律とは異なっている。

「罪刑法定主義」に立脚すれば、「比附」して判断する際は新しく法が必要である。それには新法、すなわち「例」が必要で、「例」(法)を立てる権限は天子のみにあるから天子の許諾を必要とする。「比附」の判断は、担当裁判官ではなく天子にゆだねられる。「断罪無正条」にはこのことが明示されている。『新律綱領』の場合は根本にあるべき「罪刑法定主義」の条文を欠落させた。明清律を標準にすれば「罪刑法定主義」の根本の条文がないことは法体系としては論理的整合性に欠けるが、『新律綱領』の立法者はそんなことは十二分に承知していたであろうから、意図的に欠落させたに違いない。その意図をあえて推定すれば『新律綱領』は文字どおり「綱領」であって、体系性をもたせる意図がもともとなかったとするほかない。あるいは、明治維新で権力は将軍から天皇に移り、立法の権(ここでは刑罰権)が天皇にある、ということを示そうとしたのかもしれない。当時は何より国家の統一を維持するための治安維持が喫緊の急務であって、明清律の法体系を導入した本格的法典を作る意図はなかった。また、当時欧州発の近代国家を建設しようとする趨勢の中にあって、明清律の世界を今後の日本の国家存立の新理念としようなどとはさらさら考えていなかったはずである。

『新律綱領』の場合、水林彪氏によると「断罪無正条条は無制約の『他律援引比附』を規定するがゆえに論理的には死刑相当の最重罪までも想定し」云々（「新律綱領・改定律例の世界」『法と秩序』日本近代思想大系7、岩波書店、一九九二年、四五五頁）とされ、議論が展開されているが、この条文の趣旨は前述のように比附の場合の手続を規定している。これは官に対する強い制約であり、「断罪無正条条は無制約の『他律援引比附』を規定」しておらず、むしろ反対で、荻生徂徠が「わが心ばかりにて、たやすくさばきて、そのさばきに出入あれば、故出人罪、故入人罪、失出人罪、失入人罪（文言の「以故失論」のこと）と云ものを以て、却て其官人を罰すべきとなり」（前述）というとおりである。

第六節　総括――『新律綱領』の史的評価

以上、比較の要素として、頒布の形式、律の編目構成、刑名、罪刑法定主義を取り上げ一瞥し、『新律綱領』と「明清律」との相違を整頓してみた。結論的に『新律綱領』は過渡期の法だ、ということになって、そんなことはいうまでもないことではないか、ということになるかもしれない。

しかし、それぞれの国の法には長い発達の積み上げがあり、その上に、過渡期の法の姿がある。法史にとって過渡期の法は、過去も含み未来の願望も含んでいて、学術的興味は尽きないものがある。過渡期の法の実体を見極め、その結果、もし法の歴史の動きの中で当該の法の客観的な位置づけができたら、法史学の収穫であることはもちろん、法の発展という問題への理解を深める手掛かりを得られると考えるものである。その方法として、『新律綱領』と「明清律」との原理の比較は、筆者にとってきわめて興味深いテーマであった。簡単にまとめてみよう。

古代日本律令は隋唐律令を母法としたといえる。何故かというと、隋唐律令のもつ法体系を継受したからである。曰く、法の二大分類基準の採用、名例律の設置、五刑の採用、「罪刑法定主義」の採用である。しかも、これらの原則は明清の法まで維持された旧中国法の原理である。他方で、日中同じではあり得ない原理的部分、すなわち中国の「宗法」の導入がないこと、および祭祀の実行機関の制度的特徴は、結局中国「礼制」の受容の限界を示しており、それは固有の歴史が醸成してきた日本社会の背景があるからである。本章の「第一節」で見てきたことによると、日本律令は日本の固有の秩序の基本を維持しながら隋唐律令の体系を利用して日本的律令の体系を組み上げたのだといえる。当時の日本人は、よほど注意深く中国の法を研究したのであろう（「第一節　序論」）。

『新律綱領』は明清律を母法としたかというと、古代律令のようにはっきり中国の法を母法としたとは言いがたい。基本的な法の体系を取り入れていなかったからである。たしかに個々の条文や編目構成や図を付載するといった編纂物の外形的な面で、また、それぞれの個別部分では明律の文言を取り入れており、その限りの影響は受けたといえるかもしれないが、明清律が到達した体系そのものを導入しようとはせず、さりとて新しい独自の体系を考えたわけでもない。むろん古代律令に回帰しようとしたわけではない。古代律令が、法体系の基本を導入したのとは、それこそ時代が違うのである。明律の体系という面は意識的に外した感がある（「第二節　頒布の形式の比較」から「第五節　『罪刑法定主義』の比較」まで）。

本章では『新律綱領』は明治三年（一八七〇）頒布され、明治十五年（一八八二）刑法（旧刑法）・治罪法公布までの間の一時権宜の法だとしか見えない、といってきた。たしかに長い法の歴史の中ではほんのわずかの期間の法である。しかし、現実には激動の時期に治安維持のための重責を負わされたことには違いない。社会が麻のごとく乱れたのではその対処に追われ新しい法典編纂も何もできないわけで、一定の秩序があればこそ、旧刑法という大変化への準備ができたのだともいえる。大変化の準備であれば、なまじ体系を構築せず、新国家の理想などにいっさいふれなかったことは時宜に適したといえる。

また官僚には法を明示して徹底を図り（「上諭」）、法の変更には一定の手続（明律の「断罪無正条」の条）を求め『改定律例』のかたちに仕上げる方式などは、幕府時代と比べれば力ずくの権力維持のみではない姿がある。

『新律綱領』は、一個の法典として見れば体系上の不完全さ（もしくは体系がない）が目立ち、また施行期もわずかであったが、もし明清律の原理・原則を体系として導入すれば時代に逆行することは間違いなく、その体系を導入しようとしなかったことはかえって賢明で、明治維新の改革を前進させるにはプラス要因であったと見られる。そうして自らは過渡期の法に徹することによって、旧体制からの脱皮を法上確実なものとする方向の道を開いた。また現実には当時の我が国の現状と、当時もっていた法的経験とを踏まえた、実践的な立法として歴史的役割を果たしたと考える。

註の部

註1

「元老院会議筆記（明治十三年三月十五日）第百七十四号議案刑法審査修正按第一読会」（明治法制経済研究所編『元老院会議筆記録』前期第八巻、元老院会議筆記刊行会刊、昭和三十九年〈一九六四〉、五七～五八頁。出席者省略）

「現行ノ律例ヲ廃シ新刑法ヲ設ケサルヲ得サルノ理由ハ『従前ノ刑法ハ全ク明清律ノ精神ヲ根拠トシテ組織セシモノ』ナルカ故ニ犯人ヲ処スルニ外面上ヨリシ本心ニ立チ入ラサル者ナリ例ヘハ盗ヲ罰スルニハ金額ノ多少ヲ以テ其刑ヲ軽重シ人ヲ刑スルニ一定ノ刑名ヲ以テシ長期短期ノ区別ナク或ハ『法律ニ正条ナキハ比附援引シ不応為違令ニ問ヒ裁判官ノ意想ヲ以テ刑名ヲ擬シタリ』是等ハ啻ニ欧州刑法ノ原則ニ戻ルノミナラス八年以後ニ大ナル改正アリテ職制逃亡二編ヲ廃シ死刑ヲ減スル等律文ノ錯雑究リナク今日ニ至リテハ容易ニ其ノ存廃ヲ検出スルニ難キヲ致ス今日ノ勢改正ヲ為サヽルヲ得サル者ハ新律綱領改定律例ハ『依然トシテ支那律ノ精神ニ基ク』モ諸ノ罰則規則其他治罪法ニ属スル手続ハ総テ欧州各国ノ制ニ倣ヒ年ニ月ニ陸続之ヲ頒布セリ是刑律ノミ『支那ノ精神ヲ存スル』ハ太タ允当ナラサル所以ナリ殊ニ目今外国条約改正ノ機ニ臨ミ治外法権ノ堅寨ヲ打破センニハ各国ト同様ナル刑法又ハ治罪法民法訴訟法商法等ヲ制定セサルヲ得ス中ニ就キ刑法ハ尤モ国ノ開化ノ度ヲ知ル者トスレハ首トシテ之ヲ改正セサル可ラサルナリ」（『　』は筆者が付した）

筆者が法の比較の問題で『新律綱領』を取り上げた契機は、かつて右議案書に示された提案理由を見たことに始まる。

註2

もちろん律令も時代による変化があるが、律は時代による変化（宋朝の『勅』）があっても刑罰法規として長くその名と実を踏襲した。一方で「令」という名の法典は制度の法であるから、王朝が交替したり、皇帝が交替したり、社会状況の変化があると、めまぐるしく変化することがある。宋朝以後、令は唐朝の律令のように法典として律と並び立つような地位を保てなくなり、多くの単行法に道を譲っていき、「明令」（太祖呉元年令〈一三六七年〉）を最後にその名もなくなる。しかし、こうした変化を経ても、律が刑罰法規であり、他は非刑罰法規であることは動かない。すなわち法の二大分類基準である。現代のように公法と私法、あるいは刑事と民事といった分類は存在しない。もっとも、唐の「格」や明清の「条例」に刑罰法規が含まれるといったことの細部の説明は、さしずめここではふれない。

註3

先秦時代から秦、漢に至るまでは多種多様の刑罰があって、秦では参夷之誅、鑿顚、抽脅、鑊烹、車裂、要斬、宮といった類で多く漢朝にも使用された。有名な文帝の刑制改革（前一六七年）は、肉刑の廃止（身体刑たる黥、劓、刖などを廃止し、労役刑が刑罰体系の主流に変わる端緒とされる）が趣旨であるが、ただこの改革の軽刑にすべきだという趣旨はともかく、その後も事実上苛烈な刑は残存した。当時から宮刑を残したなどといわれ、「夷参族」の誅なども残存して魏朝にも及ぶ。『唐六典』（巻六）も批評して「是の後（文帝の改革後）、外に軽刑の名あるも、内、実は人を殺す」といっている。

これらの刑種は権力者の意思で定められるので別に刑種定立のルールがあるというものではない。しかし魏律は「五刑」と称して、少なくとも成文の法で刑種を「五種」に限定しようとした。この点に法史上の意味がある。五種の内容は時代によって違うが、隋朝以後、笞、杖、徒、流、死の「五刑」となって、法文上はこの五種が明清まで継承されることになる。

註4

奥村「旧中国の罪刑法定主義の性質」（関西大学『法学論集』二巻五号、一九六六年、一頁以下）。この論文の趣旨は、「公文書主義」（あらゆる統治行為は文書があって初めて成り立つ。「公文書主義」とは筆者がこの論文の中で初めて使用したが、今もなお使用している）と「職分」（官員の職務分掌、統治行為上は職務権限といってもよい。元来、人間固有の「分」に発する。「名分」——名とそれに伴う内容・職務——の「分」に通じる）、文案を主として責任を論ずる「連座」などの原則をもつ旧中国独特の官職制度の特性から必然的に生み出された、と論じたものである。本章に関係する罪刑法定主義については、後述「第五節『罪刑法定主義』の比較」の註18で述べる。

註5

小島祐馬「中国古代の祭祀と礼楽」（『古代中国研究』筑摩書房、一九六八年）、内藤乾吉「近江令の法官・理官について」（『中国法制史考証』有斐閣、一九六三年所収。原載、大阪市立大学『法学雑誌』四巻一号、一九五七年）。内藤論文ではより具体的に祭祀と礼と官との関係が述べられている。註9・註14は基本部分である。

註6

この変動の時期について石井良助氏の解説（石井良助『日本法制史概要』創文社、一九六八年、一九七〜一九八頁）を要約すると、安政五年（一八五八）から明治二年（一八六八）ごろまでは、だいたい徳川幕府の法が使用され、明治二年から明治十四年（一八八一）ごろまでは、一方で自由民権思想に基づくフランス法系の継受が強く「要請」され、その思想で若干の改革もあったが、他方ではだいたい王政復古の名のもと、旧封建法というより遡って律令の流れの支那法制の影響を強く受けた。人民の生活を支配する法典は明清律系統の『新律綱領』『改定律例』である。この両面の傾向があることが、近世より近代への過渡期を示している、ということになろう。

註7

『新律綱領　改定律例　改正条例』（司法省蔵版印あり、一八七三年、売弘所・畏三堂須原鉄二）による。筆者が見たこの本には「弘前裁判所秋田支庁」「秋田地方裁判所」などの蔵書印があり、随所に変更箇所が朱書・付箋され、それは明治六年（一八七三）から同十二年（一八七九）に及んでいる。朱を入れたのはおそらく秋田地方裁判所の書記官であろう。本文に活用できなかったが、脱稿後、『新律綱領改訂律例合巻註釈』（木版二冊、線装、司法省蔵版印あり、三河近藤圭造訓註。訓註は細字双行で本文に挿入）を手にした。わかりやすい。

註8

『仮刑律』の原文は、石井紫郎・水林彪『法と秩序』（日本思想体系7、岩波書店、一九九二年）による。同書に採録されている「仮刑律修改箇所一覧」「仮刑律的例」「仮刑律についての行政官布告」なる文書を見ても、当初から改正、立例ただならず、法適用の困難さを見ることができる。まして、右の行政官布告の中で「新律御布令迄ハ故幕府へ御委任ノ刑律ニ依リ」云々などといっており、権力が交替しても即座に実行できず、事実上法令二途に出ずで、現場での混乱の状況はおよそ察しがつく。この状況を見ても、『仮刑律』は法律的にも現実にも安定した法とはとてもいえない。

註9

「編目構成」は当然のことながら律の根本の理論にかかわる性質をもっており、背後には統治形態あるいは統治思想そのものに対する考え方が存在する。唐律と明律を取り上げるならば、「唐律」は一二編、明律は七編である。この違いは「律」なる法典に対する考え方がまるで違うからであって、その点が編目構成に現われる。

明は太祖の洪武七年（一三七四）に二度目の律（一度目は太祖・呉元年〈一三六七〉律である）を編纂し公布したが、なお唐律の一二の編目をそのまま踏襲した。洪武二十二年（一三八九）律に至って初めて名例律と吏律、戸律、礼律、兵律、刑律、工律なる編目を立て、名例律と合わせて七編の編成にした。この件について、すでに著名な沈家本（一八四〇～一九一三。清末の法律学者、光緒三十三年〈一九〇七〉修訂法律大臣、中国法の近代化に努力した。法理に詳しく、ヨーロッパ法にも造詣が深い。一九九〇年生誕一五〇年記念に沈家本研究国際学会が開かれた。筆者はわずかながら紙上参加した）は光緒三十四年（一九〇八）「重刻明律序」の中で、「洪武十三年、胡惟庸の乱政を懲らし、中書省を罷め、而して政は六部に帰す。律目も亦之に因りて改む。千数百年の律書、是に至り面目これが為に一大変す。実に時、之を為す也」といい、唐律から明律への変化を論じた。右の「六部」とは、中央行政官庁たる吏、戸、礼、兵、刑、工の各部で、政治の実権が六部に帰したことに合わせて名例律と吏、戸、礼、兵、刑、工の各律の計七編を立てたことを論じている。「千数百年の律書」とは唐律に代表される歴朝の律のことをいう。沈家本は『明律目箋』（『沈奇簃先生遺書』甲編所収）にも右と同様の見解を示している。

　では、中央の六部に合わせて編目を立てることが、何故「一大変」といえるのか。唐律の場合『四庫全書総目提要』（二〇〇巻、乾隆帝勅撰一七八二年成書、略して「四庫提要」などということあり。提要編纂は大事業であり、清朝学術の精華で、旧学の学術的総括でもある）は『唐律疏議』を批評して、「論者謂唐律一準乎礼以為出入、得古今之平（論者謂う、唐律は一に礼に準じ、以て出入を為し、古今の平を得）」とした。「唐律は一に礼に準じ、以て（罪の）出入を為す」とは、人の行為を罪に入れたり出したりすることが、「礼制」の価値基準に見合っていることをいう。あるいは刑罰の重い軽いのバランスが礼制の重い軽いの価値基準に見合っていることをいう。『明史』刑法志も「唐撰律令、一準乎礼以為出入（唐は律令を撰し、一に礼に準じて以て出入を為す）」としている。

　礼制は万人が共通して認めている行為の基準（註14で述べる）であるからして「古今の平（「平」は公平の平）を得」なのである。すなわち唐律は礼制による秩序維持を第一に置いているというのである。

　沈家本の後、薛允升撰『唐明律合編』（徐氏退耕堂刊本、一九二二年。万有文庫で中華民国二十六年〈一九三七〉に復刻された）に付された「徐世昌序」は明律の由来を説き、また唐律と明律との得失を論じた中で「唐律一本於礼、得古今之平」と「四庫提要」の評語を踏襲している。近年の『唐明律合編』復刻点校本（中国律学叢刊、法律出版社、一九九九年）の「点校説明」でも、懐效鋒氏は明律の高度の発達を論じた中で「一大変」につき沈氏の言を引用し、唐律については「一準乎礼、而得古今之平」と「四庫提要」の言を使用して説明する。これらは唐律と明律との比較研究であるが、奥村編『薛允升　唐明律合編稿本上下』（稿本影印復刻、関西大学東西学術研究所資料叢刊二四の一、関西大学出版部、二〇〇三年。徐氏退耕堂刊本ほか最近の中国での復刻本二種の刊本との校合を付す）の「奥村序」（上巻、六〜八頁）中にやや詳しく唐律から明律へ変化の経過や明律の性格について述べている。なお、この稿本というのは、関西大学内藤文庫架蔵本のうちの内藤乾吉氏旧蔵本であって、流布本たる「徐氏退耕堂刊本」の稿本（鈔本）である。薛氏の自筆修正文などを含む。

「四庫提要」の『唐律疏議』に対する批評は一言にして唐律の性質を喝破したといえるものであるが、この批評を踏まえるからこそ、沈家本は明律が「千数百年の律書、是に至り面目これが為に一大変」した、というのである。では明律の内容の特徴はどうか。

唐律に対する「四庫提要」の批評の言をさしずめ模倣して表現すれば、明律は唐律の「一に礼に準ず」ではなく「一に六部に準ず」とでも表現できるかもしれない。「礼に準じ」た唐律一二編の構成と排列、すなわち編目構成が、明律の示す六部なる行政権力機構の便宜に合わせた七編の編目構成に切り替わるというのは、律なる法に向き合う考え方の根本が変化したことを示すのであって「一大変」というにふさわしい。明律では、礼は礼としながら現実社会を統治する法としての律の仕組みをより現実に合わせ、実践的な編成に組み上げたといえる。刑罰の軽重もまたしかりである。

ここで立法史の中の明律の位置を知るため、律の編目の変化発展の概略をいうと、漢朝以来南北朝を通じて発達した律は河清三年（五六四）北斉律で一二の編目構成を立て、隋朝の『開皇律十二巻』（五八三年）に引き継がれ、唐朝は開皇律を引き継ぎ、武徳律（六二四年）、永徽律（六五一年）、開元律（七一九年および七三七年）

はすべて一二の編目構成である。理論としては永徽四年（六五三）に『律疏』（『唐律疏議』、元刻本では『故唐律疏議』。『律疏』とは唐朝の正式名）が撰定されるに及んで完成の域に達した。ここで漢代以来の律の体系的総括がなされたといえる。その後も律は時に応じて個々の条文などが変化するのは当然ながら、一二編の枠組みは変わらず、その影響は明の洪武七年（一三七四）律に及び、洪武二十二年（一三八九）律で七編になるのである。

「四庫提要」が「唐律一準乎礼」というのは、この長い律の発達の姿の根本に、もともと律（あるいは広く法なるものも）が礼制に由来し、動かぬ原理が一貫しているという認識があるからである。元朝の泰定本『唐律疏議』の「柳贇序」にも「礼、刑其初一物（礼と刑とはもともと一つだ）」云々とあり、孫星衍（一七五三～一八一八。乾隆・嘉慶期の考証学の大家）は「『重刻故唐律疏議』序」で「律出於礼（律は礼に出ず）」といっている。これは単に空疎な修辞とはいえないのであって、人々を規制する「礼」が法律に発達する経過があり、たとえば「礼、楽、刑、政」と機能分化していくといったことである。すなわち、かく機能分化してもしょせんは刑も政（禁令の意）も礼に包摂され、広い意味の礼にほかならぬということがある。この件は註5の小島祐馬「中国古代の祭祀と礼楽」に詳しい。

いうまでもないことながら、律は現実に機能した法で、単に理想の空文を維持しただけだ、などと簡単に片づけられる問題ではない。「四庫提要」の認識は十分に理由があることであり、唐律を見るとき、一方に「一に礼に準じ」を置き、一方に沈家本の「一大変」なる説明を見れば、唐律から明律への変化の特徴を理解できる。

明・清の律がより現実に合わせ（宋朝以後の社会の変質があるからには当然）実践的になり、「一に礼に準じ」

た唐律の組み立てを放棄し、七編としたけれども、これは法典の編成方針に基づくことであって、礼そのものを放棄した、という問題ではない。律の基本には礼制があることはいうまでもなく、統治の理想においても礼制を放棄したわけでは決してないことはいっておかねばならない。それを明清の『会典』という法的編纂物で見てみよう。

『会典』は「律例」とは別に編纂された国家行政全般を包括した法規集であって、律における「条例」と同じように「則例」がつく。律と条例、会典と則例の区別については「第一節」に述べた法規の二大分類基準（刑罰法規と非刑罰法規）を想起すればよい。ただし、個々の規定を見れば規定集と思えばよいが、滋賀秀三氏は「いわば国制総覧」とされている（滋賀秀三『中国法制史論集』創文社、二〇〇三年、第一章二四九頁以下、第二章三〇三頁以下）。一方で編纂物として見れば、単に規定集でないことがわかる。狩野直喜氏は、「吾人が清朝制度を取りて委細に之れを見ても極めて無味乾燥なる行政法規の羅列されたる中に、之れを一貫する政治上の理想を見出す事を得。つまり五経四書及び儒家の唱えたる政治道徳の主義が、具体的なる法規の形を以て羅列されたるに外ならず。それで我輩は之れを経学若しくは儒家学説の応用として見る事が出来る。此の点が尤も興味ある事なり。此れは清朝制度に限らず、明の制度を標準として見ても唐の制度を見ても亦同じ事である」（狩野直喜「清朝制度」『清朝の制度と文学』みすず書房、一九八四年、二七六頁）と論じられる。

明の『正徳会典』（正徳四年〈一五〇九〉）が撰せられた際の「御製『大明会典』序」には「周の礼制、号して大備と称す。下は漢唐宋に及び、皆会要あり。而して唐の『六典』尤も詳《つまびらか》且つ悉《つく》せり。我が太祖高皇帝、古を稽へ制を創り、分けて六卿を任じ、著わして『諸司職掌』をつくる」云々といっている。会典が『諸司職掌』を軸として編纂され、編纂方式を『唐六典』に倣ったことを明確に述べている。『唐六典』は唐朝の開元当時の官職と職務の内容を「羅列」している（ただし、制度の沿革を付している）のだが、意図は明らかで、開元盛世の統治の姿を誇示し『周礼』になぞらえようとした編纂物である。このように礼制なるものが『周礼』から『六典』、そして『大明会典』『大清会典』と一貫してつながることについては、小島氏も前掲論文（註5）に記されている。『会典』はその編纂自体が理想の統治としての礼制を意識していることは疑えない（『唐六典』著述の材料となったのは、当時の法たる律令格式で、それを抄出しており、法律そのものの編纂物〈法典〉ではない。『会典』編纂の意図は同じである）。だから狩野直喜氏が「（礼は）中国に限られたものであって、……。ある意味よりするときは今日（清朝末のこと）まで中国に行われて居る」（狩野直喜『中国哲学史』岩波書店、一九七八年、一七五頁）とされるのは、「礼制」の理想を求める思想上の背景があることであって、内藤乾吉氏も「唐六典の行用について」で、「礼と法との二事は所謂王者の端である。礼を以て法に入れ、法を以て礼に本け、二者を一致せしめることが王者の理想であるならば、六典はその形式に於いてこの理想を表そうとしている」（前掲註5内藤『中国法制史考証』八四頁。原載『東方学報 京都』第七冊）と『六典』の編纂物としての性質を表現されたのも同じことである（註14・註5を参照されたい）。これらは旧中国の法典または法的編纂物の根本思想を表わしており、まぎれもなく旧中国法の特徴なのである。また『会典』が「刑部」のところで律条文を含んでいるのも、刑罰の関係も行政の一つであること（『唐六典』が刑部の条下に「律」のある部分を採録しているのと同じである）を思えば理解できる。

明清律は「一に礼に準じ」た唐律と違って、きわめて実践的になったが、『会典』の編成を見ると明清両朝が決して「礼制」を放棄したわけでないことがわかる。

ここでは「編目構成」の比較が法典の基本を理解するのに必要な要素であり、またこの比較が唐・明律の比較で述べたように、法典の歴史的評価すなわち法の発展の動きの中での唐律から明清律への変化を知るのに編目構成の検討が不可欠な場合があることを述べるにとどめる。

註10
ここでは律の編目構成のみの観点で比較したが、唐律・明律各条文の詳細な比較は註9の文中に記した薛允升撰『唐明律合編』を第一にあげなければならない。薛氏はここで各条を比較してその得失を論じている。

註11
「呂刑」の「五刑」以外の刑罰もある。同じ『書経』の「舜典」の刑罰記事では「象以典刑、流宥五刑、鞭作官刑、扑作教刑、金作贖刑」といい、「五刑」以外に流、鞭、扑、金を記録する。漢代鄭玄はこれに注して「五刑の外」といっている。

註12
肉刑と死刑とをあげると、秦に参夷の誅、鑿顚、抽脅、鑊烹、車裂が、漢に夷参族、梟首、腰斬、棄市、宮、斬左趾、斬右趾、劓などが見える（『漢書』『六典』など。また程樹徳『九朝律考』上海商務印書館、一九二七年初版）。このうち多くは先秦の遺制であろう。他にいわゆる労役刑もある。

註13

騶衍の五行説は、森羅万象を五種に分けてとらえようとする。万物を生ずる五個の元素、木、火、土、金、水（五行が生成する順に相剋説は木、火、土、金、水の順序、相生説は水、火、金、木、土の順序である）を五行といい、互いに関連、移り変わりがあり、万物は五行から逃れることはできない（詳しくは狩野直喜『中国哲学史』岩波書店、一九五三年、六八頁以下）。よく使われる例をあげれば、方位を五行に「配当」（当てはめることをいう）すると、東方は木に、南方は火に、西方は金に、北方は水に、中央は土となる。色に配当すると、青は木に、朱は火に、白は金に、黒は水に、黄は土となる。方角と色とを合わせると中央の色は土であるから黄色であり、天子の色として使用する。そこから天子の正装の衣服の地色は黄色、紫禁城の屋根瓦は黄色を使用するなどのルールが生まれる。また、元来星座の形象であった「四神」を描くのに、東方の天空の竜は必ず青色に描く。すなわち青竜である。同様に南は朱雀、西は白虎、北は玄武（玄は黒色、武は亀蛇合体の姿）となる。季節に配当すれば、春は木、夏は火、秋は金、冬は水、四季のうちもっとも盛んな時期を土とする。今も夏の土用とはよく聞く言葉である。万葉集で金風を「あきかぜ」と読ませるのもそれである（他に五気、五時、五声、五常など）。各王朝を五行に配当してその歴史的変遷の原理を考えることもある。この場合は歴史に一種法則性を認めようとしているわけで、要するに古代の形而上学である。「経書」やその注も五行説の影響を受けている。

「五行説」は戦国時代の騶衍の説であるから、墨、劓、剕（刖）、宮、大辟などの『書経』呂刑の「五刑」の記事は太古穆王のときのことではなく、戦国以後の思想が反映されていて、「呂刑」もまた戦国のころの諸種の刑を墨、劓云々などと五行で整頓したであろうと考えられる（註11参照）。

註14

「現実の統治のかたちを『経書』に引き寄せようとする」と述べたことにつき、編纂物としての「経書」のもつ機能について述べておく。「経書」の問題は一知半解で軽々に論ずることはできないが、「経書」には二つの方向の機能があることはわかる。第一は歴史史料としての機能であり、第二は理想の規範としての機能である。

第一の歴史史料としての機能は、たとえば『書経』「舜典」のように（註11参照）堯舜の時代に「五刑」など整頓された刑罰体系があるわけもなく、西周の時代に『周礼』のような整頓された官職制度があるわけでもない。しかし個々の記述については、多く先秦時代の事実を伝えていることがある。だから「経書」は中国最古の歴史史料でもある。それは「経書」が「編纂物」（著述）だからで、その材料となった記録（史官、記録の官による事実の記録）をある時点で一定の方針を立ててその材料たる事実を編纂するから、編纂物にその時点の思想あるいは歴史認識が投影される。たとえば『周礼』が示す整然とした官僚組織体系は理想を示しており、西周の時代には史実としてはまず考えられないが、その材料となった個々の官職の存在は他の古書との比較検討（たとえば『周礼』と『礼記』「王制」との官職制度や官職名の比較、他の「経書」や『史記』『漢書』など古書との比較）などから、周に実際に存在した官職であることに確信がもてるものがある、ということになる。これらは『周礼』が含む史実である。章学誠（一七三八〜一八〇一。史論をもって鳴る）は「六経（五経と楽）は皆史なり。古人書を著さず、古人未だ嘗て事を離れて理をいわず（事実を離れて道理を説かない）。六経は皆先王の政典なり」（『文史通義』）といっている。

第二は規範としての思想的な機能で、まず思想研究の面からでは、本文でも記したように「五経」を尊重しそれを生活の規範とすることについて、吉川幸次郎『支那人の古典とその生活』（岩波書店、一九四四年。一九六四年改版）に嚙みくだいた文章がある。その中で「経書」の規範性につき、「この『五経』というものが、道理そのものであると、考えられる」（同書、四頁）とされ、さらに、「経書の背後に何か道理があってそれを『五経』が体現しているのでなく、『五経』自体が道理そのものと意識される」と述べられ、「古典（「五経」）は生活の規範なのでありますが、単にそればかりではありません。具体的な生活、つまり目に見、耳に聞くことのできる生活、それをも古典（「経書」すなわち「五経」のこと）に一致させようという努力が、甚だ旺盛なのであります。その例を二三申しますと、支那の行政官庁、それを唐以後は大体六つの部に分かちます」云々（同書、五頁）として『周礼』の六官と後世の六部との関係をあげられている。

同趣旨の見解は狩野直喜「清朝制度」（『清朝の制度と文学』みすず書房、一九八四年）にすでに示されている。「凡そ支那の制度は理想的制度と実際との区別明白ならず……。唯理想としてはかくありたし、あらねばならぬという事を法規に表して居る。これは勿論清朝に限らず、明亦然り。猶遡りて考へたらば周礼亦然りと言はねばならぬ。……。吾人が清朝制度を取りて委細に之を見ても、きわめて無味乾燥なる行政法規の羅列されたる中に、之れを一貫する政治上の理想を見いだす事を得」（同書、二七六頁）、また「支那の制度は初めに政治はかくなくてはならぬといふ理想、即ち堯舜以来の政治に関する理想を、行政法規としてあらはしたるもので、理想は即ち永久不易のものであるから、之れを改める事ができないのである。……。理想的若しくは実際的の行政法規を載せたるものを、典若しくは会典といふ。（『唐六典』『元典章』『明会典』『清会典』を例にあげる）典に執着する考へは支那に著し」（同書、二七九〜二八〇頁）。ここで理想といわれるのは、いうまでもなく「五経」に記された規範である。

また史学研究の面から、内藤湖南「唐代の文化と天平文化」（『内藤湖南全集』九巻、筑摩書房、一九六九年所収、一八四頁以下）にも同様の趣旨が見える。関係部分を要約すると、以下のようになろう。官職は理想から発達する官職と実際必要上発達するところの官職との両方から発達した。理想については、今文派と古文派の二派があり、古文派は『周礼』を理想とし、官職は六官を立ててそれぞれ六〇の属官があるように、六の倍数で官職を揃える。今文派は『礼記』王制篇の示す制度を理想とした官職組織を考える。天子の下に三公を立て、順次、九卿、二十七大夫、八十一元士、と三の倍数で官職組織を考える。この二つの理想の官と現実必要の官とが組み合わされて唐代の全体の官職組織が生まれる、と論じられている。ここで理想というのは、やはり「五経」の示す規範であることはいうまでもない。さらにこの理想の官にしても、『周礼』と『礼記』王制とを組み合わせているため、同じ中央の裁判担当の官で尚書省六部（『周礼』からくる）のうちの刑部があり、また九寺（『礼記』王制からくる）のうちの大理寺があり、職務が重なる。その結果、冗官が生まれ、それは不合理だとして杜佑が『通典』で指摘している、と概略かように論旨が進められている。

法史学研究の面から述べると、註9には「礼制」と官職制度にふれているが、その終わりのほうに、内藤乾吉「唐六典の行用について」の所論を揚げておいた。もう一度ここで引用しておく。「礼と法との二事は所謂王者の端である。礼を以て法に入れ、法を以て礼に本け、二者を一致せしめることが王者の理想であるならば、六典はその形式に於いてこの理想を表そうとしている」とされた。これは『六典』なる「編纂物」について述べられたものだが、王者の理想云々は制度全般のことで、『六典』なる編纂物はそれを表現しているとの趣旨である。

以上、いずれも「経書」と「礼」と「官職制度」の関係を説かれた論説である。「経書」に発する「五刑」

の問題も事情はまったく同じである。

なお、かつて「五刑」に関しては拙いが論じたことがあり、今も基本的な考え方は変わっていない（奥村「唐律の刑罰」大阪市立大学『法学雑誌』八巻二号、一九六一年）。

註15

漢の文帝即位十三年（前一六七）の刑制改革によって、従来の肉刑中心の刑罰のありようが、労役刑中心の刑罰の体系に変化したのは、刑制史上の転機であることは間違いない。しかしなお刑罰を五種に限定することはなく、さまざまな刑罰があった。成文の法で「刑名」が五種に限定されるようになったのは魏になってからである（註3）。魏は「魏律十八編」を立て（明帝在位中二二六〜二三九年）、「刑名律」を置いて、刑罰を「五刑」なる五種に限定しようとした。「魏律序略」（『晋書』刑法志）は、その事情を「更依古義制為五刑（更に古義に依って制して五刑をつくる）」といっている。古義とは「経書」のいう五刑にほかならず、刑罰を五なる数にまとめる根拠を「経書」に求めたものである。もっとも漢の文帝の刑制改革から刑種も変化し、本文に記した「呂刑」の当時とは違う。しかし、かく現実の法を「経書」に合わせようとする考え方（註14）は、刑罰以外でも漢末には顕著に現われている（『後漢書』梁統伝・陳寵伝、『晋書』刑法志）。陳寵は「科条限りなき」状態を改め律令を定め「『経』に応じ義に合する」もの三〇〇〇（『書経』「呂刑」に「五刑之属三千」とあり、『礼記』中庸に「礼儀三百。威儀三千」とある）とし、「礼と相応ぜしむべし」といっている（『後漢書』陳寵伝）。現実の条文数をも法のうえで三〇〇〇に合わせようとする理想がある様子がわかる。「魏律序略」によると「魏律」はかかる状況を受けて現実の刑罰もまた「五刑」（五刑といって七種揚げているが理由はよくわからない）と定めたのであろう。

その後、五種の刑がはっきりうかがえるのは、北斉（死、流、刑罪〈耐――労役〉、鞭、杖）で、後周では「五刑之属、各有五（杖、鞭、徒、流、死）、合二十五等」（『六典』）と、ほぼ隋唐律の刑名に近づく。刑名や刑罰の量は時代、国、民族によって異なるものであるから難しい問題であるが、中国では隋唐に至って笞、杖、徒、流、死の「五刑」の基本類型が確立され、その後隋唐律に定められた「五刑」は動かすべからざるものになって明清までつながる。

かかる「魏律」以来の経過は、刑種の決め方において、その背景に「経書」の「五刑」があることは否定できない。先に述べた、現実の制度を「経書」に合わせようとする思考方向の一つの現われである。唐太宗が律改正を命じた際（貞観元年〈六二七〉）、肉刑たる刖刑《げつ》（片足を切断）の復活論があり、絞刑（死刑は絞と斬の二種）五〇条を議し、死罪を免じて断右趾（右足を切断する）にしようとする意見があった。太宗はその議を認めたが、その論拠は「生を以て死に易《か》える」のだから寛なる法だ、というものである。さらに議論させると、裴弘献等が「往古『五刑』（「経書」にいう「五刑」）があって、刖刑はその一つだ。肉刑（刖刑は肉刑の一つ）は廃止されて（漢の文帝による）久しくなり、今は笞杖徒流死の五等の刑を定めて、五刑に備え（「以備五刑」〈経書の「五刑」に擬した〉）ている。今、刖刑を加えると、『六刑』になるではないか。刑種を増やすことは煩であり峻を加えることだ」云々と建議し、刖刑はとりやめになった（『旧唐書』『新唐書』刑法志）という。「六刑」は避けなければならないのであって「五刑」に執着する様子がわかる。

註16

明清律には「図」が附載されている。図は律本文を読み取るのに、基本的でかつ複雑な規定を表で示したもので、たとえば明律では「五刑図」、複雑な親族関係の「諸図」、五刑に相応する贖の値の「諸図」などである。いずれも律の実践段階で官や吏が法適用を誤らぬよう作製されたものである。テキストによっては、まとめて冒頭に置いたり巻尾に附載したりしている。『新律綱領』『改定律例』も冒頭に「図」を置き、明清律に倣った形式をもつが、内容はもちろん違う。したがって彼我の律の比較のためにも十分な要素となるものであるが、ここでは割愛した。内容があまりに細かくなり過ぎることもあり、比較の結果どう評価するかにつき、ためらいがあったからでもある。たとえば明清律には存在する「五刑図」は『新律綱領』にはない。もし、本文で論じたように、五刑の他に閏刑なる刑種が増えたのだから、「五刑図」の代わりに『新律綱領』独自の刑罰の総図というべきものが入るべきところであるのにそれがない。意図的に作製しなかったのだろうが、では『新律綱領』の意図は何かといえば、刑罰体系が理論的にも成立していなかったからであろう。

ちなみに「図」なるものは、もともと元刻『故唐律疏義』（泰定本）に附刻されたのが始まりであり（唐律の一二の各編に分載している）、唐の『律』自体にも『律疏』自体にもないものである。元刻『故唐律疏義』が「図」を附加したのは元朝の泰定二年（一三二五）で、劉有慶「唐律纂例序」によると「図」（王元亮撰）は王氏が「『史記』の諸表の方式に従って『図』をつくる。難解な成文五刑三千、掌を指《さ》すようだ。これも亦仁である」といっており、「図」の製作意図は、元朝の特異な法状況（法典公布がない）のもとで、官僚の唐律に対する理解を必要としたことによるものであるのは明らかである。

註17

内田智雄編「訳注晋書刑法志」（『訳注中国歴代刑法志』創文社、一九六四年）には原文と口語訳との対訳および丁寧な注がある。

劉頌の上書は法理の発達経過を知るうえで貴重な文献であるが、長文かつ系統的なので、このように一部分のみ切り取ったのでは不十分であるが、ここでは論旨に必要な部分にとどめている。

また上書の時期であるが、彼が三公尚書となって律令を論じたのは、本伝によって元康九年（二九九）とわかるから、晋律令公布（二六七年）の後である。彼の上書中の言葉には律令を説明している風が見え、なお律令が徹底していないことをうかがわせる。

註18

奥村「旧中国の罪刑法定主義の性質」（註4）では、近代的な思想の背景なしに「法律なければ犯罪も刑罰もない」という法律がいかなる背景のもとに生まれてきたか、を究明することが趣旨で、官僚制度の諸特徴（職分と公文書主義）に原因を求めたが、とくに「公文書主義」について補足の必要を感じている。すなわち「罪刑法定主義」は、犯罪行為に対する処罰規定がすべて成文の法で表わされていることによって成り立つ。では成文の法なるものがどうして三世紀後半の「罪刑法定主義」に至るまで発達したのか、という問題がある。以下補足の概略を述べる。

上古、統治の必要から記録を必要としたが、この記録がすなわち「史」（『説文』に「史は事を記す」とある）で、古代の文書といえば官の記録であり、記録を担うのは「史官」であった。周の時代には「太史」という職があったことは確かである（金文。毛公鼎の文中にも見える）。『周礼』「春官」に文書を扱う「大史」という職があり、国の統治を受け、法を受け、文書を職《つかさど》ることが記されている。また暦の記録も職務の中で、官府に頒布し、朔日を国に「頒告」するともいう。大史の他に小史、内史、外史、御史の官があり、それぞれ分担して王命を書写記録した。たとえば大史は「掌灋以逆官府之治（灋〈法〉を掌り以て官府の治を逆《むか》ふ〈法を記録して官府の統治を迎え受ける〉）」とか、外史は「外史掌書外令。……。若以書使于四方則書其令（外命〈畿外への命令〉を書するを掌る。……。若し書を以て四方に使いすれば則ち其の令〈王命〉を書す）」といった職務であり、王命を受けて記録し、使者に預ける王令を書写するなどのことが記されている。

春秋の時代になると各国の記録があり、地方の記録も『周礼』外史の職の範囲である。その「注」に魯の国の「春秋」、晋の国の「乗」、楚の国の「檮杌《とうごつ》」が地方の記録としてあげられている（『孟子』離婁下）。このうち「春秋」だけが残り、「経書」の一つになった。内容は魯国（孔子の生国）の年代記である。漢代に入り、『史記』『漢書』などには当時残されていた官府の記録類が著述の材料として用いられており、官府の記録の語や文が両書にはそのまま使用されていることが多いとされている。

かくて、記録が統治行為と密着して発達し、時代とともに徐々に増加してきたことについて、だいたいはうかがえるが、記録担当の史官は、きわめて古い時期から官職として引き継がれたことが、記録を残すうえで大きく影響したと思われる。

『漢書』芸文志に「古王者世有史官、君挙必書、所以慎言行、昭法式也。左史記言、右史記事、事為春秋、言為尚書、……（古の王者、世世史官有り、〈史官は〉君挙ぐれば〈行動すれば〉必ず書す、言行を慎み、法式を昭らかにする所以也。「左史」は言を記し、「右史」は事を記す、事は春秋たり、言は尚書たり、……）」というように、王者の言行は記録される。文字化された王の記録は命令でもあり、先例でもあり、統治記録でもあり、それがすなわち後の法の機能を果たしていたことになる。

だから、法はすべて文字に表わされ、行政もまた文書を軸に初めて機能するという「公文書主義」や「罪刑法定主義」の前提たる法の文字化の状況が生まれるのは、文書とその記録の発達の結果と見ることができる。やがて秦を経由して漢代に至れば、統治記録の文書化の状況はほぼ動かぬようになったと思われる。されればこそ、晋の劉頌の建議（『晋書』刑法志いう「律法もて断罪するに、みな法律令の正文を以てすべし」）が可能であった。さらにこうした発達の経過の背景には「春秋決獄」の示す考え方や、漢代に発達した「経書」の注釈学（訓詁学）の進歩があって、やがては法注釈の場において、注釈家または注釈学の関与（魏初、律の鄭玄の注の採用）があり、法理の進歩に貢献したと思われる。

右の「春秋決獄」の示す考え方というのは、漢代董仲舒（前漢の春秋公羊学者）は、当時官僚が決しかねる獄案に出会えば助言を彼に求め、答えるに『春秋』をもってしたという。これを「春秋決獄」という。成文の法が明記していない、あるいは疑義のある不法行為を裁く根拠を「経書」の『春秋』の記録、すなわち先例に求めたのである。『春秋』は文字化された規範（「経書」の規範性については註14を見られたい）であり、この規範に先例を求めたことになる。こうした経過は文字化された法に根拠を求めることに直接つながる。

また「法注釈の場におけるに注釈学の関与」といったのは次のようなものである。後漢末、鄭玄、馬融ほか大儒の法注釈が盛んに行なわれたことは『晋書』刑法志に記録するところである。注釈学とは経書の文章中の用語の概念を突き止め、「経書」全体の訓詁の統一を図り、もって「経書」の体系性を維持しようと目指すものである。鄭玄、馬融ら後漢末の大儒の律の分野への参入は、法注釈にこうした経書の「注釈学」の手法が入ることであり、統一のない当時の個々の法規の統一に応用され、よって法の統一性維持（理論形成の基本）に大きな武器となったに相違なく、あらゆる行政は文書なくしては動かないという「公文書主義」もそれとともに発達した。裁判も行政行為の一つであったから例外ではない。これらはすべて「罪刑法定主義」の発生と深くかかわる。

もっとも、西洋で生まれた、もしくは現代社会の「罪刑法定主義」（権力に対する個の重視）と思想、形態が同じでなければ「罪刑法定主義」ではないとか、あるいはいわば法の外にあって法の定立に絶対的権力をもった皇帝の存在があれば「罪刑法定主義」ではない、というのであれば、律に「罪刑法定主義」などはない。そうであれば「諸断罪皆須具引律令格式正文」の条を「罪刑法定主義」と呼ばなければよいというだけのことで、単に言葉の表現の問題にとどまってしまい、問題追究は行き詰まりになるおそれがある。現代を標準にして過去の法を安易に評価するならば、過去のあらゆる法は現代法ではないのだから、法史研究の意義がなくなってしまいかねない。それでは現代の我々が歴史に学ぶことはできないではないか。

問題は、近代的な思想の背景なしに「法律なければ犯罪も刑罰もない」という法律条文が存在していたという事実であり、その事実を生み出した法的環境が何であるかである。すなわち、かような問題は、律の発展過程、言い換えれば「史」の中にある。

ただし念のために付け加えると、この「罪刑法定主義」は犯罪事実が確定されれば自動的に適用条文と量刑が決まり、裁判官が量刑を裁量する余地がない構造になっており、このことは本文で述べているとおりである。

以上、「史」自体の歴史的展開の事実関係や評価の基本については内藤湖南『支那史学史』（一九五九年。

『内藤湖南全集』一一巻、一九六九年所収、とくに一～一〇五頁）に詳しいし、より明快でもある。筆者の右の文は『支那史学史』を基本知識とした。ただ、本節では統治上の「公文書主義」の背景を説明しようとしており、そのために筆者の考えが入っていると承知されたい。

註19

内田智雄・日原利國校訂『律例対照定本　明律国字解』（創文社、一九六六年、五〇六頁）。『明律国字解』は荻生徂徠の明律注釈で、江戸期の中国法研究のもっとも優れた水準を示している。テキストについては、江戸時代にはいくつかの版本や物観本（物観は徂徠の弟荻生観。享保八年〈一七二三〉翻刻され、明治三年〈一八七〇〉補刻本がある）がある。「図」「問刑条例」が付され、「御製大明律序」「進大明律表」がある。内田・日原校訂本は物観本に天理図書館蔵の徂徠自筆稿本を配し定本とした。内田解題、明律目録、問刑条例目録、条文番号、語彙の索引、および引書目を付している。

註20

滋賀秀三、唐律名例訳注（律令研究会編『訳註日本律令五　唐律疏議訳註篇一』創文社、一九七九年、三〇二頁以下）。また、同氏『中国法制史論集――法と刑罰』）（創文社、二〇〇三年、八四頁註一〇）。なお、本章でさらに論じる唐律の「断罪無正条」と明律のそれとの変化の姿についいは、滋賀氏も右名例訳注で、「この変遷が何を意味するかについての立入った研究は将来にまたねばならない」（三〇四頁）と注意しておられたが、筆者の見解は本文で述べたとおりである。

「比附」については同氏『中国法制史論集』（三六四頁以下）、仁井田陞『中国法制史研究（刑法）』（東京大学出版会、一九五九年。補訂版一九八〇年。六章二節「法の類推解釈」、二六五頁以下）

註21

『唐会要』（巻三九、定格令）および『通典』（巻一六七、刑法五）。

趙冬曦の上書自体は、「断罪無正条」の条を立てることによって、律の数百条を廃止してしまったが、弄法の臣も必ず出る、人民にはわかりがたい、とし、さらに「以準」「加減」「比附」「原情」「挙軽以明重」「不応為」など、律に必須の概念までも全部用いてはならない、と主張している。律の「罪刑法定主義」のもとで、犯罪行為が事実と認定されれば自動的に刑の量が決定されるという構造をもつ律では、裁判官は量刑の幅の選択権をまったくもたない。趙冬曦の主張どおりであれば、法は際限なく膨れ上がる道理で、彼の主張はそのほうがよいというのであるが、はからずもこの議論の中に「断罪無正条」のもつ意味（数百条を廃止）を知ることができる。結果は立法技術のうえでも無理と考えられたのか、その後の津を見れば彼の議論は採用されなかったことは明らかである。明律「断罪無正条」の条は唐律より綿密な手続を規定し、明清律まで引き継がれたことは、本文に列挙したとおりである。

第五章

『令集解』の頻用助字類覚書

奥村郁三
赤井靖子　共編

『令集解』は平安時代前期（八三〇年から八六八年までの間）、惟宗直本《これむねのなおもと》撰。養老令の諸注釈を纂修し一書をなした。養老令の本文を掲げ、次に割注のかたちをとっているのは、『令義解』の形態と同じである。注釈は「義解」をまずあげ、次に「集解」の各説をあげる。各説の順位に法則性があるかないかは現況では確認できない。

本章は、『令集解』文中に頻用される助字の用法についての覚書である。輪読会（「まえがき」参照）は精読を旨としているが、なお理解できない文がある。理由はいくつかあるだろうが、一つは「集解」の文体が特異であるからでもあろう。特異さの中でも、助字の頻用が目立つのは一つの特徴と思われる。そこで輪読会の予習のためのノートから助字の類を抜粋して整頓した、いわば勉強の記録のようなものである。

各注釈は詳細・緻密であり、いってみれば法の「注釈力」（法的思考力）を示している。いったん注釈力を獲得すれば消えることはない。後代の明法博士による「勘問」にもつながり、江戸時代にかなりの写本が残されているのは研究がつながっている証拠である。「訓詁的遊戯化」とか「この書（集解）が客観的には回顧的な注釈大成にすぎないものであった」という評価があるが同意できない。「集解」の事実的記録はもちろんであるが、法的思考、注釈力の水準こそが、次代の法への遺産であることを知るべきである。

まえがき

この覚書は、次の四項目からなる。

Ⅰ　『令集解』に見える頻用助字類の使用例（附：凡例）

・国史大系本、公式令、七八八〜七九一頁に見えるもの。

Ⅱ　『令集解』頻用助字類　略表採用助字一覧

・次項「Ⅲ　『令集解』頻用助字類　略表」に採用した助字の一覧。

Ⅲ　『令集解』頻用助字類　略表（附：凡例）

・本章の本体部分である。採用助字類の語法とその関連の助字類をあげている。

Ⅳ　『令集解』頻用助字類　略表収載助字索引

・「Ⅲ　『令集解』頻用助字類　略表」の索引。

以下の覚書は「令集解輪読会」(註)の予習のために、折にふれて記したノートである。むろん筆者は中国語学の専門家でなく、辞書を引くようなかたちでの予習の記録であり、見当違いもあるかとは思うが、輪読会のメンバーや『令集解』を読もうとする同学の士が、解読にあたって時に迷いがあったり、また確信がもてなかったりすれば参考にしてもらえればと思い、ノートを整頓したものである。

いったい、『令集解』の文体は特異なもので、和語ではもちろんないし、さりとて「義解」や「古記」「令釈」は別として、集解各説は洗練度の高い漢語の文言文というわけでもなく、和習漢文でもない。漢語で記された（語序は漢語のそれである）一種のメモという趣である。ただ、文中に使用されている助字類は、漢語で使用される意味・用法に当てはめれば十分よく意が通じる。だから、おそらく集解各説の執筆者は漢語に習熟していたのであろう。それだけに、各説の文章がメモ的であるとの感を深くする。

ここで掲げた助字の種類はさほど多くなく、使われ方も集解全編を通してほぼワンパターンであるといってよい。だから、ここであげた助字類だけでも全体の七割から八割方は解決するという感触をもっている。なお、既刊の奥村郁三・薗田香融編『令集解官位令職員令語句索引』（関西大学東西学術研究所研究叢刊七、関西大学出版部、一九九〇年）および奥村編著『令集解所引漢籍備考』（関西大学東西学術研究所研究叢刊一四、関西大学出版部、二〇〇〇年）は、上記「令集解輪読会」での研究の一端である。

（註）「令集解輪読会」とは、もともと関西大学東西学術研究所の研究班の一つである。昭和五十四年（一九七九）、横田健一、薗田香融、奥村などが設立した組織であり、学外からも同学の士を招いて開催しているもので、平成十四年（二〇〇二）以降は、メンバーの一人である現関西学院大学名誉教授・林紀昭氏を代表として継続されている。林紀昭氏に会がゆだねられたのは、林氏の学殖によるのはもちろんのこととして、京都大学には過去、三浦周行先生以来、森鹿三先生に至る集解研究の累積があり、集解の「学統」といえるものがある。林氏は若かりしころ、集解に関して森先生の薫陶を受けられた。かような京都大学での集解研究の「学統」の因縁にもよる。

Ⅰ　『令集解』に見える頻用助字類の使用例

凡例

1　国史大系本、公式令、七八八～七九一頁の四頁の範囲の使用例（常用漢字使用）である。

2　「(788) 1-a」は、国史大系本『令集解』七八八頁、第一行前列を表わす（aは前列、bは後列）。

3　各個の意味などは「Ⅲ　『令集解』頻用助字類　略表」の諸文献を見られたい。

4　「Ⅲ　『令集解』頻用助字類　略表」にあげている諸文献の他は、全般的に水本浩典・村尾義和・柴田博子編『令集解総索引』（二冊、高科書店、一九九一年）などを適宜利用した。

使用例（頻用している姿の例示。ここでは四頁分のみをあげたが、全編類似する）

「耳」（頻用）

(788) 1-a「此亦奏耳」。ほか。

○「Ⅲ　『令集解』頻用助字類　略表」（以下「Ⅲ　略表」と略称）参照。「也」「矣」に同じ。断定の意。訓読するとき、日本語では「のみ」というより「なり」のほうがよい。

関連：「但……耳」

(788) 5-a「但番上随時宜耳」。

(789) 2-b「但名例律……是令取疏文耳」。

(789) 4-a「但免官以下、……会恩者同免例者、依疏文耳」。

(789) 9-a「但先者兵馬司之馬耳」。
(790) 5-a「但其知可准量耳歟何」。
(791) 7-b「但依職掌不可太政官耳」。
○(790) 5-a「但其知可准量耳歟何」と連接することもあるが、「耳」で休止し、「歟何」と続く。「耳歟何」が「耳歟」「耳何」とあっても同じ。

「但……也」
(790) 1-b～2-a「但至差發之日……依軍防令也」。
(790) 6-b「但不計贓也」。

「但……者」
(789) 2-a「但獄令云……及除免官当者」。
(789) 3-b「但本罪応奏……及経断不伏者」。
(789) 4-a「但免官以下、……会恩者同免官例者」。
(790) 5-b「但無文絁錦糸等准布五百端以上、可入此条者」。
○「但……者」は「Ⅲ 略表」の「者(3)」の項参照。疑問の提示。

「耳也」
(789) 7-b「答、臨時在耳也」。
○「Ⅲ 略表」の「耳」の項、「但」の項参照（耳矣と同じ。孟子梁恵王「尽心焉耳矣」）。

「者」（頻用。多義あり）

（788）1-a「同類自相犯者、不用此法律」。など。

○「Ⅲ　略表」の「者（1）～（3）」の項参照。

「歟」（頻用）

（788）1-b～2-a「問、右諸大祭祀、未知、諸字者属大祭祀之文歟、為当令蒙以下文歟」。

○「歟」（頻用）として例示したが、「為当……歟」の句は、「Ⅲ　略表」の「為当」の項参照。また、前記（790）5-a「但其知可准量耳歟何」参照。集解はほとんど疑問の提示。「歟」は何・哉・乎などと置き換え得る。

関連：「未知……歟」

（788）1-b「問、諸右大祭祀未知……歟」。

（790）9-b「問、……未知…歟」。

「未知……何」

（789）4-b「断流罪以上、未知可贖死流何。私案……」。

「未知……哉」

（789）6-b「未知誰奏哉」。

「為当……歟」

（788）2-a「為当令蒙以下文歟」。

○「Ⅲ　略表」の「為」の項、「為……歟」の項参照。集解には「歟」がなく「為当」のみの場合もある。

「仮令」（頻用）

(788) 3-a「仮令年事不入……」。

(788) 4-a「仮令用度物過多者、奏減之」。

(788) 4-b「仮令不合足朝廷之用物者、……」。

(789) 1-b「仮令獄令云、雖非六議、但本罪……」。

(791) 1-a「仮令依年凶荒、議奏給復之類」。

(791) 1-b～2-a「仮令依民窮而議量合免課役之類……」。

(791) 4-b「仮令依国窮乏免課役議等……」。

関連：「仮」「仮如」

(791) 4-a「仮増明法生為論奏之類」。

(788) 8-a「仮如獄令、犯罪応入議請者……」。

○以上「仮令」「仮」「仮如」については「Ⅲ　略表」の「仮」「仮如」「仮令」の項参照。

「何者」（頻用）

(788) 6-a「以上皆可同、何者彼律……故」。

(788) 6-a「……者、未明、何者彼律主典以上……故何」。

(789) 2-b「是令取疏文耳、何者唐令官当以上皆奏画故」。

(791) 3-a「何者申太政官議定可奏聞之故」。

○「Ⅲ　略表」の「何」「何者」の項参照。

「者何」（頻用）

（788）6-b「不可入奏事式者何」。

（789）5-b〜6-a「可入奏事式者何」。

○「Ⅲ　略表」の「何」「者何」の項参照。なお、範囲外だが、（787）8-a〜b「耳者何也」とある。「凡大納言之諸奏事、皆立版位可奏耳者何也」などと助字が重なることがある。これは「奏す可き者何（か）」と読まれる。あるいは「奏す可き者（か）、何ん」とも読める。句尾の「也」は「矣」と同じ。

「然則」

（789）5-a「然則可贖罪同歟、抑何」。

○「Ⅲ　略表」の「然則」の項参照。

「抑」

（789）5-a「然則可贖罪同歟、抑何、又犯死罪人量情科流罪（者）、犯流罪人量情科死罪者、依断罪以上文、可入此式者、未知、如此可断理何」。

○「Ⅲ　略表」の「抑」の項参照。ちなみに、この一文は疑問を重ねたところで、「可贖罪同歟」の「歟」、「量情科死罪者」の「者」、「可入此式者」の「者」とともに「量情科流罪」の下にも「者」字を補うとなお理解しやすい。

「若為」

（789）9-b「私差發与用若為別」。

「除｜……外｜」

○「Ⅲ　略表」の「若為」の項参照。

（790）8-a、9-b「除｜勅授外｜」。

○「Ⅲ　略表」の「除―A外―B」の項参照。

「之也｜」（句末）

（791）5-b「是此律令外大事之也｜」。

○荻生徂徠『訓訳示蒙』は「之」字の解中に「又句末ニ者｜字カ也｜字ヲ置クトキハ死字ニナルナリ。但シ此ノ也ノ字ト云フハ　ナリ　ト読ム」という。右の集解の文は、「是れ、此の律令外の大事なり」の意。

「不｜」（句末の不）

（791）7-a「問。尋常大事入此条不｜」。

○「否」と同じ。とくに句末に置けば、いなやということ。「尋常大事は此条にいれるや不｜（いなや）」。

Ⅱ　『令集解』頻用助字類　略表採用助字一覧

採用した助字は旧字体で表記し、五十音順に排列した。同音のものは総画数順、同画数のものは部首の画数順、部首の排列順とした。字体・音・画数・部首については『康熙字典』に従う。

なお、音は原則として漢音を採るが、慣用音を採用している場合もある（「Ⅳ『令集解』頻用助字類　略表収載助字索引」参照）。

通番	読み	採用助字
1	イ	爲
2		爲當
3	エキ	亦
4	カ	何
5		何者
6		假
7		假如
8		假令
9	キ	既
10		幾
11	キャク	卻
12	コ	乎
13	コウ	更
14	ゴウ	合
15	ジ	而
16		耳
17	シャ	者（1）
18		者（2）
19		者（3）
20		者何
21	ジャク	若
22		若爲
23	ジュウ	縱
24	ジョ	如何
25		除―A 外―B
26	ショウ	尙
27	ジョウ	仍
28	スイ	誰
29		雖
30	ゼン	然
31		然而
32		然則
33	ソク	則
34		卽
35	タン	但
36		但……耳
37		但……者
38		但……也
39	トウ	當
40	ユウ	猶
41	ヨ	與
42		歟
43	ヨク	抑

III 『令集解』頻用助字類 略表

凡例

1 『令集解』解読にあたっての頻用助字類のノートである。体系的な語法の解説ではない。

2 「語」の欄の漢字は旧字体、「参考資料(意味)」欄の漢字はすべて常用漢字を使用する。

3 「参考資料(意味)」欄に「参考資料」(板本影印。漢字混じりカタカナ)をあげたが、原文のままの引用ではなく、選択して「摘記」したものである。部分的にそのまま引用した場合は鍵括弧「 」に入れて示すが、その中の俗字・異体字は常用漢字の正体で表わし、かつ、読みやすいように句読点や傍線を入れた。ただしこの傍線は「略表」に限ったものである。

4 集解解読にあたっての簡単なノートであり、「摘記」であるから、文例も示していないが、より納得するためには、それぞれの「参考資料」にあげた典拠に当たられたい。そこには漏れなく文例も掲載されている。

5 「参考資料(意味)」欄に掲げる劉淇『助字弁略』および裴学海『古書虚字集釈』は漢語文献を読む際に常用される代表的な著述である。

和訓としては伝統的な荻生徂徠『訓訳示蒙』以下の著述類を参考にした。これらの著述は吉川幸次郎・小島憲之・戸川芳郎編『漢語文典叢書』(六冊、別巻「索引」〈戸川芳郎他編〉一冊、全七冊、汲古書院、一九七九~八一年)で、すべて見ることができる。この叢書には二七種の語法の著述が含まれている。「参考資料」で取り上げたのは、その一部である。また、辞書類の他は小川環樹・西田太一郎『漢文入門』(岩波書店、一九五七年初版、二〇一一年五四刷)などを参考にした。もっとも、近年の語法の研究はさらに発達していると思われるが、編者にはその知識がなく限界がある。しかし『令集解』を研究しようとする初学はもちろん、同学の士にもいくらかの参考になろう。

通番	字音	語	参考資料（意味）
1	イ	爲	普通、「と為（ナ）す」と読みならわしているが、意味は「為（タ）リ」また「である」。 劉淇『助字弁略』 ・使也（平声）。猶云被也、抑辞也（「抑」の項参照）。所為。猶云所以。 三宅橘園『助語審象』 ・為　タメ、ラル（去声）。就彼而従奨之曰為、「為ハカレニツイテ我サフスルナリ」 ・為　シム、ナス、タリ（平声）。動以致用曰為、「為ハ其コトヲナシテ居ルナリ、用ニ属ス」
2	イ	爲當 爲當……歟	「I『令集解』に見える頻用助字類の使用例」（以下「I　使用例」と略称）の「歟」の項参照。 裴学海『古書虚字集釈』 ・為当の為は「為猶当也。（一為敵当之義、一為応当之義）」 「為当……歟」と語末に歟（何、何也、哉、乎、者、耶の諸字もほぼ歟と同義）などの助字を伴うことあり。 古訓、ハタ。単に「為」でも「為当」でも同じ。上記「為」の項の劉淇『助字弁略』に「抑辞」とあるもの。神田喜一郎『日本書紀古訓考証』七〇～七四頁、「抑」の項参照。
3	エキ	亦 不亦……乎	荻生徂徠『訓訳示蒙』 ・「亦ハ又ノ字ト異ナリ、モマタト意得ルコト古来ノ説ナリ、但シマタノ仮名ヲ除キモ　トバカリ意得ベシ、華語ノ亦ノ字ハ下ヘツキテ倭語ノ　モ　ノ仮名は上ヘツク　夷夏語脈ノ異ナリ」（云々） 伊藤東涯『用字格』 ・「不亦ハ不其不既ト同キコトニテ下ニ乎字ノ応アリテ不亦楽乎、タノシムト云意ナリ。ソノ余何レモ此通リナリ」

通番	字音	語	参考資料（意味）
4	カ	何	釈大典『文語解』 ・「何 ナンゾ、ナニ、イヅレ、イヅクニ、イカニ、イクバク。問辞、疑辞、尤（とがむる）辞、嘆辞ニシテ用法ハナハダヒロシ」 伊藤東涯『操觚字訣』 ・「ナンゾ、イヅクンゾトヨム字。ナンノ、ナンデ、ナゼ、ドコデ、ドコニ、ト（ど）コノ国ニソフイフコトガアラフゾト云フコトナリ」 岡白駒『助字訳通』 ・「何ノ字。詰（なじる）詞ト注ス。ナジリ問（とふ）辞ナリ」
5	カ	何者 何則、何者	劉淇『助字弁略』 ・「何則、何者 並先設問後陳其事也」何者（なんとならば）の者の字、然者の者と同じ。 「I 使用例」の「何者」の項参照。
6	カ	假 假如、假使、假令	劉淇『助字弁略』 ・設辞。また且也、借也、如也、若也。 ・また「此仮字、猶云如也、若也」また『助字弁略』の「如」の項に「有如 仮令並若 或之辞、重言也」 伊藤東涯『操觚字訣』 ・「仮ハ借ナリ、カリニイフテミルニハト云コトナリ、真仮ノカリナリ」 ・「仮如 仮使 仮令、上ノ訣（訣は方法、あるいは奥義の意）ナリ」 ・たといともいうが、「タトヘト云ハ、サフハナケレドモ、イフテミタトキハト云コトナリ」 「仮令」の項参照。

7	カ	假如	「仮」の項参照。 「仮令」の項参照。
8	カ	假令 假使、假令、假之、假如、縦	「I 使用例」の「仮」の項参照。上記「仮」の項、「縦」の項参照。 釈大典『文語解』 ・モシ タトヒ。同類諸例として仮使、仮令、仮之、仮如、縦などをあげる。
9	キ	既 既然	劉淇『助字弁略』 ・已也。尽也。固也。 ・既然、猶云固然、言此乃前事已然之効也。 釈大典『文語解』 ・スデニ、コトゴトク。「スデニ云云スルカラハト云意ノ語オオシ」「成王既幼（成王が幼であるから）、周公摂政当国践祚」「コレハスデニノ義ナクシテカラノ義ノミナリ」 三宅橘園『助語審象』 ・スデニ、ヲヨンデ、コトゴトク。「サフアッタウヘト訳ス」
10	キ	幾	劉淇『助字弁略』 ・近也。幾者、将欲及之也。庶幾、冀幸之辞也。また、不幾猶云不及。（以上、平声） ・幾矣、相去無多也。幾何、不定之辞也。未幾、無多時也。幾多、猶許多也。幾曽、何曽也。 ・疑辞。反言。（以上、上声） 荻生徂徠『訓訳示蒙』 ・ヤガテサフナ、ヲシツケサフナ。「サフナヲ除キテ、ヤガテ、ヲシツケ（ヲシツケは、おっつけ）トバカリ見ル」

通番	字音	語	参考資料（意味）
10（続き）	キ	幾	三宅橘園『助語審象』 ・幾、ホトンド。去声。「其ナリカカッテアル急ナル勢ヲ云ナリ」『助語審象』の殆の項で「其殆庶幾乎」につき橘園は「殆どちかからん」と訓じている。 ・幾、イクバク、アニ。上声。幾何、幾多、幾許、幾詎、詎幾、幾所（幾何以下、いくばく と訓ずる） 伊藤東涯『操觚字訣』 ・「庶幾ト連用スレバ尚（ねがう）ト同ジ、僥倖トモ注ス、チカシトヨミテ、ヨクスム所アリ」 ・「幾ハホトンドトヨム字。注（して）近也トバカリアリ、虚字ナリ、ヲッツケソコヘ手ガトドクト云コトナリ、スグニチカシトヨミテモヨロシ」 釈大典『文語解』 ・「幾、イクバク　アニ。物ノ多少長短ノホドヲハカル辞ナリ、幾何ト連用ス」（幾何家、幾何人）。「又一字ニテ用ユ」（幾千人）。 ・幾、コヒ子（ね）ガハクバ。「冀」と同じ。
11	キャク	卻（却、俗字） 還と却	劉淇『助字弁略』 ・還也。轉也。方言語助、猶云了也（忘却の却の字と同じ意）。 三宅橘園『助語審象』 ・「却、カヘッテ。アトモドリト訳ス。却ハ跡ジサリスル也。向フニテウシロムキテ引カヘスハ還也。向フヘ行キ得ズシテアトジサリスルハ却也」 荻生徂徠『訓訳示蒙』 ・「還ハ、立カヘリ又、ナリ、却ハ、立シリゾキ又、ナリ」 ・「還、往還ノ還ナリ、立モドリテト云フ意ナリ。却、却退ノ却ナリ飛ビシサッテト

			云フ意ナリ」
12	コ	乎	劉淇『助字弁略』 ・一是詠歎之辞　・一是不定之辞　・疑辞　・猶云於也 ・已辞 三宅橘園『助語審象』 ・カ、ヤ「ナア、ゾヤト訳ス」　・ココニオイテ、ヨリ、ニ。 （右記『助字弁略』の猶云於也にあたる）
13	コウ	更	劉淇『助字弁略』 ・互也。（平声） ・復也。再也。有改為義（去声）。凡事改為之則曰更如何、亦曰再如何。 荻生徂徠『訓訳示蒙』 ・ヤハリ、サラニ。コノウヘニト訳シテ大方ハ通ズルナリ。 伊藤東涯『操觚字訣』 ・「更ハ易ニ近シ、但シ物ヲシナヲス意アリ、改ノ意ナリ」
14	ゴウ	合 不合	劉淇『助字弁略』 ・「応也、当也」（適合の合） 釈大典『文語解』 ・「莫当、不当ノ語アリ。俗語の不合ノゴトシ」「又俗語の不合ハアルマジキ辞。ムリニスル辞ナリ」（ふとときという方向）。
15	ジ	而 然而	劉淇『助字弁略』 ・承上転下、語助之辞。 ・猶乃也　・猶云則也　・如也 ・然而猶云然則

通番	字音	語	参考資料（意味）
15（続き）	ジ	然而 則	三宅橘園『助語審象』 ・シカフジテ、シカク、シカモ。「而者擬有越以承之辞」 釈大典『文語解』 ・シテ、シカフシテ、シカモ。シカク、シカルヲ、スナハチ。 「因是之辞。学而時習之、是也。コレ語ヲウケツヅケル辞ナリ」 ・「則ノ字ト同意ナルトコロアリ。穆公七年而魯隠公元年也」（而は則で、すなはちと訓する）。 また「凡軍国之務与中書令参而総。坐而論之挙而行之」（唐六典巻八）の三個の而は、すなはちの意。 伊藤東涯『操觚字訣』 ・「而ハ上ヲウケ、下ヲオコスノ辞」 ・「承接・転換ノ二法アリ」「転換ノ而トハスレドモト云辞也」 一般にしかもと訓すること多し。
16	ジ	耳	「I　使用例」の「耳」の項参照。 劉淇『助字弁略』 ・語已辞（而已為耳）、また「語余声与耶相近」 ・「耳矣者、尽而無余之辞」（孟子「尽心焉耳矣」） 裴学海『古書虚字集釈』 ・猶爾也、詞之終也。　・猶而已也　・猶矣也　・猶也也（決定之詞、助語及助句之詞）　・猶乎也　・耶也 三宅橘園『助語審象』 ・「耳、ノミ（と訓し）、ワイト訳ス」。論語の「前言戯之耳」は「戯レジャワイ」

			古来、ノミと訓するあり、ノミに「だけ」の意もあるが、漢文訓読に使用される国語のノミは終助詞として文末にあり「感動をもって限定、断定する。……だけだ」（広辞苑）とする。裴氏『古書虚字集釈』にいう「決定之詞、助語及助句之詞」である。広辞苑にいう「……だけだ」は三宅氏『助語審象』にいう……ワイと同じこと。
17	シャ	者（1）	以下、者（1）（2）（3）は「I 使用例」の「者」の項参照。 荻生徂徠『訓訳示蒙』 ・者＝「モノと訓ズ。何ニテモ指ス辞ナリ。（なるものと訓してよし）」 ・時＝日者ヒゴロ、向者サキゴロ、茲者コノゴロ、ケフ、乃者コノゴロ、逝者ユクトキ、昔者ムカシ（「昔者ムカシハ、古者イニシエハ、ト　ハ　ノ仮名ニ用フルコトハ誤リナリ」という）。 ・事＝「古人為学次第者」 ・人＝智者、仁者。 ・物＝飛者、走者。
18	シャ	者（2） テイレバ	岡白駒『助字訳通』 ・「者字、モノト読ム寸（とき）、上文ノ事ヲ承テ指シ云フ辞ナリ」 ・此の意あり。意者オモフニ、度者ハカルニ。（意此、度此のごとし）。「臣度之先王者（シン　コレヲ　センノウニハカルニ）」は、者は度に係属する。度と者の間に「之先王」の三字がある。 ・何者と同じ。「上ニ問ヒ下モ答ルニ者ノ字ヲ用ユ」「何者イカントナレバモ意同シ」「下ノ句ニ答フル語アル故ナリ」「是レ者ノ字ニト云フハノ意アリ」 ・「我邦綸旨ノ詔文ニ、者ノ字ヲテイレバト読ムハト云フハノ転語ナリ」

通番	字音	語	参考資料（意味）
19	シャ	者（3）	裴学海『古書虚字集釈』 ・提示之助詞。「仁也者人也」 ・起下兼疑問之助詞也。「所謂誠其意者、毋自欺也」は疑問の提示。令集解にはしばしば見える。（「Ⅰ　使用例」参照） ・指事之詞。「未嘗有者也」（「未嘗有之也」と同じ） ・また、「則」「也」「焉」「之」「此」「矣」等多義あり。
20	シャ	者何	「Ⅰ　使用例」の「者何」の項参照。 一般的に、劉淇『助字弁略』に、「設問之辞」（「斬者何不緝也」〈儀礼喪服〉）とあり、また三宅橘園『助語審象』に「者何」ナンゾ。同方向として「何也」「何乎」「何哉」「何耶」「何歟」ナンゾ、イヅレ、イカニ、という類似の語を示す。集解には頻用される。あるいは「者何」を「……者（カ）、何（イカン）」と読んでも通じないではないが、やはり「者何」二字で一つの意を示す。三宅氏『助語審象』では「者何」を「ナンゾ」と訓する。
21	ジャク	若	劉淇『助字弁略』 ・如也。象似之辞。 ・豈若、猶何如、商較之辞也。また猶或也。猶然也（句末にくる。如と同じ）。 ・不定之辞　・仮設之辞　・発語之辞 荻生徂徠『訓訳示蒙』 ・「モシクハト訓ズル寸（トキ）ハ或ノ字ト同義ナリ。モシト訓ズル寸仮設之辞ト云フ註ナリ」「モシカウアツタナラバカウト云フ意ナリ」 ・「元来ゴトクトヨマスル字ナリ。『若是（カクノゴトクンハ）則――』ト云フコトヲ『若是ナラバ則――』ト見ルナリ。ゴトクト云フ詞ハ俗語ノヤウナリ（俗語でいえ

			如と若	ばヤウにあたる、との意。このようならばすなわち）。若是則――ト意得ベシ。然レバモシト意通フナリ」 ・「若ノ字ハ又モシクバトヨミテ或ノ字ニ代ヘ用フルナリ」 伊藤東涯『操觚字訣』 ・「如ハ従随ナリ、一日若ナリ、同ナリト注ス。ゴトシトイフハ、チョウドソノヨウナト云コトナリ、ヒ（ピ）ッタリトヒトツナリ」 ・「若ハ、モシ、モシクハトモヨム不定ノコトバナリ」
22	ジャク	若爲	如何	「I 使用例」の「若為」の項参照。 伊藤東涯『操觚字訣』 ・「イカンハ、イカガアル、ドフシヤウゾ、ナゼニ、ドフセウゾ、コフセフゾトイフコトバナリ」「如何、若何、奈何、奈、若為、同ジ類ナリ」「若為モ如何ノ意ナリ」
23	ジュウ	縦	縦使、縦令	「仮」「仮令」の項参照。 劉淇『助字弁略』 ・設辞、猶云即也　・猶云若也 釈大典『文語解』 ・縦、タトヒ　モシ。「コノ字　モトユルスノ義ヨリシテユルストモノ意トナリ転シテタトヒノ辞トナル。又モシノ義アルトコロアリ」 ・「縦使、縦令、縦遣ト用ユ」
24	ジョ	如何	何如	「若為」の項参照。 三宅橘園『助語審象』 ・「イカント訓スル類。如何イカガイタソウゾ、如何セント我コトヲ人ニ問謀ルナリ。何如ドウイフワケゾ、此事ハドウデフルゾト問フナリ」

通番	字音	語	参考資料（意味）
24（続き）	ジョ	若何、何若	・「若何イカガナサルルゾ、若何スルヤト彼ニ付テイフナリ」 ・「何若イカガノオボシメシゾ、彼ノ内ヲ問フナリ」
25	ジョ	除―A外―B	「I　使用例」の「除……外」の項参照。 AはもちろんBも。 集解では除、外のどちらかが省かれている場合がある。文脈で判別するほかない。 また、口語の「除外（とりのぞいて）」との区別も文脈に注意。
26	ショウ	尚	劉淇『助字弁略』 ・猶也。　・猶復也　・更也　・庶幾也、心所貴重。 裴学海『古書虚字集釈』 ・猶也　・庶幾也 ・一為「乃」字之義　・一為「則」字之義 伊藤東涯『操觚字訣』 ・「猶ト尚ト字書互ニ注スレドモドチラヲ用ヒテモ同事ニハアラズ。猶ハマダサヘト云コトバナリ。尚ハヤツハリト云コトナリ」 ・「尚ヲマダト訓ジ、猶ヲヤツハリト訓シテヨクアタル所ハ猶・尚互ニ通看スル所ナリ」
27	ジョウ	仍	劉淇『助字弁略』 ・因也　・頻也　・数也　・于是也　・爰也　・比也 裴学海『古書虚字集釈』 ・乃也 釈大典『文語解』 ・「因也、就也ノ義ヨリシテ　ナヲト訳シ俚語ノヤハリナリ」

			・仍、「ウケテ転ズル辞、ソシテマタトイフ意ナリ」 ・仍、シキリニ　スナハチ。 岡　白駒『助辞訳通』 ・「仍字モナヲト読メドモ、本因也ト訓ジテ、ヤハリト云フ辞ナリ」
28	スイ	誰	劉淇『助字弁略』 ・何也　・発語辞　・語辞不為義 荻生徂徠『訓訳示蒙』（誰　孰　ナニ　イヅレ　ドレ） ・「誰ノ字ハ人ヲ指スニ限ル。理ヲ指シ事ヲ指スニハ用ヒズ」 誰人はたれか 岡白駒『助字訳通』 ・「誰字モ何也ト訓ズ。誰知（誰カ知）ハ何知（何ゾ知ン）ナリ。何ト誰トノ分ハ、誰ハ専ラ人ヲ指ス」「何ハ指ス所有ルニ非ズ、泛（ヒロ）ク云フ辞ナリ」
29	スイ	雖	劉淇『助字弁略』 ・仮令也　・猶云若　・語辞不為義也 釈大典『文語解』 ・雖、トモ、モ、タトヒ、モシ。 三宅橘園『助語審象』 ・「雖、イヘドモ、ケレドモト訳ス」「雖ハソレハサフナレドモ又カフ言フコトガアルト云意ナリ」
30	ゼン	然	ある字に然・焉・爾・如などの助字がつけられて、その字の意味に基づいて、物事の状態を表わす語が成立する。悠然、欣然、決然など。 劉淇『助字弁略』 ・諸然字並転語也　・猶而也　・猶如也　・猶是也　・発語辞也

通番	字音	語	参考資料（意味）
30（続き）	ゼン	然 云然・云爾	裴学海『古書虚字集釈』 ・「然、状事之詞也」「然、比事之詞也」 ・然而　・然則　・乃　・而　・則　・如　・焉　・也 荻生徂徠『訓訳示蒙』 ・「シカレドモハサレドモ、シカフシテハサウシテ、シカリハサウジャ、シカルハサウアルナリ」 三宅橘園『助語審象』 ・然、シカリ、シカルニ、シカレドモ、サフデアルト訳ス。 ・「云然」ソノトホリトイフノジャ。 東城一堂『助字新譯』 ・云然（シカイフ）「シカイハル、ソノトウリイハルルト訳ス」 ・「云然ハ云爾ノ本字ナリ　云然ノ語、此ヲ祖トナシ音ヲ借テマタ云爾ニ作ルナリ」
31	ゼン	然而	裴学海『古書虚字集釈』 ・詞之承上而転者也。猶言如是而也。 三宅橘園『助語審象』 ・然而、サフナッテアルニソノアトデ。
32	ゼン	然則	「I　使用例」の「然則」の項参照。 劉淇『助字弁略』 ・猶云然則、承上之辞、非転語也。 三宅橘園『助語審象』 ・然則、サフデアルニシテミレバ。
33	ソク	則	劉淇『助字弁略』

法、律、則、刑、程、範、藝、儀、式

・承上趣下、辞之急者也。
・又乃也
・諸則字猶即也。則・即皆語之急、故通也。
・仮説之辞、猶云若也。

荻生徂徠『訓訳示蒙』
・「則ノ字ノ類ハ皆句中ニアル字ナリ。句尾ニアルト云フコトハナシ。句頭ニヲクトキハ上文ヘカカルナリ。篇頭ニアルト云フコトハナシ。但シ詩ニハ篇頭ニヲクコトモアリ。則字ハ、レバトモ、ラバトモ、ルナラバトモ、ルナレバトモ訳ス。又、ハトモ訳スルコトアリ、ソレハサフナレドモコレハコウト引ハナシテ云フ辞ナリ」
・「上ニ不字カ非字カ置クコトアリ」（……ならざればすなわち）
・「又隔字ノ則、隔句ノ則ト云フコトアリ」

釈大典『文語解』
・「則、スナハチ、コトハ、トキハ、トキニハ、トキニモ、コレ。上ヲウケ下ニツヅケル辞ニシテソノ意サマザマアリ」「コレ其時ニアタリテノ事ヲイフ辞、俚語ノソコデトイフガ如シ」

伊藤東涯『操觚字訣』
(則字に関連して、規範、ルール等を示す文字としてあげている)
・『操觚字訣』巻七に「法、律、則、刑、程、範、芸、儀、式」など同類の語辞の説明あり、参考すべし。今、法と則については、「法ハ常也、使有所限也。又制度也。礼法也。刑法也。象也。効法也。ノリトヨミ、ノットルトヨム」
・「則ハ物ノノリ、ホドライヲ立ツルコト也。制度品式ミナ則トイフ」「法則トイヘバ常ノ礼法也」

通番	字音	語	参考資料（意味）
34	ソク	即 即、乃、便、則	劉淇『助字弁略』 ・就也、就是也。　・猶便也　・猶則也　・猶若也 ・即日、即夜、猶云当日、当夜。即時、猶云当時。立時、如急辞也（即日、即夜は、当日、当夜。即時は当時、立時）。 ・仮設之辞、猶云縦令也。 荻生徂徠『訓訳示蒙』 ・即は「ヤハリト訳ス。ワキヘ立チノカズ、ヤハリココデ、ト云フ意ナリ」 ・「即、就ハ助語ナリ」（「即是而看」「就是而看」）。 釈大典『文語解』 ・即は、モシ、タトヒ、トモ、モ。 伊藤東涯『操觚字訣』 ・「即ハ　今ナリト注ス。ソノママスグニソレナリ」 三宅橘園『助語審象』 ・即は、「スナハチ。ヂキニト訳ス」 ・「即ハヂキニ其物ニテ、外ノ物ニアラズ。乃ハ其コトノ中ヨリ出テ、他ヘウツルナリ。便ハ此コトヨリ彼コトヘウツルナリ。則ハ上ノ語ヲ下ノ語ニテ釈クナリ」 ・「即、モシ。ヂキニ其ノコトニナシテ見ル也。タラバト訳ス」
35	タン	但	「I　使用例」の「但」の項関連但……耳（也、者）参照。令集解では「但」に続く句末に、しばしば耳、也、者を置く。 劉淇『助字弁略』 ・空也、徒也。　・但可　・猶僅也　・猶云唯独也 ・猶云第也特也

猶云凡也

・猶云凡也

康熙勅撰『康熙字典』

・徒也。凡也。空也。

荻生徂徠『訓訳示蒙』

・「但ハ俗ニタダシト用フル、大カタヨシ」

というが、このタダシは条件・例外を示さないのはそのあとの説明でわかる。

「『但』字『タダシ』ト訓ズル処『抑』字ト相似タリ」

「『但』ハソレハサウヂャケレドモコレハカウト、引キ分ケテ云フ詞。」

としている。「A（…）但B（…）」の場合、「Aはその通りだが、別にBということで（が）ある」といった意味である。BはAの例外でもなく、条件でもない。

三宅橘園『助語審象』

・但タダ。「外ノコトヲノケテト訳ス。執此而除彼曰但」

・「但ハ幾箇モアル中デ外ノモノヲノケオキテ言フナリ」

・「但ハタダシト訓シテ、外ノアルモノヲノケテタダト云ナリ。今外ノコトヲノケル用アリ」

以上、やや難渋に見えるが、とくに法律条文中の使用例は、上記『助字弁略』や『康熙字典』が指摘する「凡」と読ませるのがもっとも納得できる。『助字弁略』『康熙字典』に「凡也」と訓ずる「凡」は、「サフジテ」（荻生徂徠『訓訳示蒙』）、「オヨソ、スベテ」（釈大典『文語解』）、「オシナベテ」（三宅橘園『助語審象』）との意である。

「但」字に「凡（およそ）」の意味以外に、「独（ただひとり、それのみ）」とか、「空（むなしい）」とか「徒（いたずらに）」とかの意味があるが、条件・例外の意味は含まれない。

通番	字音	語	参考資料（意味）
35（続き）	タン	但	「但」の字は律令などの法律条文中によく使用される。その「但」は『助字弁略』『康熙字典』にいう「猶云凡也」の「凡（およそ）」の意でよく通じる。法文中の「但」を訓読（和訳）して、国語の口語で「タダシ」と読んでしまうと意味を取り違える恐れがある。「タダシ」は現代国語の用法として「但し書き」の「タダシ」と誤解されやすい。「但し書き」の「但し」は補足・条件・例外を示す語である。 広辞苑で「ただし（但し）」の語義を見ると、「上の文を受けて、補足・条件・例外を付け加える時に、その初めに用いる語。さて。それで。ただ」とする。 律・令ほか法典中にしばしば「但」が使用されるので、この場合は注意が必要である。法注釈たる令集解も同様である。 東亜同文会纂訳の『大清律』（一九〇四年）を見てみよう。すべて忠実な訓読（翻訳）文であり、原文とよく対照できる。この書の巻一「釈義」編中に律用語の定義が示されている部分がある。「例分八字之義」や「律眼釈義」や「刑名十六字義」がそれで、いずれも律の解読に必要な基本語の定義である。その中に「但」字の語義も含まれている。「律眼釈義」を見ると律文中の「但」字の重要性について、 「律義最大最重ノ処ニ于イテ毎ニ但ノ字ヲ用ヰ以テ之ヲ厳ニス。此レ文字内用ユル所ノ虚字、転語ノ義ニ作為スル者ト迥（はるか）ニ別ナリ。 謀反大逆ノ条内ニ凡ソ反ヲ謀リ大逆ヲ謀ルハ但タ共ニ謀ル者ハ首従ヲ分タス凌遅シテ死ニ処スト云フカ如キ、此条ニ但ノ字ヲ用ユルノ義ハ是レ已行未行ニ対シテ言フナリ。凡ソ律ハ皆已行未行ヲ以テ軽重ヲ分テリ。此ニハ已行未行ヲ問ハス、但タ共ニ謀ルノ時ニ場ニアルニ係レハ則チ座（罪にする）ス。蓋シ陰謀ヲ重ンジ反逆ヲ厳ニスル所以ナリ。 強盗ノ条内ニ凡ソ強盗已ニ行フテ但タ財ヲ得タル者ハ首従ヲ分タス皆斬スト云フ

			カ若キ、此ノ条ニ但ノ字ヲ用ユルノ義ハ又是レ計贓（贓は不正に得た財物、盗罪は贓の多寡に応じて科刑される。強盗の場合は、首犯・共犯、取り分の有無は問題にせず、すべて斬ということになる）ニ対シテ云フナリ」という。こうした意味は、現代国語の条件例外を含んだ「タダシ」とはいえない。右の例で「但タ共ニ謀ル者ハ」の以下を現代国語の条件例外を含んだ「タダシ」と理解すれば「已行未行ニ対シテ言フ」というような、已行未行の意を引き出すのに困難を覚える、と思われる。 このような次第で、とくに法文中の但の字は『助字弁略』や『康熙字典』のいう「凡也」に従い、凡字の意味たる「サフジテ」（荻生徂徠『訓訳示蒙』）、「オヨソ、スベテ」（釈大典『文語解』）、「オシナベテ」（三宅橘園『助語審象』）と訓するのが可である。
36	タン	但……耳	・前項「但」参照。また「I 使用例」の「耳也」の項参照。
37	タン	但……者	・「但……耳」の項と同じ。
38	タン	但……也	・「但……耳」の項と同じ。
39	トウ	當	劉淇『助字弁略』 ・応也合也。当者反語其不当。（平声） ・猶云将也。猶云方也。 ・当日、即日也。（去声） 裴学海『古書虚字集釈』 ・宜也。定也。必也。方也。将也。於也。在也。対也。 荻生徂徠『訓訳示蒙』 ・当は「カフアルハヅヂャト云フ意ナリ。当然、正当、的当ト連用スルユヘ道理ヲ以テ、カフスルハズト、キハムル詞ナリ」

通番	字音	語	参考資料（意味）
39（続き）	トウ	當	・「転用シテカフナルハズジャカラ、カフセイト云フ詞」「タダカウセイト云フ詞ニ用フルコトモアリ。『汝当努力』『明日彼当去』」 釈大典『詩語解』 ・「当ハ理合如是也」（是ノ如クナルベシ、カクアルハズ） 釈大典『文語解』 ・「当、理合如是也ト注ス」「俚語ノハヅナリ、又必（カナラズ）トスル辞ナリ」 伊藤東涯『操觚字訣』 ・「当ハアタルコト。サフスルハズト云コト、ソレ故正面サフスルハズト云トキ、マサニナニナニスベシ、トヨミテサフスレバチョウド道理ニアタルト云コトナリ、不当ハ、ツ（ソ）ノウラナリ」 三宅橘園『助語審象』 ・当は「マサニ、ベシ、ベキニ。ソノハヅト訳ス。当者語其固有必然之辞」「当ハアタリマヘカフナッテアルニト云コトナリ」
40	ユウ	猶	・「尚」の項と同じ。
41	ヨ	與（歟と同字） 何如	「I　使用例」の「歟」の項参照、「未知……歟」「為当……歟」など。 劉淇『助字弁略』 ・通歟。語末辞。詠歎辞、疑辞。（平声） ・及也　・若也　・如也　・何与猶言何如（上声） ・助也。共也（相関与之与）（去声） 荻生徂徠『訓訳示蒙』 ・「歟ト与モ同字ナリ」 ・「与ハ、ト　ト訓ズ」「トモニスル意」

			・「タヅサワル、カカル、カマフト云フホドノコトナリ」
42	ヨ	歟	・与と同じ。 荻生徂徠『訓訳示蒙』 ・「歟ノ字ハ疑フト問フガ重モシ、咏ト嘆ニモ少コシハ通ズルナリ」
43	ヨク	抑	「I　使用例」の「抑」の項参照。 劉淇『助字弁略』 ・発語辞　・転語 ・猶云然而　・辞之不定也　・猶云或者　・猶且也、転語也。 荻生徂徠『訓訳示蒙』 ・「抑ハ反語ノ辞ト註ス。アシク意得テ、カヘッテト云フ義ト見ルベカラズ。又倭俗ノソモソモトハ大ニ違フナリ」 釈大典『文語解』 ・抑は「マタハ、シカシ」「古来反語之辞ト注ス。本義オサユルト云意ヨリ転ジテ前ニ言タルコトヲオサヘノケテ、其ト反シタルコトヲイフ辞ナリ。マタハシカシト訳シテヨク通ズ。古来ソモソモト訳ス。ソレニテ本義ダニ通解スレバ妨ゲナシ。然ドモ俚語ニハ、ソモソモヲ発語ノ辞トナス。抑ノ字義ト大ニ違フ。中葉ノ倭書ニ、ソモ何事ゾヤ等ノ語アリ、此ノソモハヤヤ反語ノ意アリ、ソモソモノ訳、モト此ナルベシ」（云々） 岡白駒『助字訳通』 ・「抑字、転語。亦然之辞ト注ス」「或ハ反語之辞トモ注ス」「オモフニ亦然ルカト云フ辞ナリ」

に同じ。ゴシック体の番号は当該助字を見出しとするもの。すべて旧字体で表記。

読み	助字	略表所載番号
ジュウ	縱使	23
	縱遣	23
	縱令	23, 34
ジュク	孰	28
ショ	庶幾	10
ジョ	如	6, 15, 21, 30
	如何　　若	22, **24**
	如是而	31
	除―A 外―B	**25**
ショウ	正	→セイ
	尙	**26**
	縱	→ジュウ
ジョウ	仍	**27**
スイ	誰	**28**
	誰人	28
	雖	**29**
ゼ	是	30
セイ	正當	39
	逝者	17
セキ	昔者	17
ゼン	然	**30**, 43
	然而	15, 30, **31**, 43
	然者	5
	然則	15, 30, **32**
ソ	且	43
ソク	則	15, 26, 30, **33**, 34
	卽	33、**34**
	卽時	34
	卽日	34
	卽夜	34
タイ	殆	10
ダイ	乃	15, 26, 27, 30, 33, 34
	乃者	17
	第	**35**
タン	但	15?, 35
	但……耳	35, **36**, 37, 38
	但……者	35, **37**
	但……也	35, **38**
	但可	35
チョ	除	→ジョ
テキ	的當	39
トウ	徒	35
ド	度	18
ド	度此	18
	度者	18
トウ	當	2, 14, **39**
	當時	34
	當然	39
	當夜	34
トク	特	35
ナ	奈	22
	奈何	22
ニチ	日	→ジツ
ニャク	若	→ジャク
ニョ	如	→ジョ
ニョウ	仍	→ジョウ
ネン	然	→ゼン
ヒ	非	33
	被	1
ビ	未	→ミ
ビン	便	→ベン
フ	不	33
	不幾	10
	不及	10
	不合	14
	不當	39
ベン	便	34
ホウ	方	39
ボン	凡	35
ミ	未幾	10
ヤ	也者	19
	耶	2, 16
ユイ	唯獨	35
ユウ	有如	6
	悠然	30
	猶	26, **40**
	猶復	26
ヨ	於	→オ
	與	**41**, 42
	歟	2, 41, **42**
ヨク	抑	1, 2, 35, **43**
リツ	立時	34
リョウ	了	11
ワク	或	6, 21
	或者	43

Ⅳ　『令集解』頻用助字類　略表収載助字索引

＊見出しとした助字以外に表中の「参考資料」でふれた助字を含めた。排列は本表

読み	助字	略表所載番号
イ	矣	16
	爲	1, 2
	爲當	2
	爲當……歟	2
	意此	18
	意者	18
	唯	→ユイ
イン	因	27
ウン	云爾	30
	云然	30
エキ	亦	3
	易	13
エン	焉	30
	焉耳矣	16
オ	於	12
オウ	應	14
カ	何	2, 4, 28
	何乎	20
	何哉	20
	何者	5, 18
	何若	24
	何如	21, 24, 41
	何曾	10
	何則	5
	何也	2, 20
	何耶	20
	何與	41
	何歟	20
	假	6
	假之	8
	假使	6, 8
	假如	6, 7, 8
	假令	6, 8, 29
カイ	改	13
カン	還	11
キ	豈若	21
	既	9
	既然	9
	幾	10
	幾矣	10
	幾何	10
	幾許	10
	幾詎	10

読み	助字	略表所載番号
キ	幾所	10
	幾曾	10
	幾多	10
キャク	卻	11
キョ	許多	10
	詎幾	10
キョウ	向者	17
キン	近	10
	欣然	30
	僅	35
クウ	空	35
ケ	假	→カ
ケツ	決然	30
コ	乎	2, 12, 16
	古者	17
	固然	9
コウ	向	→キョウ
	合	→ゴウ
	更	13, 26
	更如何	13
ゴウ	合	14
サイ	再如何	13
	哉	2
シ	此	18
	茲者	17
ジ	而	15, 30
	而已	16
	耳	16, 35
	耳矣	16
	茲	→シ
	爾	16
ジツ	日	17
シャ	且	→ソ
	者 (1)	17
	者 (2)	18
	者 (3)	19
	者何	20
ジャク	若	6, 21, 29, 33, 34
	若爲	22
	若何	22, 24
	若是則	21
シュウ	就	34
ジュウ	縦	8, 23

推薦の辞

奥村郁三関西大学名誉教授は二〇一〇年秋に叙勲の栄に浴されました。先生とかかわりをもつ人たちの間から、それを記念してこれまでの業績を踏まえた御高著の出版を望む声が沸き起こってきましたのは当然の成り行きでした。しかし、先生は単に既発表論文の転載には満足されず、御自身で構成づけされました原稿を御用意されました。

その強いお気持ちを培って参られましたのは、御同僚網干善教先生等と一緒に活動を展開されてきました「飛鳥古京を守る会」の最期を見届ける役を負わされたことにあるのではないかと拝察する次第でありま す(本書第三章の「惜別　飛鳥古京を守る会」を参照)。関西大学の良き伝統といってよいと思われますが、「飛鳥学」提唱に代表される研究の成果をもって積極的に市民への啓発にかかわっていこうとする取り組みの中から生まれました諸論を含めたいとの強いお気持ちが、本書を生み出す一つの契機になっているかと存じ上げます。また、今回の出版内容のうち、私も参加しております令集解輪読会の活動中にまとめられました『令集解』頻用助字類の資料(第五章)も収録されております。

先生の専門分野は東洋法史研究です。「唐代裁判手続法」(『法制史研究』一〇号、一九六〇年)、「唐律の刑罰」(関西大学『法学雑誌』八巻二号、一九六一年)、「断獄律・依告状鞫獄の条について」(同一一巻二号、一九六四年)や「律令裁判手続小論」(同、二五巻四・五・六号合併号、一九七五年)を経て、私ども日本法史研究者にとってもお教えを受けることが多い「闘訟律・唐律疏議訳注3」(律令研究会編『訳註日本律令7〈唐律疏議訳註篇3〉』東京堂出版、一九八七年)や唐代法史研究の基本典籍である『大唐六典』の解題(「大唐六典」滋賀秀三編『中国法制史——基本資料の研究』東京大学出版会、一九九三年)に結実する唐代法制・訴訟法研究、また「戸婚田土の案」(『関西大学法学論集』一七巻五号、一九六八年)、「中国における官僚制と自治の接点」(『法制史研究』一九号、一九六九年)と研究領域を拡大し、さらには「旧中国の罪刑法定主義の性質」(『関西大学法学論集』二一巻五号、一九七二年)と中国刑法原則全般にまで視点を向ける一方、「中国文化大革命」(同三三巻一号、一九八三年)と現代的課題にも論及されます。真摯に研究に取り組むその姿勢は学会からは高い評価を受けており、専門外の読者の方にも御一読をお願いしたかったのですが、今回は採録できませんでしたこと、遺憾とするところです。

したがって、今回先生の御希望により選択された各論考を総合しますと、「東洋学から眺めた日本史」とまとめることができるように思われます。随所にご専門の研究成果が滲み出て、独自な視点から分析された日本の法事象の特性が検出されます。私ども日本を研究分野にする者にとりまして、取り上げられた課題に対する研究史を再度点検する宿題を与えられたと考え、学問的論争の真っただ中に進んでいかれる先生の姿にただただ敬服する次第です。

以上をもって不充分な内容ですが、先生とかかわりをもつ者を代表して推薦の辞といたします。阿吽社社主・小笠原正仁氏の御高配に感謝申し上げます。

二〇一五年正月二十五日

関西学院大学名誉教授・令集解輪読会代表　林　紀昭

刊行に寄せて

1　法の原理的比較

法の歴史的発展を考えるのに、法の発展原則とでもいうべきものが考えられてきている。たとえば〈身分から契約へ〉〈族内婚から族外婚へ〉（内婚制から外婚制へ）〈復讐から公刑へ〉〈神の裁きから人の裁きへ〉などが知られるが、これらのものは、原則といいながら、厳格なものではない。多少の例外も認めるが発展の前後両制度の並存も許容するといった具合に、法の比較を考える原則というよりも指標ととらえるのが近いであろうか。

しかし、中国法の歴史を顧みるならば、右に想定されたそれぞれの発展原則の出発点とされるものすら、その歴史にほとんど存在しないといえるのである。たとえば、その歴史資料上、最古の不法行為はすでに犯罪とみなされているのではなかろうか。また中国法の歴史において権利侵害にいう権利なるものは存在していたかについては、否定的に考えられている。そして中国最古の法において、復讐―被害血族による刑罰権の行使としての正当な自力救済は、その法史料にかすかな痕跡をとどめるとすらいえぬ程度の存在であるらしいし、周王朝の婚姻政策はすでに外婚制を採用していたのが知られる。また〈身分から契約へ〉にいう〈身分〉も〈契約〉も西洋法の観念にすぎないという具合である。したがって、右記の発展原則に即して中国法の歴史を説くことは、きわめて困難である。要するに、法の発展原則なるものは、西洋法の体系と観念において構想されているのではないだろうか。そして、たとえば外婚制のごとくに、両者に外観上は類似する法制が存在するとしても、西洋法と中国法とでは、比較を許さぬほどにその内容も意味もまったく異なると思われるのである。ともかく、発展原則に即して法の比較方法を考えるのは後に少しふれるように至難の業である。本書の著者も、法制史家として、この点は大いに悩まれたに相違ない。なぜならば、権利の体系（私権の体系）をもたず、したがって人の権利とか自由とかをまったく知らず、法といえば国家の統治手段としての刑罰法規と非刑罰法規だけからなる旧中国法と、権利の体系を有する法との比較は、はたして可能であるか、もし可能とすれば、どのような観点からこれを比較するかは、私たちの課題であるだけでなく、何よりも中国法制史研究者の第一の課題であろうからである。おそらくは、以上の考察を経たうえで、先生の二代にわたる師であるともいえる内藤湖南・伯健（乾吉）両先生の教説も参照されつつ、奥村先生が構想されたのが〈法原理の比較〉あるいは法文化の比較という方法である。

法原理とはどのようなものか。筆者は次のように考える。いかなる法も、必ずその法が実現しようとしている一定の価値観を担っている。これは法文化と言い換えてもよい。法のもつこの価値観――それは制定法や判決という文章のかたちのものが多いであろうが、法の当然の前提として沈黙したまま法の基盤をなしていることもある――この価値観を抽出し、定式化すると、法の原理が導かれる。法文化の比較、法の原理の比較、これが奥村先生の法の比較の方法である。

2　旧中国法の基本構造

奥村先生は、かねてより、旧中国法分析の視角を提示するものとして「旧中国法の基本構造」と題して、次のように指摘されてきている。先生の法原理抽出の方法を考えるうえで大いに参考となると考えるので、ここに掲げる。

「これらは裁判法の基本原則であると共に、旧中国法の一般原則も示している。近年の学界の成果と考えてもらってよい。裁判制度を説くにあたっては、法の基本構造をまず知っておかねばならず、講義で論じたことを取りまとめ、その帰結を『基本的特徴』として挙げ、理解の助けとする」と前置きされたうえで次の五個をあげる。

Ⅰ　罪刑法定主義のこと。国家の法は成文の法がすべてである。

Ⅱ　法は刑罰法規と非刑罰法規に分類され、法体系中に「民事」と「刑事」という分類は考慮の外にある。

Ⅲ　裁判の全過程は「行政」の一環としての構造を持つこと。

Ⅳ　全ての行政行為(裁判を含む)は文書によって初めて有効に成立すること(「公文書主義」)。

[Ⅰから]「慣習」「慣習法」は判決に際して判断基準とならないこと。

以上五点の基本的特徴は、唐代の「律」で精密な注釈『律疏』を付して維持され、以後明(一三六八～一六四四)・清(一六四四～一九一二)まで法の体系が変化しても維持され、強化されたこと。

※先生のあげる基本的根拠は字数の関係で省略する。（「比較裁判史の視点」研究会報告資料、一九八六年十一月二十一日）

以上の基本原則に基づいて、たとえば旧中国法を貫いた原則である「同姓不婚」が導き出される（中国法の国家制度の根底には、礼制に導かれる家族制度が存在する）。その一例として、一夫一婦制をとりつつ妾を立てる場合を考えてみる。旧中国の場合、通常の婚姻はもとより、たとえ妾であろうとも、そこに同姓不婚の原理は貫徹される。その対象となる女性は、時に出身姓の特定が難しく、同姓の疑念が生じないとも限らない。その証跡を徹底的に究明し、人為で判定できる限度まで明らかにしたうえで、なお不明の点があればその決定は占いに託したという。しかも少しでも疑念があれば妾にすることをとりやめねばならなかった。同姓不婚の原則――それは礼制に導かれる制度の法的表現であるが、この原則に反するのは端的にいえば、中国人たることをやめること、やめねばならぬこと（化外《かがい》の民＝礼制を無視する人〈夷狄〉となること）を意味したからである。

ここにうかがわれるのは、私たちが西洋法において想像する単なる外婚制や同姓不婚の概念ではまったくなく、その原理の貫徹は厳格にして徹底的である。同姓不婚は、礼制なるきわめて強固な制度に基づくものであるが、この礼制を儒教と呼び、宗教であるとすらとらえる背景にあるのは、あるいは礼制（五経）を民族の戒律（吉川幸次郎）ともいうべきこのような事実が存在するからであろうか。しかし、その法概念の強固さのレヴェル、あるいはその背後に控える文化すなわち〈礼制〉の重みは、これを西洋法の「外婚制」――内婚制か外婚制かといった観念で比較できないことを私たちは思い知るのである。それゆえに、我が国古代において、同姓婚はもとより近親婚をすら許容していたから、中国の律令制を採用するにあたり、その根幹をなす〈宗族制〉――近親婚の禁止や同姓不婚は回避している日本律令の特質とその法原理を考えてみるべきであろう。また徳川幕府において「儒教」、そのうちでもとくにものごとの根本原理を考える朱子学が重視されたのを見て、時にこれを「近世日本の儒教思想」と指摘されることがあるが、我が国近世のその儒教なるものは、秩序維持に好都合なばかりでのイデオロギーとしての礼制であって、礼制に基づく〈宗族制〉という〈尊卑長幼の序〉なる徹底的序列の世界が比較される世界をもたぬまま国家にまで成長したといえる中国と比較して、隠居制をもち、かつまた同姓不婚はもとより同姓不婚の対句として中国にいう〈異姓不養〉（養子は同姓＝同じ宗族内から採り、決して異姓を養子としない）原理は採用しようとしない我が国近世の法制をどう考えてみるべきであろうか。

3　旧中国の法と歴史事実

法制史を含むイギリスの歴史学において歴史とは、過去に向けて新しい光を当てることである。新しい価値観に基づき歴史的事実を再評価することを意味する（E・H・カー『歴史とは何か』）。同時にこれは、西洋世界に共通する歴史観と見てよいであろう（ジョン・ダワー『敗北を抱きしめて』）。それゆえに、歴史を学ぶとは新しい基準を作ることではない（もしそうであれば、戦火に被災した街区をそっくりそのまま完全復元するベルリンその他の地区の試みは想像できないであろう）。歴史に学ぶとは、歴史事実を尊重しつつ新しい見方を提示すること、あるいはそれによって自らが新しくなることであるといえばよいであろうか。少なくともそこには、歴史、とくに歴史事実を自らを映す鏡ととらえ、自らの歪みを正す規範と考える要素（歴史事実を先例ととらえてこれに倣う要素）は、きわめて少ない。

法に眼を移してみよう。イギリス法においては、法（判決）は、事実のうちに内在する、と考えられている。現在もそうであるが、中世法においてもまたそう考えられた。法発見人（判決発見人）――国王裁判においては、十三世紀以降これを専門とする職業裁判官の仕事は、陪審採用時にはいわゆる「事実問題」の判定は陪審にゆだねるが、事実のうちに内在する法を抉出し、これを定式化して宣告することである。その場合、事件を構成する重要事実なるものは、他の諸事実との関係において存在する。あらゆる事実は、他の事実との関係において存在する（事実の社会関係性といってもよい）。裁判官の役割は、事件における重要事実を見抜いて取り出し、重要事実に内在する法を宣告することである。それゆえに、判例法はもとより、たとえ成文法の適用においても法のあるべき姿――今、適用されんとする法は〝正法〟であるか――が常に関心をもたれている。判例法において法の発見とは、文字どおり、事実に内在する「事物の本性」にふさわしい法を発見することをいう。その意味でイギリス法（英米法）の裁判官はある意味での法の創造者である（カドーゾ『司法過程の性質』）。制定法における法の適用も同じように考えることができる。法の適用は、文字どおりの法の適用であり、その本質は、事実への〈法の適用〉である。決して、法への事実の当てはめではない。

ここに旧中国法との大きな相違は、中国法が成文法だけからなり、慣習法の存在を認めないことであろう。たとえば、イギリス・コモンローの最初の法実務書であるグランヴィルは、『イングランド王国の法と慣習』と呼ばれるが、ここに法と慣習とは〈制定法と慣習法〉の意である。しかも両者は同列である。否、当時における法の重みからいえば、慣習法は制定法に優位しているとすらいえる。

旧中国法において、慣習法が存在したか、その痕跡を捜し求めるのはきわめて難しい（慣習が判決の根拠となりえたかは否定的に考えられている）。そして法は当初より為政者の支配手段と関連してとらえられている。法は、市民の法生活の慣習とはまったく別のところに求められた。法の根拠を、ものごとの是非の判断基準を、〈歴史上の聖人の行為〉に求めたのである。ここに旧中国法の本質的特長が由来する。それゆえに、旧中国法において、歴史と法とは、他の何処よりも密接であり、切っても切れぬ関係をもっている。

旧中国の歴史学は、イギリスとは根本的に異なる。歴史は鏡であり、古くは歴史書は経書《けいしょ》――人倫の根本、すなわち人間の踏み行なうべき道を説く書物――に含められた。なぜか。歴史書が礼制に基づいて書かれたからである。歴史は礼制を歴史事実において具体化するものであった。たとえば孔子『春秋』は魯の国の歴史（年代記）である（孔子はここに聖人の行為を含めて〈歴史事実〉を記した）。そして経書は、帝王学の書物であった。歴史事実は〈鏡〉であると考えられ、さらに進んでは〈規範〉であると考えられた。帝王はそれに自らを映し、その佇《たたず》まいを正した。歴史事実は、法規範と同視され、法規範の欠如を補うものとみなされた（董仲舒の『春秋決獄』）。このようにして漢代以降成文法の整備が進み、それが体系化され、唐代に至るころにはほぼ完全な法典が作り上げられる。このような法の歴史を背景にして導き出されたのが奥村先生の「旧中国法の基本構造」である。そこでの法の特性を私なりに指摘してみよう。それは〈法は、法であるゆえに効力を有する〉という西洋法の概念でいう強固な法実証主義に貫かれている。否、〈法は、法であるゆえに正法である〉という実証主義を突き抜け正法と同視される強烈な法の実証性に貫徹されている。

右に少しふれた、法原理の抽出について考えてみる。成文法を例にとる（中国法の歴史の初めより、成文法である）。各条文をその価値の重要さにおいて位置づける。いわば条文の重さを測るのである。そうすると、おのずから条文の序列や体系が浮かび出てくる。そこから法の理想が明らかとなる。それを整理して定式化すると法の原理が導かれる。この際注意すべきは、礼制のように法文に表現されていない価値観、前提されている理想を思い出すことである（たとえば、我が国の養老律は宗族制を採用していない）。

法原理の比較とは、こうして導かれた法の原理と原理との比較である。両者のもつ価値と価値、理想と理想との対決である。それは法の発展原則における比較のように、両方が同一の出発点からどのくらい進んでいるかという位置の前後関係ではなく、むしろ両者は、それぞれがその法の出発点からその法の理想とする方向へどれほど進んでいるかを比較する。これを私なりに要約すると、中心からどの方向にどれだけ進んでいるかである。

それゆえに、法原理の比較は、法文化の比較であり、法と法との価値観の対決である。しかし対決は、単なる相手の否定ではない。それは比較による新たな展開を期するものである。真理の探究に一歩近づくことを可能にする比較である。いわば法原理のうちに眠っていたものを他の原理と対置することにより目覚めさせる——これまでそれほど注目されていないものが比較によりいっそう明らかになり意味をもってくることである——比較による相乗効果が期待されるものでなければならない。そのためには、法を導き出す〝事実〟問題が、法制史においては〈歴史的事実〉とは何かの問題が、浮かび上がってくる。

異なる理想、異なる価値観のもとにある両者を学問的批判の対象とするにはどうするか。奥村先生の出された方法は、原理的比較である。法の原理を抽出し、これを比較することである。この道程において必然的に浮かんできたのが〈実事求是〉である。いや、おそらく逆に、最初に清朝考証学が主張した実事求是——事実を客観視するために確たる証拠をあげる手法に出会い、これを究めるにつれて、歴史認識、つまり価値判断は各人さまざまでありうるが、これを語るには価値と価値、理想と理想との対決を語る前に、まず議論の共通の出発点である客観的な確たる歴史事実を明らかにしなければならない、と考えられたのではないか。〈正確な歴史事実がものをいう〉と。こうして実事求是は法の原理的比較の出発点をなす。

本書の場合、先生がこれまであまり踏み込んでいなかった日本歴史との関係が問題であるだけに、法の原理的比較と実事求是の重要性は格別に、そして双方関連して、いっそうその重みを増している。その成果はお読みいただくしかないが、一見、骨格だけの比較であるかに思われるその比較が奥村郁三先生の厳しい批判精神に支えられていることがおわかりいただけるであろう。

付記

イギリス法制史を学んでいる筆者は、在学中、中国法制史受講の機会をもたなかった。奥村郁三先生は、筆者の卒業後に着任され関西大学の東洋法制史講義を初めて担当されたのである。その奥村先生にお願いして、数年前から一年に一〇回足らずの少人数の塾とでもいったものを開いて成人向けの中国法制史の講義をしていただいている。それが専門外の私が本拙文を書くことになった背景である。

先生の中国法制史研究の基本は旧中国の基本法典の法理研究にあるが、さらにはそれを通じての法原理の追求、そして他の時代や他法域の法との原理的比較に及んでいる。そしてその成果の一端は、『法制史研究』や『関西大学法学論集』をはじめ、多数の共著において公刊されている。またその著作目録をご覧になればおわかりのとおり、先生の研究関心は『唐律疏議校勘表』『令集解所引漢籍文献の研究』『内藤文庫漢籍古刊古鈔目録跋』などに見られる、厳密な基本文献の研究はもとより、一連の「飛鳥史学文学講座」での講演（先生は講演に際しては、英国にいうreadingよろしく常に原稿を用意し、これを読まれている）や『あすか古京』誌への寄稿など、文字どおり硬軟とりまぜて、じつに多方面に及んでいる。

その先生の単独の著書に中国法制史に素人の私がこのような一文を寄せるのは、妄言の陳列であり、内藤湖南言うところの〝少見多怪〟のいましめをおかすどころではないに相違ない。

読者の皆様と奥村郁三先生には、その点を心よりおわびし、お許しをこわねばならない。

松村勝二郎

二〇一五年一月八日

著者紹介

奥村 郁三（おくむら いくぞう）

略　歴

1932年　京都府宇治市に生まれる
1956年　大阪市立大学法学部卒
1960年　大阪市立大学法学部助手
1976年　関西大学法学部教授
2002年　関西大学定年退職　同大学名誉教授

主要著書

1974年　高松塚論批判（共著、創元社）
2000年　令集所引漢籍備考（編著、関西大学出版部）
2003年　薛允升　唐明律合編稿本（編著、関西大学出版部）

主な論文

1960年　唐代裁判手続法（『法制史研究』10、創文社）
1961年　唐律の刑罰（大阪市立大学『法学雑誌』8-2）
1968年　戸婚田土の案（関西大学『法学論集』17-5。1994年、法律史研究編集委員会等編『中外法律史新探』〈北京科学出版社〉で中国文に翻訳さる）
1969年　中国における官僚制と自治の接点――裁判権を中心として（『法制史研究』19、創文社）
1972年　旧中国の罪刑法定主義の性質（関西大学『法学論集』21-5）
1973年　東洋法制史学の現状と課題（『法律時報』45-5、有斐閣）
1986年　内藤文庫古刊古鈔目録　跋（関西大学図書館）
1993年　大唐六典（滋賀秀三編『中国法制史――基本資料の研究』所収、東京大学出版会。2003年、楊一凡総主編『中国法制史考証』丙編第2巻〈中国社会科学出版社〉で中国文に翻訳さる）

〔装丁〕清水 肇（プリグラフィックス）

日本史上の中国――金印・那須国造碑・飛鳥・新律綱領・令集解

2015年2月28日　初版第1刷発行

著　者――奥 村 郁 三
発 行 者――小笠原正仁
発 行 所――株式会社 阿 吽 社
〒602-0017 京都市上京区衣棚通上御霊前下ル上木ノ下町73-9
TEL 075-414-8951　FAX 075-414-8952
URL : aunsha.co.jp
E-mail : info@aunsha.co.jp

印刷・製本――モリモト印刷株式会社

ISBN978-4-907244-21-7 C0021
定価はカバーに表示してあります

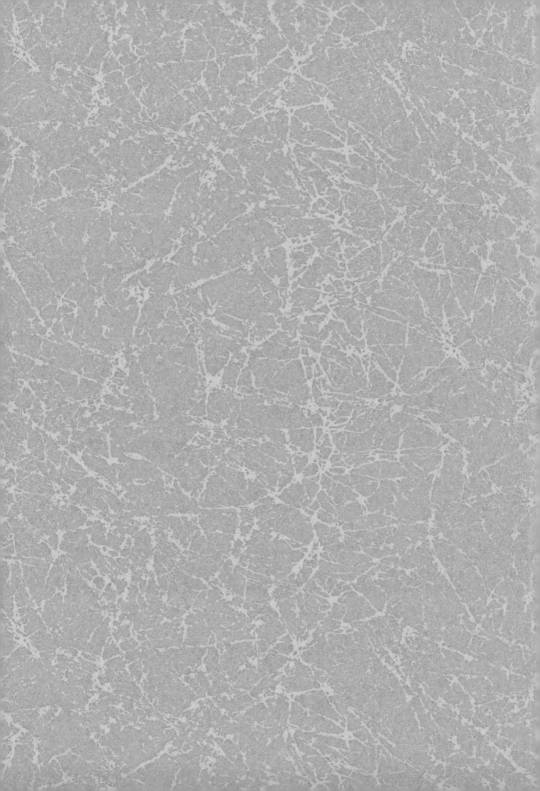